La revolución multigeneracional

La revolución multigeneracional

Cómo la demografía y la tecnología transformarán el aprendizaje, el trabajo y el consumo, a cualquier edad

MAURO GUILLÉN

Traducción de Nadia Khalil

EDICIONES DEUSTO

Título original: *The Perennials*

Deusto es un sello editorial de Centro de Libros PAPF, SLU.
Av. Diagonal, 662-664
08034 Barcelona
www.planetadelibros.com

Diseño de la colección: Sylvia Sans Bassat

Primera edición: marzo de 2024
Depósito legal: B. 1.634-2024
ISBN: 978-84-234-3692-7
Composición: Realización Planeta
Impresión y encuadernación: Gómez Aparicio Grupo Gráfico
Printed in Spain - Impreso en España

PEFC Certificado
Este libro procede de bosques gestionados de forma sostenible
PEFC
PEFC/14-38-00305
www.pefc.es

Para Sandra, Daniela y Andrea

Sumario

Los *perennials* y la generación posgeneracional en cifras

Debido al aumento de la esperanza de vida, hay más generaciones conviviendo juntas que nunca. Los cambios económicos y la irrupción de la tecnología están consiguiendo que diferentes generaciones estudien, trabajen, vivan y consuman juntas cada vez más. El antiguo modelo vital que implicaba vivir de manera secuencial, del colegio al trabajo y de ahí a la jubilación, y que nos define como *boomers*, *millenials* y demás (divisiones basadas en asunciones muy manidas sobre cómo actúan estos grupos de personas) está cediendo el paso. Ya ha comenzado la revolución que está ofreciendo una gran variedad de opciones para que la gente pueda adaptarse con flexibilidad a cambios y situaciones inesperadas. Estamos presenciando la llegada de una sociedad posgeneracional de individuos que se podrían llamar *perennials*, personas que no se caracterizan por la década en la que nacieron, sino más bien por la forma en la que trabajan, se forman e interactúan con los demás.

32 años: El aumento que ha tenido lugar en la esperanza de vida media al nacer de los estadounidenses desde 1900, de 46 a 78 años.

19-25 años: Los años de media de vida restantes para los estadounidenses, europeos, latinoamericanos y asiáticos al cumplir los 60 años.

13-17 años: Los años de media de vida restantes que se vivirán con buena salud al cumplir los 60 años.

8: El número de generaciones que conviven en el mundo en la actualidad.

18 por ciento: La proporción de hogares estadounidenses formados por una familia nuclear con padres casados y al menos un/a hijo/a menor de 18 años (2021). Dicha proporción resulta baja, si se compara con el 40 por ciento que se registraba en 1970.

Otro 18 por ciento: La proporción de estadounidenses que viven en hogares multigeneracionales, donde conviven tres o más generaciones (2021). Ha tenido lugar un crecimiento con respecto al 7 por ciento registrado en 1971.

10-15 por ciento: Las proporciones más altas por país relativas a personas de 30 años y más matriculadas en estudios superiores tradicionales.

30-35 por ciento: Las proporciones más altas por país relativas a personas de 30 años y más que estudian en una plataforma digital.

46 por ciento: Los ejecutivos internacionales interesados en las ventajas potenciales del personal laboral multigeneracional.

37-38 por ciento: Proporción de miembros de la generación Z y *millenials* en Reino Unido que afirman que sus padres o tutores tienen mayor influencia sobre ellos a la hora de elegir una marca que los famosos e *influencers* de las redes sociales.

Introducción

BMW es una de las marcas más reconocibles del mundo: es el fabricante de «la máquina de conducción definitiva». Mientras Ford se hacía famosa por su cadena de montaje móvil y Toyota por sus métodos de trabajo participativos, la empresa alemana aparecía en los titulares gracias a sus avances técnicos. A lo largo de los años, las legendarias proezas de ingeniería de BMW han producido innovaciones como la horquilla hidráulica delantera, que absorbe el impacto al pasar por un bache con una motocicleta; el motor de aleación de ocho cilindros; el sistema de frenos antibloqueo con control automático, y el automóvil eléctrico canónico. Sin embargo, hoy día BMW está acaparando la atención por ser pionera en crear un lugar de trabajo donde se pueden encontrar hasta cinco generaciones de personas colaborando y aportando sus habilidades y perspectivas únicas. Han rediseñado las fábricas y sus diferentes secciones para que las personas de distintas generaciones se sientan cómodas trabajando juntas, lo que se ha traducido en un aumento de la productividad y una mayor satisfacción laboral.

La planta matriz de BMW está situada al norte de Múnich, la capital de Baviera (Alemania). «En esta planta trabajan unos 8.000 empleados de más de 50 países, de los cuales 850 son becarios en prácticas —según se indica en el sitio web de la empresa—. Aquí se fabrican cada día unos 1.000 automóviles y unos 2.000 motores. La planta está directamente integrada en la red de producción mundial del grupo.»

A primera vista, un lugar de trabajo multigeneracional podría parecer el sitio ideal para que haya malentendidos, fricciones y conflictos culturales. Mucha gente cree que las distintas generaciones persiguen aspectos del trabajo diferentes, como la satisfacción, el dinero o los beneficios para los empleados. También se diferencian en cuanto a sus actitudes hacia la tecnología. Así, por ejemplo, las más jóvenes prefieren comunicarse a través de mensajes de texto y vídeos, mientras que el resto utilizan modalidades presenciales con mayor frecuencia. Por eso muchas empresas, como la propia BMW, fueron reacias a mezclar trabajadores con diferencias generacionales en los talleres o en las oficinas. Sin embargo, que distintas generaciones colaboren entre sí genera unas ventajas claras. BMW entendió que cabe la posibilidad de que los empleados de más edad puedan ir perdiendo agilidad mental y velocidad con el tiempo, pero que cuentan con otros recursos para solucionar problemas, a menudo basados en la experiencia.

No obstante, la relación entre la edad y el desempeño en el lugar de trabajo no es tan sencilla. Los investigadores de la Universidad del Estado de Ohio se quedaron atónitos al descubrir que la creatividad alcanza su máximo nivel cuando las personas tienen veintitantos años y de nuevo cuando están en la cincuentena. La razón, según hallaron, es que al inicio de la vida laboral las personas sólo dependen de su capacidad cognitiva, pero a medida que el cerebro se ralentiza van averiguando cómo hacer uso de su experiencia para compensar ese declive. BMW empezó a integrar distintas generaciones en el mismo lugar de trabajo para sacar el máximo partido de esas diferentes capacidades de las personas de edades distintas. Así, vieron que los grupos de trabajo con personas de edades variadas operaban con rapidez y cometían menos errores. «Un equipo multigeneracional es capaz de ofrecer una forma diversificada de ver un proyecto o un problema —afirma Helen Dennis, especialista en el tema—. Cuantas más ideas se tengan, mayor será la ventaja que se obtendrá para lograr un objetivo.»

El creciente potencial del lugar de trabajo multigeneracional cuestiona lo que solemos pensar sobre las personas de diferentes edades y lo que podemos hacer y lograr en distintos momentos de la vida. Con frecuencia escuchamos a la gente decir: «Soy demasiado joven para ese trabajo» o «Soy demasiado mayor para aprender un nuevo oficio». Cuando en la década de 1880 se implantaron la escolarización universal y las pensiones para la «vejez», la vida se organizó en una simple secuencia de etapas. La infancia era todo crecer y jugar; y después le seguiría la escuela, tal vez la universidad y luego el trabajo. Antes de que nos diéramos cuenta, ya estaríamos jubilados, mirando hacia atrás a ese camino lineal que se suponía que debía ser una vida plena y ordenada, con la esperanza de que nuestros hijos y nietos replicaran con éxito la misma trayectoria en sus vidas. Desde entonces, nuestro tiempo en este mundo quedó compartimentado en una rígida serie de etapas diferenciadas.

A esta forma de organizar nuestras vidas lo llamo el «modelo secuencial de la vida». Durante los últimos ciento cincuenta años más o menos, a cada generación se le ha dicho que siga a rajatabla las mismas reglas en todo el mundo, desde Japón hasta Estados Unidos y desde Escandinavia hasta el extremo sur de África. Mientras tanto, ha habido guerras, han aparecido y desaparecido imperios, las mujeres han conquistado el derecho al voto, hemos puesto un pie en la Luna y hemos enviado vehículos robotizados a Marte. Sin embargo, seguimos viviendo de la misma manera anticuada, una generación tras otra, en una repetición interminable.

Esta situación se está quedando obsoleta debido a las transformaciones demográficas que estamos viviendo desde hace mucho tiempo.

No es ningún secreto que ahora vivimos mucho más que antes. En 1900, la esperanza de vida media al nacer en Estados Unidos era de 46 años; en 2022, es de 78, y llegará a 83 dentro de dos décadas, teniendo en cuenta el efecto de la pandemia del coronavirus. Los estadounidenses que llegan a los 60 años pueden esperar vivir una media de otros 23, un aumento espectacular comparado con los 10 años extra que había en 1900. Eso es una vida dentro de otra vida. Y los europeos occidentales están aún mejor, con un añadido a su esperanza de vida de 25 años a los 60. Los asiáticos pueden disfrutar de veinte años adicionales de promedio; e incluso en África, donde se pueden lograr muchos avances, esa esperanza extra ya alcanza la sorprendente cifra de dieciséis años. Además de contar con una mayor longevidad, nos mantenemos en mucha mejor forma física y mental durante mucho más tiempo: el llamado período de salud. Esto significa que una persona de 70 años hoy puede aspirar a llevar el estilo de vida activo de una persona de 60 años de hace dos generaciones.

Las definiciones de *viejo* y de *joven* han cambiado con el tiempo, debido a que tanto la vida como la salud se han extendido. En 1875, la Ley de Sociedades Amistosas del Reino Unido definió la «vejez» como la edad que supera los 50 años. «Los cuarenta son la vejez de la juventud. Los cincuenta, la juventud de la vejez», dijo el escritor francés Victor Hugo, quien fue anciano el 40 por ciento de su vida, ya que murió a los 83 años, en 1885. Desde la Segunda Guerra Mundial, la edad de 60 años se ha considerado, por lo general, como el límite entre jóvenes y mayores. En sus informes estadísticos, la Organización Mundial de la Salud oscila entre 60 y 65, señal de que ni siquiera los expertos saben dónde trazar el límite. Por su parte, el Foro Económico Mundial define la vejez de una manera dinámica, como la «edad prospectiva» en la que la esperanza de vida es de 15 años, o cuando a la persona promedio le queda una década y media de vida. En el caso de Estados Unidos, el límite hoy se establecería en 69. Eso es casi 20 años más que si siguiéramos las categorías de Victor Hugo.

Pero no todo es de color de rosa en esta tendencia hacia una longevidad cada vez mayor. Están proliferando las fricciones entre las generaciones más jóvenes, que afrontan el pago de impuestos, y los jubilados, que disfrutan de prestaciones sanitarias y pensiones. Además, hay muchas personas pasando dificultades con la transición de una etapa a otra —con la adolescencia, la crisis de la mediana edad o la soledad al jubilarse— o a las que se les desbaratan los planes por un embarazo adolescente, el abandono escolar, una tragedia familiar, un divorcio o el abuso de sustancias. No es ninguna novedad que a muchas madres les resulta difícil conciliar familia y trabajo, y la mayoría están lejos de recibir un trato equitativo en cuanto a promoción profesional y remuneración. Y aunque vivimos y nos mantenemos en forma durante más tiempo, estamos sujetos al efecto corrosivo del cambio tecnológico, que hace que nuestra educación quede obsoleta mucho más rápido que en el pasado. A medida que el conocimiento se vuelve anticuado a un ritmo vertiginoso, va poniéndose fin a la época en la que podíamos ir a la escuela cuando éramos pequeños y utilizar lo que aprendimos durante todos los años que pasábamos trabajando.

Pero ¿qué pasaría si pensásemos en la vida de otra manera?

No hay nada que esté preestablecido de forma natural sobre lo que debemos hacer a cada edad. De hecho, el modelo secuencial de la vida es una construcción social y política basada en concepciones del patriarcado y la burocracia que clasifican a las personas en grupos diferenciados de edad y roles. La idea fundamental de este libro es que la confluencia del aumento de la esperanza de vida, la mejora de la salud física y mental, y la obsolescencia del conocimiento que ocasiona la tecnología altera de forma radical la dinámica a lo largo de todo el curso de la vida, redefiniendo tanto lo que podemos hacer en diferentes edades como la manera en la que viven, aprenden, trabajan y consumen juntas las distintas generaciones.

Me referiré a estas enormes transformaciones como *la revolución posgeneracional*: una revolución que reestructura de manera sustancial las vidas individuales, las empresas, las economías y toda la sociedad global al completo. Como resultado, seremos testigos de la proliferación de *perennials*, «un grupo floreciente —según explica la gran emprendedora Gina Pell— de personas de todas las edades, categorías y clases que van más allá de los estereotipos y se relacionan entre sí y el mundo que las rodea. No se definen por su generación».

Como decía el abolicionista estadounidense Wendell Phillips: «Las revoluciones no se hacen: llegan». «Una revolución es tan natural como el desarrollo de un roble. Viene del pasado. Sus cimientos están muy atrás en el tiempo», señalaba. Y, de hecho, el ascenso revolucionario de los *perennials* es el resultado de una serie de tendencias que se originaron hace mucho tiempo. Mientras que en un pasado no muy lejano coexistían como mucho cuatro o cinco generaciones de personas en cualquier momento del tiempo, ahora tenemos ocho habitando el planeta a la vez. En Estados Unidos, estas ocho generaciones incluyen la alfa (nacidos a partir de 2013), Z (1995-2012), *millennials* (1980-1994), *xennials* (1975-1985), la del *baby-bust* (el descenso de la natalidad) (1965-1979) y el *baby-boom* (1946-1964), la generación silenciosa (1925-1945) y la generación grandiosa (1910-1924). En Japón, China y Europa, donde el envejecimiento de la población ha tenido lugar más rápido que en Estados Unidos, se encuentran nada menos que nueve generaciones compartiendo escenario. A medida que la longevidad sigue aumentando, es posible que nueve o diez generaciones acaben viviendo juntas antes de mediados de siglo. Pero ¿pueden convivir generaciones distintas? ¿O están condenadas a entrar en conflictos políticos sobre cuestiones distributivas por quién paga determinados servicios y beneficios? ¿Cómo se sentirán las generaciones más jóvenes respecto al pago de impuestos para financiar los sistemas de salud y pensiones de sus padres, abuelos y bisabuelos? ¿Podemos adoptar una mentalidad *perennial* para superar estas dificultades? ¿Y cuál debería ser exactamente esa manera de pensar?

Una de las sorpresas agradables de este libro es que esta mayor longevidad tiene implicaciones positivas no sólo para los jubilados, sino para todas las personas con independencia de la etapa de la vida en la que se encuentren. Una vida más larga brinda más oportunidades y margen de maniobra para que los nietos cambien de rumbo, se tomen años sabáticos y se reinventen, sea cual sea su edad. Pero eso sólo es posible si los gobiernos, las empresas y demás organizaciones se alejan del modelo secuencial de la vida. Si las personas pudieran liberarse de la tiranía de las actividades «apropiadas para su edad», si pudieran ser *perennials*, podrían emprender no sólo una carrera o tener una única ocupación o profesión, sino varias, y conseguirían realizarse personalmente de manera diferente en cada caso. Lo más importante es que los adolescentes y veinteañeros podrán hacer planes y tomar decisiones para llevar a cabo numerosas transiciones en la vida, no sólo la del estudio al trabajo y la del trabajo a la jubilación.

Hay un mensaje contraintuitivo en los siguientes capítulos, y es que cuantas más décadas de vida tenga la gente por delante, más importante será mantener abiertas las opciones y menos útil resultará tomar «grandes decisiones». En una sociedad posgeneracional de verdad, impulsada por una mentalidad *perennial*, a los adolescentes, por ejemplo, ya no les costará tanto decidir cuál es el mejor camino a seguir en sus estudios o futuros trabajos, sabiendo que vivir más años les brindará muchas oportunidades para rectificar la trayectoria, aprender nuevas habilidades y cambiar de carrera, según vayan evolucionando las circunstancias.

Así puede ser el mundo que nos espera. Un mundo en el que no tendremos que tomar decisiones trascendentales de consecuencias irreversibles para toda la vida, sino más bien un mundo en el que podremos participar en actividades multigeneracionales y tener una gama más diversa de oportunidades a lo largo del tiempo. Por ejemplo, podríamos volver a la escuela sin encasillarnos en categorías materializadas como jóvenes/viejos, activos/inactivos, tiempo completo/parcial, y demás. La tecnología puede hacer que nuestro conocimiento y experiencia se queden obsoletos, pero también permite formas más flexibles y recurrentes de aprender y trabajar. Nuestra experiencia de vida ya no seguirá el camino trillado que nos prescribieron a finales del siglo XIX, cuando se afianzaron la industrialización y la escolarización universal. De hecho, viviremos varias vidas distintas en una, interactuando siempre con personas de diferentes generaciones en una sociedad que ya no estará limitada por la edad ni por la distancia, dado el uso generalizado de las plataformas digitales para el trabajo y el aprendizaje a distancia. Los individuos, las empresas y los gobiernos que entiendan este potencial entrarán en una nueva era de vida, aprendizaje, trabajo y consumo sin restricciones, lo que desencadenará un nuevo universo de oportunidades para las personas en todas las etapas de la vida: una auténtica sociedad posgeneracional.

Tomé la decisión de escribir este libro durante la pandemia del coronavirus. Mientras estaba confinado en mi casa de Filadelfia, invertí en todos los dispositivos necesarios para enseñar e impartir seminarios web desde mi sótano, siguiendo las ideas de mi libro más reciente, *2030: cómo las tendencias más populares de hoy darán forma a un nuevo mundo*, que se publicó en español en mayo de 2023. Desde esa tarima virtual compartía mis pensamientos y análisis en curso con ejecutivos de empresas, analistas financieros, cazatalentos, funcionarios gubernamentales, directores de colegio, propietarios de librerías independientes, miembros de clubes de lectura, estudiantes de secundaria, fundadores de periódicos, jubilados y personal médico, entre muchos otros. Les exponía las virtudes del pensamiento lateral y les pedía que ataran cabos. Tardé unos meses en darme cuenta de que en ese libro no había comprendido del todo que la demografía y la tecnología estaban aunando sus fuerzas para acabar con el modelo secuencial de la vida que habíamos heredado de finales del siglo XIX.

En uno de esos seminarios web entendí lo que al final ha sido la idea fundamental de este libro. Ese día, el público estaba compuesto por equipos directivos de algunos de los zoológicos y acuarios más destacados de Estados Unidos. Mientras hablaba, me di cuenta de que los zoos no podrán tener éxito a menos que se tomen en consideración las dinámicas multigeneracionales. Los abuelos llevan a sus nietos al zoo, y los padres de niños pequeños se deleitan viendo lo mucho que les gusta tal o cual animal, pero las generaciones intermedias tienen escaso interés en este tipo de excursiones. ¿Cómo puede un zoo atraer a adolescentes, adultos sin hijos y aquellas personas cuyos hijos ya no son pequeños? Estas organizaciones han comenzado a incluir eventos o exhibiciones especiales que incorporan videojuegos, realidad virtual y el metaverso para lograrlo. En este mundo posgeneracional, no sólo los zoos, sino las organizaciones en general necesitan utilizar todas las herramientas disponibles para cautivar a personas que se encuentran en diferentes etapas de la vida, y a la vez.

Pensar en los *perennials* de cualquier generación tiene todo el sentido del mundo cuando revisamos la forma en que vivimos, aprendemos, trabajamos y consumimos. La pandemia nos ha abierto los ojos a las inmensas posibilidades (así como a las dificultades y las limitaciones) del aprendizaje y el trabajo a distancia. Ha expuesto nuestras vulnerabilidades en relación con los robots y las máquinas inteligentes. Ha acentuado las desigualdades por cuestiones de raza y género. Y nos ha dejado bien claro que nada dura para siempre. Deseo animaros a ver el aprendizaje, el trabajo y el consumo desde una perspectiva diferente, una perspectiva que haga posible que las personas y las organizaciones exploren nuevos horizontes y superen los límites de lo que pueden hacer y lograr a lo largo de sus vidas. Este libro está dirigido tanto a padres como a hijos, mujeres y hombres, trabajadores y gestores de talentos, jubilados y aspirantes a la jubilación, familias y asesores patrimoniales, y consumidores y especialistas en marketing. Todos nos veremos afectados por la dinámica cambiante de la sociedad posgeneracional.

En los siguientes capítulos os llevaré a un viaje alrededor del mundo, haciendo escala en puertos de Asia oriental, Sudeste Asiático, África, Europa y América. Haré referencia a muchas novelas, películas, series de televisión y gente común para demostrar que el modelo secuencial de la vida es omnipresente en nuestra cultura y en nuestra sociedad. Señalaré las principales fricciones y adversidades a las que ha contribuido esta forma de organizar nuestras vidas, y sus consecuencias para diversos grupos sociales. Asimismo, también hablaré de los cambios de tendencia en la forma de vivir, aprender, trabajar, jubilarse, heredar y consumir que están impulsando la revolución posgeneracional y la aparición de los *perennials*.

No tengo la pócima mágica para solucionar los problemas asociados al modelo secuencial de la vida. Entendamos la mentalidad *perennial* más como método que como solución; uno para hacernos conscientes de que ver la vida como una serie lineal de etapas compartimentadas definidas por la edad impone costes muy altos para los individuos y las familias, y deja a muchas personas atrás. Un método para cuestionar asunciones anticuadas que debemos reconsiderar si queremos aprovechar las oportunidades de esta era tecnológica. Un método para persuadir a los gobiernos, las empresas, las instituciones educativas y otras organizaciones para que experimenten con nuevos modelos de vida, aprendizaje, trabajo y consumo que saquen provecho de una sociedad cada vez más posgeneracional. Un método, espero, que logre desarrollar nuevos e imaginativos enfoques sobre la vida del siglo XXI para que podamos liberar todo el potencial que hay en cada uno de nosotros.

1

Las cuatro estaciones de la vida

> Nuestras vidas son los ríos
> que van a dar en la mar,
> que es el morir.
>
> JORGE MANRIQUE (c. 1440-1479),
> *Coplas a la muerte de su padre*

Corría el año 1881. Otto von Bismarck, el «canciller de hierro», iba por el buen camino para hacer de la Alemania unificada una potencia económica y geopolítica. El país tenía enormes depósitos de carbón y mineral de hierro, la población crecía, contaba con capital financiero, un sistema universitario robusto y un buen número de inventores y empresarios que harían posible la creación del motor de combustión interna, los tintes químicos, la aspirina y la máquina de rayos X. Pero Bismarck tenía miedo del creciente y combativo movimiento obrero socialista que animaban algunos agitadores políticos como Karl Marx y Friedrich Engels. Éstos insistían en llamar la atención de la gente sobre las horribles condiciones de trabajo de las «fábricas satánicas», que no eran otras que las que surgieron con la Segunda Revolución Industrial. En un brillante ataque preventivo, Bismarck puso en marcha la iniciativa de ofrecer un ingreso de jubilación garantizado a partir de los 70 años —fue un político astuto, dado que la esperanza de vida en esa época no superaba los cincuenta—. En una carta al Parlamento alemán, el káiser Guillermo I escribía en nombre de su canciller que «quienes están incapacitados para trabajar por la edad o una invalidez tienen un derecho bien fundamentado para recibir atención por parte del Estado». Así, el primer plan estatal de pensiones del mundo nació en 1889. La táctica dio sus frutos: se evitó la revolución.

La idea de un sistema nacional de pensiones para todos los trabajadores se extendió por todo el mundo con bastante lentitud. En 1908, Reino Unido adoptó un acuerdo de este tipo para las personas de «buen carácter» de más de 70 años. Francia hizo lo propio en 1910, y Sudáfrica en 1928, que incluyó a los negros en 1944. En 1935, la Ley de Seguridad Social promulgada por el presidente Roosevelt dio comienzo al sistema nacional de pensiones estadounidense tal y como lo conocemos en la actualidad, que da cobertura a trabajadores industriales —no sólo a soldados y madres, como a finales de siglo XIX—, pero dejaba fuera a trabajadores agrícolas y domésticos, que en esa época representaban la mitad de la fuerza de trabajo. Varios países latinoamericanos promulgaron y ampliaron las pensiones estatales entre 1930 y 1950, pero la mayoría de los planes estuvieron fragmentados hasta la década de 1960. Brasil, por ejemplo, unificó su sistema en 1966. Por otro lado, el sistema nacional de pensiones de Japón data de 1942 y se relanzó con su estructura actual en 1961; mientras que en Corea del Sur se estableció un plan corporativo de subsidios por jubilación en 1953, aunque el primer plan nacional de pensiones no se puso en marcha hasta 1988.

Más o menos a la vez que aparecieron las pensiones para la «vejez», los gobiernos estimaron pertinente proporcionar a la población instrucción básica en lectura, escritura, historia y aritmética. En parte esto venía motivado por el nacionalismo, con la intención de crear lo que el historiador Benedict Anderson ha llamado una «comunidad imaginada». Sin embargo, también estaba impulsado por las necesidades laborales de la Segunda Revolución Industrial, que marcó el comienzo de las industrias científicas de productos químicos, farmacéuticos, maquinaria eléctrica y automóviles. Los empresarios se dieron cuenta de que una fuerza laboral con formación podría ser más productiva, sobre todo a medida que la industria se hacía más intensiva en capital. El historiador británico E. P. Thompson demostró que la disciplina en la fábrica, la puntualidad y la disposición para seguir instrucciones requerían cierto nivel de educación. El reverendo William Turner, de Newcastle, Inglaterra, citaba en 1786 a un fabricante de cáñamo y lino de Gloucester para justificar la escolarización, ya que hacía que los niños «se volvieran más tratables y obedientes, y menos pendencieros y vengativos». La escolarización se convirtió en el método elegido para inculcar el «hábito de la laboriosidad».

Así pues, la disciplina que se impartía a los niños en los colegios se convirtió en un elemento esencial con el surgimiento del sistema de empleo asalariado. La economía industrial requería de multitud de personas que estuvieran dispuestas a trabajar para empresarios cada vez más grandes a cambio de un salario por hora, y que tuviesen disponibilidad para realizar cualquier tarea que el empleador les pidiera. De acuerdo con el sociólogo Charles Perrow, «la dependencia salarial afectaba a alrededor del 20 por ciento de la población [trabajadora estadounidense] en 1820, y entre el 80 y el 90 por ciento en 1950». Como cada vez había menos personas trabajando el campo, desde sus casas con el sistema de taller doméstico o por cuenta propia, las escuelas se hicieron todavía más importantes en un modelo que se reforzaba mutuamente. Para los empleadores, las escuelas ofrecían una reserva de mano de obra estandarizada para la «producción continua y predecible» de bienes y servicios a una escala cada vez mayor. El aumento de la burocracia laboral en las fábricas vino acompañado del desarrollo de sistemas escolares burocratizados. La clasificación, formación y seguimiento de la fuerza laboral industrial en puestos y tareas específicos no podría haberse logrado con tanta rapidez sin un sistema escolar subordinado a los requisitos de la industria. Fue así como la escolarización universal y la producción en masa se convirtieron en las dos caras de la misma moneda.

A diferencia de los planes de los líderes nacionalistas y los dirigentes de la industria, los reformistas sociales vieron en la educación obligatoria una forma de proteger a los niños de los abusos que sufrían en los campos agrícolas y en las plantas industriales. Sin embargo, las escuelas no eran ni mucho menos un lugar idílico para estudiar. Un maestro de la región de Suabia, al suroeste de Alemania, llevó un registro parcial de los castigos que infligía a su alumnado durante más de medio siglo: «911.527 golpes con vara, 124.010 golpes con bastón, 20.989 golpes con regla, 136.715 golpes con la mano, 10.235 golpes en la boca, 7.905 guantazos en el oído y 1.118.800 golpes en la cabeza». Está claro que se buscaba inculcar disciplina y no tanto educar.

La escolarización se convirtió en la piedra angular del modelo secuencial de la vida porque servía para clasificar a las personas en diferentes roles sociales, carreras y trabajos, y algunos de éstos implicaban asistir a la universidad mientras que otros no. En la década de 1950, el sociólogo funcionalista Talcott Parsons intentaba responder a la doble pregunta de «cómo hacen en las clases del colegio para que los alumnos interioricen tanto los compromisos como las capacidades para el desempeño con éxito de sus futuros roles adultos» y «cómo consiguen asignar estos recursos humanos dentro de la estructura de roles de la sociedad adulta». Así, la clase de la escuela primaria se convirtió en «una agencia de socialización». En su opinión, el sistema educativo refleja la estructura social predominante y produce cambios y movilidad. «Sin duda, es muy probable que el chico de alto estatus y gran capacidad vaya a la universidad, mientras que es muy poco probable que vaya también el chico de bajo estatus y poca capacidad. Pero el grupo que sufre presiones cruzadas y para el que estos dos factores no coinciden tiene una importancia considerable.» Dado que la escolarización está limitada geográficamente, sobre todo en el nivel elemental, crea una «igualación inicial de estatus de los participantes por edad y "antecedentes familiares", ya que los barrios suelen ser mucho más homogéneos que la sociedad en su conjunto». Además, existe una cierta proporción de padres que envían a sus hijos a colegios privados en todos los países del mundo. En los años que han pasado desde que Parsons escribiera su famoso ensayo,[1] hemos llegado a ver la escolarización como un compendio de oportunidades y un indicador de desigualdad. Por tanto, el sistema escolar, presuntamente basado en principios meritocráticos, se convirtió en una gigantesca máquina que servía tanto para clasificar a los niños en roles de adultos como para reproducir la jerarquía social imperante.

Los orígenes de la idea de la educación primaria obligatoria se remontan a Martín Lutero (1483-1546), quien pensaba que la salvación dependía de la interpretación privada de las escrituras y de seguir un estilo de vida congruente con sus enseñanzas. Por tanto, la liberación requería alfabetización, y la promoción de la educación se convirtió en un deber cristiano. Los puritanos que cruzaron el Atlántico en busca de libertad religiosa impusieron la escolarización ya en 1690, lo que convirtió a la colonia de la bahía de Massachusetts en una pionera mundial. En Prusia (que era la región alemana más belicosa en lo político) se adoptó la escolarización masiva financiada por el Estado ya en 1763, cuando Federico el Grande hizo obligatoria la asistencia a las escuelas de las aldeas para los niños que no pertenecían a las élites (ésos ya estaban escolarizados). En 1774, el emperador austriaco José II aprobaba una ley de educación obligatoria universal. La constitución francesa de 1791 promulgaba «un sistema de instrucción pública, común para todos los ciudadanos y gratuito con respecto a aquellos sujetos de instrucción que sean indispensables para todos los hombres». Dinamarca (1814); la provincia de Ontario, en Canadá (1841); Suecia (1842), y Noruega (1848) fueron de los primeros lugares en los que se promovieron nuevas iniciativas escolares.

Hasta finales del siglo XIX no se adoptó la escolarización masiva de forma más amplia en todo el mundo. En Gran Bretaña, tras décadas de acciones limitadas a ampliar la educación en escuelas parroquiales u otras escuelas privadas, la Ley de Educación Primaria de 1870, conocida como Ley Forster, sentó las bases del

1. Parsons, Talcott, «The school class as a social system», *Harvard Educational Review*, vol. 29, n.º 4, 1959, pp. 297-318.

sistema educativo estatal. En 1876 se hizo obligatoria la escolarización hasta los 10 años, y se amplió hasta los 12 años en 1899. En Francia, la educación primaria pasó a ser gratuita en 1881, y obligatoria hasta los 13 años en 1882. En la mayoría de los países europeos, al principio a las niñas se les formaba con un currículum diferente y en escuelas separadas, pero a partir de los años de la Segunda Guerra Mundial lo habitual pasó a ser seguir un currículum unificado para niños y niñas. En Estados Unidos, la escolarización era obligatoria en la mayoría de los estados excepto en los del Sur, y en 1924 los nativos americanos pasaron a ser ciudadanos con acceso a la educación.

En conjunto, la escolarización obligatoria, el empleo asalariado y los planes de pensiones sentaron las bases del modelo secuencial de las «cuatro estaciones de la vida», por utilizar el término poético que evoca el calendario estacional cósmico. De hecho, a principios del siglo XXI casi todos los países del mundo habían adoptado ya la idea de que la vida se desarrolla en cuatro etapas separadas y secuenciales, a saber: juego, estudio, trabajo y jubilación. Desde entonces, se ha dado por hecho este modelo, como si fuera la forma natural, ideal e inevitable de organizar nuestras vidas.

Las virtudes del modelo secuencial

Quizá la principal ventaja del modelo secuencial de la vida era su previsibilidad, ya que permitía una clasificación simple y directa de las personas en grupos de población diferenciados y definidos por la edad. La población pasiva ni trabajaba ni buscaba trabajo. Comprendía a los individuos en ambos extremos de la distribución de edades: bebés y niños en «edad escolar» y jubilados en la «vejez». Las mujeres de clase media y alta también pasaron a formar parte de la población pasiva mientras se preparaban para casarse o se dedicaban a los hijos y a administrar el hogar, con la ayuda de las mujeres de clase trabajadora que no tenían más opción que pertenecer a la población activa. Los hombres en «edad de trabajar» constituyeron el mayor contingente del grupo activo. La mayoría de los trabajadores en activo estuvieron trabajando durante lo que Charles Dickens llamó el «mejor de los tiempos», mientras que muchos estuvieron sin empleo o subempleados durante el «peor de los tiempos». Estas categorías de personas en relación con el trabajo siguen vigentes hoy, no sólo en las estadísticas laborales, sino también en el propio mercado laboral y en nuestra vida diaria.

No hay mejor manera de comprender en qué medida nuestra cultura está dirigida por las cuatro estaciones de la vida que pasar un rato curioseando en una librería local. Todas las estanterías de guías y manuales de autoayuda están llenas de consejos sobre cómo superar cada una de las cuatro estaciones de la vida, como si fuera (literalmente) una cuestión de sobrevivir y pasar a la etapa siguiente. Para los niños, todo gira en torno a la autoestima, como *Helga makes a name for herself* [Helga se hace famosa], *The world needs who you were made to be* [El mundo necesita que seas tú], o *I am confident, brave & beautiful* [Tengo confianza en mí, soy valiente y preciosa], un libro para colorear. Los adolescentes y adultos jóvenes son objetivo de tantísimos libros que es mejor no nombrar ninguno en particular. Pero no hay nada que temer: una vez que se llega a la «verdadera edad adulta», hay un libro sobre *How to survive your childhood now that you're an adult* [Cómo superar la infancia ahora que ya eres adulto] que podrían haber titulado *Freud desquiciado*. A continuación, hay innumerables libros sobre cómo sobrellevar todos esos años que pasamos trabajando, un género que se inició en 1936 con la publicación de la obra de Dale Carnegie *Cómo ganar amigos e influir sobre las personas* y que más recientemente ha degenerado en cuestiones tales como *Am I the only sane one working here?: 101 solutions for surviving office insanity* [¿Soy la única persona cuerda que trabaja aquí?: 101 soluciones para sobrevivir a la locura en el trabajo] o *The no asshole rule* [La regla antiimbéciles]. Y para quienes se jubilan tampoco faltan libros: *Not fade away: how to thrive in retirement* [No te apagues: Cómo prosperar durante la jubilación]; *Retirement for beginners* [Jubilación para principiantes]; *Retírate joven y rico: ¡cómo volverse rico pronto y para siempre!*; o el inevitable *How to sur-*

vive retirement [Cómo sobrevivir a la jubilación], como si el mundo nos tuviera reservado todavía algo más para después de esa etapa.

El modelo secuencial de la vida está profundamente arraigado en la cultura y también se ha encajado en la ley. La mayoría de las constituciones nacionales consagran derechos y obligaciones diferenciados para menores de edad, estudiantes, trabajadores y jubilados, distinguiéndolos de la ciudadanía en general. Las Naciones Unidas han creado organizaciones específicas para su promoción en todo el mundo: Unicef (para los niños), Unesco (para la educación) y la Organización Internacional del Trabajo (tanto para trabajadores como para jubilados). Además, ha designado el Día Mundial del Niño (20 de noviembre), el Día Internacional de la Educación (24 de enero), el Día Internacional del Trabajo (1 de mayo) y el Día Internacional de las Personas Mayores (1 de octubre) para recordarnos cada año las diferentes etapas de la vida que existen.

La compartimentación de la vida llevó a expertos y académicos a explicar qué significaba cada una de estas etapas. La conocida teoría del desarrollo psicosocial propuesta por Erik Erikson (1902-1994) en su libro *Infancia y sociedad* (1950) distinguía ocho etapas, y cada una estaba asociada a un par de tendencias en conflicto: infancia (de 0 a 2 años; confianza frente a desconfianza), niñez temprana (de 2 a 3 años; autonomía frente a vergüenza y duda), preescolar (de 3 a 5 años; iniciativa frente a culpa), edad escolar (de 6 a 11 años; laboriosidad frente a inferioridad), adolescencia (de 12 a 18 años; identidad frente a confusión de roles), edad adulta joven (de 19 a 40 años; intimidad frente a aislamiento), edad adulta media (de 40 a 65 años; generatividad frente a estancamiento) y madurez (de 65 años en adelante; integridad del ego frente a desesperación). Cada etapa es acumulativa en el sentido de que resolver el conflicto intrínseco de una fase determinada prepara al individuo para la siguiente. Y cada etapa implica dominar una habilidad clave: la alimentación, el entrenamiento para ir al baño, la exploración, el aprendizaje, las relaciones sociales, las relaciones, el trabajo y la paternidad, y las reflexiones sobre la vida, respectivamente. No dominar cada habilidad de manera eficaz tiene repercusiones nefastas para toda la vida, ya que la secuencia de etapas está predeterminada.

La cosificación de las cuatro estaciones de la vida está tan arraigada en nuestras cabezas que hemos llegado no sólo a darlas por sentado, sino también a castigar a quienes no progresan de una etapa a la siguiente de manera oportuna, a menos que alguna discapacidad física o mental interfiera con lo que se supone que es un patrón universal de progresión aplicable a todos. Se suele llamar Peter Pan a quien no es capaz de pasar de la infancia a la adolescencia para hacer frente luego a la edad adulta. Un adolescente que nunca se hace adulto es un rebelde. Un trabajador que no puede darse el lujo de jubilarse es un fracasado, un derrochador o un irresponsable. Un ejército de psicólogos y terapeutas ha conseguido ganarse la vida gracias a asesorar y tratar a quienes se quedan atrás en esta secuencia de etapas.

No es casualidad que Erikson propusiera su teoría psicosocial en aquel momento. A finales de la década de 1940, la mayoría de las personas en Europa, Estados Unidos y parte de Asia oriental y Latinoamérica estaban sujetas al modelo secuencial de la vida como resultado de la escolarización universal, el empleo asalariado y la jubilación obligatoria. Los arquitectos de este diseño —y los burócratas estatales encargados de garantizar que cada cual cumpliera su parte— defendían sin rubor alguno que la secuencia de educación, empleo y jubilación era adecuada para las personas. Sin duda debo decir que la escolarización era y es todavía beneficiosa en gran medida, aunque cabe destacar el movimiento por la escolarización doméstica que tuvo lugar en los años setenta, que desafiaba el monopolio educativo estatal por considerar que el ambiente en las aulas se había vuelto opresivo y estaba enfocado sobre todo a convertir a los niños en trabajadores dóciles. Sin embargo, discrepo en lo tocante a la universalización del empleo asalariado y la jubilación, así como también con el sentido unidireccional que va de la educación al trabajo, sin posibilidad de cambiar el rumbo entre ambos. El aumento del trabajo por cuenta propia durante la década de 1980 y el fenómeno del microtrabajo (*gig work*) en el siglo XXI han añadido una nueva urgencia al debate sobre nuestra organización predominante de la vida, basada en la edad. La crisis financiera que afecta a los sistemas de pensiones ha dado más munición a los críticos del modelo secuencial de la vida. Examinemos, etapa por etapa, las inconsistencias y los efectos nocivos de compartimentar la vida en fases separadas y secuenciales.

Ser padres: de salir más baratos por docenas al pequeño emperador

«Hace falta mucho dinero para mantener a esta familia», decían Frank Gilbreth Jr. y Ernestine Gilbreth Carey en su libro superventas de 1948 *Cheaper by the dozen* [Más baratos por docenas], que inspiró cuatro largometrajes (incluyendo dos protagonizados por Steve Martin y Bonnie Hunt), una obra de teatro y un musical. Eran dos de los doce hijos de los expertos en eficiencia industrial Lillian Moller Gilbreth y Frank Bunker Gilbreth, quienes habían unido fuerzas para que las empresas aumentaran su productividad mejorando la metodología de estudio de tiempos y movimientos. Su trabajo no sólo fue útil para los empresarios, sino también para los arquitectos modernistas, entre ellos el fundador de la Bauhaus, Walter Gropius. Pensaron que era prudente aplicar los principios de la gestión científica tanto con los trabajadores de la fábrica, sin saberlo ellos, como en su propio hogar. «En la familia Gilbreth, ser eficiente era una virtud igual que la sinceridad, la honestidad, la generosidad, la filantropía y lavarse los dientes.» Fueron pioneros en el uso de cámaras para mejorar la eficiencia de las operaciones de fabricación. «Mi padre nos hacía fotos lavando los platos para poder discernir cómo podríamos reducir nuestros movimientos y acelerar la tarea.» Frank padre se topaba a menudo con la pregunta: «¿Cómo consigue dar de comer a todos esos niños, caballero?». Respondía sin más: «Bueno, salen más baratos por docenas, ¿sabe usted?».

Los Gilbreth no sólo eran un caso atípico en cuanto a la fertilidad, sino también por su estatus social y educación. Lillian había nacido en una familia acomodada de California, fue a la universidad en Berkeley y se doctoró en psicología aplicada en la Universidad de Brown. Era muy poco habitual, incluso en esa época, que una mujer con ese expediente educativo tuviera tantos hijos. Por su parte, Frank dejó pasar la oportunidad de estudiar en el MIT para dedicarse a la industria y la consultoría que le daría fama mundial como uno de los exponentes clave en la gestión científica. Cuando murió en 1924 por una insuficiencia cardiaca, la mayor de sus hijos, Anne, era estudiante de segundo año en el Smith College, y su hija más pequeña, Jane, tenía sólo dos años. Durante cuarenta años, Lillian dirigió el negocio de consultoría mientras criaba a su numerosa descendencia. Sacó tiempo para escribir varios libros emblemáticos sobre psicología y eficiencia en las fábricas y el hogar, incluyendo el que publicó en 1928, *Living with our children* [Vivir con nuestros hijos], en el que se hacía la siguiente pregunta retórica: «¿Por qué no planificar también la vida familiar?». En ese momento emprendía la gigantesca tarea doble de cuidar a sus hijos y brindarles buenas oportunidades en la vida. «Aquí consideraremos la vida familiar como un proceso educativo para nuestros hijos e hijas, en el que podemos utilizar todos los métodos disponibles que han funcionado en otros campos.» Para ella, «toda la planificación que se haga para darle a él [*sic*] la oportunidad de vivir y la riqueza de la experiencia tiene una enorme influencia en lo que hará y se convertirá». A diferencia de muchos padres en la actualidad, ella consideraba que «un diploma universitario y un puesto en la lista de personas más importantes en su sector están bien, pero que prospere siendo profesor en un pequeño pueblo o llevando una empresa puede ser algo mucho más importante». Quizá gracias a su gran familia, esta mujer, que fue una de los mayores expertos en eficiencia que ha habido, no se obsesionó con ninguna forma en particular de asegurar el éxito de sus hijos. Había muchos caminos para triunfar en la vida, y sus hijos, sin duda, supieron lograrlo.

Avanzamos a principios del siglo XXI. La natalidad ha sufrido un drástico descenso, hasta el punto de que en toda Asia oriental, Europa y Norteamérica las mujeres están muy por debajo de los dos hijos de media, por lo que no se logra el reemplazo demográfico. Según un informe del Centro Nacional de Estadística de Salud publicado en 2018, el número medio de hijos nacidos de mujeres estadounidenses con educación universitaria, de entre 22 y 44 años, fue exactamente 1,0, en comparación con los 2,6 para las que no presentan un nivel alto de estudios. (Para los hombres con estudios universitarios la cifra fue 0,9.) En Estados Unidos, la educación universitaria para las mujeres se convirtió en el equivalente de la política de hijo único en China, aunque resultaba mucho menos intrusiva.

Un número menor de hijos conlleva una búsqueda hacia la calidad, como es bien sabido que proponía el economista de Chicago Gary Becker. Consideraba que, en vez de aumentar la cantidad, tener más ingresos lleva a la gente a centrarse en la calidad, es decir, reemplazan sus cuatro latas por berlinas o SUV más nuevos, más grandes o más lujosos en lugar de seguir comprando coches de mala calidad. «La interacción entre cantidad y calidad de hijos —escribió— es la razón más importante por la que el precio efectivo de los hijos aumenta con los ingresos», lo que significa que cuando los padres ven aumentar sus ingresos prefieren invertir más en cada hijo, dándoles mejores oportunidades en la vida. Desde Asia oriental y la India hasta Europa y Estados Unidos, los padres se han obsesionado no con criar a sus hijos con éxito, sino en criar hijos exitosos, o un solo hijo exitoso en el caso de los padres con educación universitaria.

La paternidad contemporánea se ha convertido en una cuestión de maximizar las posibilidades de enviar a los hijos a estudiar a la mejor universidad posible. La charla TED más vista que existe, la del profesor de educación Ken Robinson, culpa a los padres de corromper el objetivo de la educación en la vida. «Si creen que el propósito de la educación es llevar a su hijo a la universidad, o a una universidad en particular, y si creen que la razón para hacerlo es que tendrán un título universitario y su futuro estará asegurado y tendrán un buen trabajo de clase media e ingresos a largo plazo... Si ésa es la mentalidad, está claro por qué los padres presionan tanto —señalaba en una cumbre de talentos celebrada en Dublín en 2018—. El problema de preocuparse por un determinado estilo de educación es que deja fuera buena parte de las otras habilidades y talentos que los niños tienen y que necesitarán ahora y en el futuro.» Dicho problema se ha extendido a todos los rincones del mundo. En la India, la combinación de las altas expectativas de los padres y un plan de estudios basado en exámenes ha demostrado ser perjudicial para el aprendizaje. «Las aspiraciones excesivas de los padres pueden ser dañinas para el desarrollo del niño, porque entonces el niño sólo busca maneras de mejorar sus calificaciones —defiende Avik Mallick—. Al descuidar la parte más importante de la educación en este proceso que es retener el conocimiento impartido por el pedagogo, la facultad mental del niño se desperdicia al tratar de hacer que su hoja de calificaciones esté libre de tinta roja en lugar de comprender el tema que se trabaja.»

El concepto de *parenting* ('ser padres') no se convirtió en un término y una práctica ampliamente utilizados hasta hace poco, como señalaba Alia Wong en un ensayo que se publicó en 2016 en *The Atlantic*. Durante mucho tiempo, la gente tenía hijos y los criaba, sin más. En la década de 1990, «al menos para los miembros de la clase media, ser padre no consistía sólo en ser la figura de autoridad, fuente de sustento y apoyo para los niños, sino en moldear la vida de esos niños, cubrirlos de oportunidades para que puedan tener una ventaja competitiva a largo plazo y enriquecerlos con todo tipo de experiencias constructivas». Los hijos de padres con un alto nivel educativo visitan museos, asisten a conciertos y ven obras de teatro con el doble o incluso el triple de frecuencia que el resto. Esta tendencia ha aumentado la desigualdad económica y la reproducción social dado que, según el sociólogo Paul DiMaggio, el «capital cultural» de una familia es el mejor indicador de las futuras calificaciones de los niños en la escuela primaria y en la secundaria. El gran escándalo de las admisiones a las universidades estadounidenses de 2019, en el que resultaron implicados multitud de empleados de los departamentos de admisiones, entrenadores deportivos y padres famosos, o sólo ricos, a los que se acusaba penalmente de sobornar a los encargados de las pruebas de acceso, hizo evidente que la obsesión por preparar a los hijos para triunfar en la vida no sólo ha tenido consecuencias dañinas, sino que también ha adquirido matices cómicos.

En la base del impulso que sienten tantos padres por ampliar las oportunidades de sus hijos se encuentra el modelo secuencial de la vida, cuya estructura lineal hace que aumenten los riesgos. Se suele asumir que, si los niños se quedan atrás, si no logran seguir el ritmo de los hijos de los vecinos, es posible que no puedan aprovechar la vida al máximo. Puesto que pasamos del juego al estudio y luego al trabajo, sin posibilidad alguna de que se produzca un ciclo de retroalimentación, debemos maximizar el rendimiento desde el primer día o no podremos evitar quedarnos atrás, y tal vez sea para siempre. Y después de haber aprendido todo lo posible al asistir a las mejores instituciones educativas que existen, debemos trabajar como si no hubiera un mañana con la esperanza de poder jubilarnos algún día.

Los problemas de la adolescencia: entre *Rebelde sin causa* y *Moonlight*

«Ya lo superará, querida», dice la madre de Judy (interpretada por Rochelle Hudson) en *Rebelde sin causa*, la célebre película de 1955. «Son cosas de la edad... Es la edad en la que nada encaja.» La construcción social de la adolescencia y la juventud (dos términos que los expertos llevan siglos estudiando) conlleva una serie de conceptos yuxtapuestos: dependencia e independencia, orden y rebelión, certeza y riesgo, estabilidad y aventura, etcétera. «Quiero respuestas ya —protesta Jim Stark (James Dean) ante la negativa de su padre a reconocer siquiera los grandes problemas a los que se enfrenta—. No me interesa lo que ya entenderé dentro de diez años.»

La película se erige como un monumento a los malentendidos y conflictos entre generaciones de los típicos hogares de clase media y como imagen de otra deficiencia clave del modelo secuencial de la vida. Si bien las tribulaciones de la adolescencia y los primeros años de la edad adulta llevan existiendo desde el comienzo de las sociedades sedentarias, hace unos diez mil años, la idea de una progresión natural a través de cuatro etapas concatenadas que deben experimentarse seguidas agrava el choque cultural entre padres e hijos, ya que los padres están deseando que los hijos sean por fin adultos del todo, y los hijos están deseando ser libres: la receta perfecta para el conflicto intergeneracional.

«En algún momento tendrás que decidir por ti mismo quién vas a ser —le dice Juan (interpretado por Mahershala Ali) al protagonista de *Moonlight*, la primera película LGTBIQ+ y con elenco exclusivamente negro que gana el Oscar a la mejor película—. Que nadie decida por ti.» Durante la difícil transición de la niñez a la edad adulta, muchos adolescentes lo pasan mal con las cuestiones de identidad, que se filtran a través de los prismas del género, la raza y la religión. Sin embargo, el modelo secuencial supone un camino lineal, una única opción, una identidad única en cada una de las etapas de la vida.

Las investigaciones han demostrado que la presión de los padres para que los adolescentes se ajusten a las expectativas sociales del modelo secuencial puede abocarlos al consumo abusivo de drogas, entre muchos otros males. Es más, «la presión tiene la capacidad de alterar los circuitos de los cerebros en desarrollo —dice el doctor Joseph Garbely, vicepresidente de servicios médicos y director médico de Caron, una organización sin ánimo de lucro de Florida dedicada a ayudar a los jóvenes que sufren adicciones a sustancias—. Es una preocupación muy grave porque este cambio biológico puede poner a los adolescentes en mayor riesgo de sufrir trastornos de salud mental, así como del consumo abusivo de drogas».

Uno de los mayores temores que tienen los padres con el modelo secuencial de la vida es que sus hijos adolescentes se conviertan en un Peter Pan, un adulto socialmente inmaduro, según el término popularizado por el psicólogo Dan Kiley en su libro *El síndrome de Peter Pan: los hombres que nunca crecieron* (1983). Si bien la Asociación Estadounidense de Psicología no reconoce este síndrome como un trastorno mental, se ha hecho muy popular entre padres y terapeutas. Los signos de este conocido síndrome incluyen la falta de voluntad o incapacidad para asumir responsabilidades asociadas con la edad adulta, la falta de confianza en uno mismo y el egoísmo excesivo. En las películas, la clásica trama del Peter Pan cuenta con una mujer que sigue al lado de su novio inmaduro (un hombre infantil), que no está dispuesto a «sentar la cabeza». Quizá la más emblemática de este género sea *Alta fidelidad* (2000), protagonizada por John Cusack. «Ahora entiendo que nunca me comprometí de verdad con Laura —admite—. Siempre estaba a punto de marcharme y eso me impidió hacer muchas cosas, como pensar en mi futuro y..., supongo que tenía más sentido no comprometerme con nada y mantener abiertas todas mis opciones. Y eso... es un suicidio, en dosis muy pequeñas.»

Al concepto de adultos que se comportan como gente joven se le ha dado un término feo: transedadismo. Sus orígenes se remontan al *puer aeternus* mitológico del mundo antiguo (o *puella aeterna* en el caso de las mujeres): el niño o la niña eternos, un dios niño que es siempre joven. En la novela de Aldous Huxley *La isla*, de 1962, se retrata a Adolf Hitler como un Peter Pan cuya inmadurez acarreó el tremendo «precio que el mundo tuvo que pagar por la maduración tardía del pequeño Adolf». La psicología ha elaborado hace poco una escala que mide hasta qué punto hombres (o mujeres) sucumben a este síndrome. De acuerdo con Humbelina Robles Ortega, profesora de la Universidad de Granada, la sobreprotección de los padres es una de sus principales causas. «Suele afectar a personas dependientes que han estado sobreprotegidas por sus familias y no han desarrollado las habilidades necesarias para afrontar la vida.» Los «peterpanes», sostiene, «ven el mundo de los adultos como algo muy problemático y tienen idealizada la etapa de la adolescencia-juventud, por lo que tienden a querer mantener su estado de privilegio». La verdad es que resulta irónico que Robles Ortega enseñe en la universidad que se fundó después de que los cristianos recuperaran el último bastión musulmán en la península Ibérica en 1492. Según la leyenda, la madre del gobernante derrotado, Boabdil, ridiculizó a su hijo diciéndole: «Llora como mujer por lo que no supiste defender como hombre». En cierto sentido, no se había convertido en un hombre adulto porque tuvo que renunciar a sus dominios. A lo largo de los siglos, una y otra vez, parece que las presiones sociales y de los padres para pasar de una etapa a la siguiente han proporcionado el contexto necesario para interpretar el comportamiento de las personas.

La crisis de la mediana edad

«La mitad de mi vida ha terminado y no he conseguido nada. Nada —le dice Miles (interpretado por Paul Giamatti) a Jack (Thomas Haden Church) en *Entre copas*, la exitosa película de 2004—. Soy la huella del pulgar en la ventana de un rascacielos. Soy una mancha de excremento en un trozo de papel que se adentra en el mar con un millón de toneladas de aguas residuales sin tratar.» Miles, un profesor con depresión y aspirante a novelista, realiza un viaje por carretera de una semana por la región vinícola de California con Jack, un actor que vivió ya su mejor momento y que está a punto de casarse. La típica historia del hombre de 40 años que encuentra poco más que aburrimiento y desesperación en la vida es un tema recurrente en las películas, con todo tipo de identidades diferentes, como se ve en *Lost in Translation*, *Los puentes de Madison*, *Los descendientes*, *Un hombre soltero*, *Jóvenes prodigiosos* o *Thelma y Louise*.

«La mediana edad (entre los 30 y los 70 años, con los 40 a 60 en el centro) es la parte menos analizada del desarrollo humano», señala el psicólogo Orville Gilbert Brim, director de un extenso estudio financiado por la Fundación MacArthur. La mayoría de las investigaciones psicológicas se centran en la infancia, la adolescencia o la vejez. Las peleas con el cónyuge o la pareja, estar atrapado en un trabajo sin futuro o vivir la decadencia de nuestros padres se encuentran entre los factores de estrés más destacados. «La razón por la que las personas de mediana edad presentan estos factores de estrés es que en realidad tienen más control sobre sus vidas que antes y que el que tendrán después —observa David Almeida, que formó parte del equipo de investigación—. Cuando las personas describen estos factores estresantes, suelen hablar en términos de enfrentarse a un reto.»

El psicólogo del trabajo canadiense Elliott Jaques acuñó en 1965 la expresión *crisis de la mediana edad*. Entre los muchos síntomas que se le asocian, sentir descontento y desconcierto sobre adónde se dirige la vida, así como autocuestionarse, son los que están más directamente relacionados con el modelo secuencial de la vida. Hacerse preguntas como «¿Esto es todo lo que hay?» o «¿Soy un fracaso?» en principio se encuentran entre los signos más reveladores de estar pasando la crisis de la mediana edad. Los economistas laborales también han salido a la palestra para analizar la relación entre trabajo y felicidad. Con datos de encuestas internacionales sobre la satisfacción indicada por los participantes, identificaron una «curva de la felicidad con forma de U», según la cual los sentimientos de las personas sobre la vida tocan fondo entre los cuarenta y los cincuenta. Resulta curioso que el efecto sea mayor en los países más ricos y con una esperanza de vida más larga. Con los datos de veintisiete países europeos, David Blanchflower, del Dartmouth College, y Andrew Oswald, de la Universidad de Warwick, en Reino Unido, descubrieron que el uso de antidepresivos casi se duplica cuando se llega a la etapa final de la edad de los cuarenta, en comparación con el final de los veinte o principios de los sesenta.

Aunque se ha encontrado un descenso similar en el bienestar relacionado con la edad en los grandes simios, el modelo secuencial de la vida da por sentado que pasamos de la mediana edad a la jubilación porque, si hemos llegado con éxito a la edad adulta, tenemos el control de nuestro destino. Susan Krauss Whitbourne, profesora emérita de Psicología y Ciencias del Cerebro de la Universidad de Massachusetts en Amherst, descubrió que las personas que cambian de trabajo a una edad temprana se sienten más productivas y creen que están legando algo a las generaciones futuras. «Los cambios de trabajo entre los 20 y los 30 años solían ser beneficiosos llegados a la mediana edad —señala—. Suponemos que estas personas no se sintieron estancadas.» Esta y otras investigaciones indican con claridad que pensar en las etapas de la vida de una manera diferente podría ayudar a esa cuarta parte de los estadounidenses que afirman haber experimentado una crisis de la mediana edad, según indica Elaine Wethington, psicóloga y socióloga de la Universidad Cornell.

En China, tras cuarenta años de intenso crecimiento económico durante los cuales novecientos millones de personas han pasado de la pobreza a pertenecer a la clase media, el último tema que se ha puesto de moda en las redes sociales es la crisis de la mediana edad. Por lo visto, tanto las parejas casadas como quienes prefieren la soltería se ven afectados conforme aumentan las presiones cruzadas de los padres, el trabajo y las expectativas sociales. Una conocida escritora que ha revisado esta cuestión es Chen Danyan, cuya novela *Snow White's résumé* [El currículum de Blancanieves] presenta a Li Ping, una titiritera que lleva toda la vida haciendo el mismo papel de Blancanieves. «Para las mujeres, llegar a los 50 es un hito —afirma—. La sociedad te dice que es un momento crucial. Tu cuerpo lo nota. Toda mujer de más de 50 años lo siente. Los hijos van a la universidad, los padres se hacen mayores... Nunca es fácil afrontar los cambios de la vida, y la manera de lidiar con ello es dejarlo pasar.» Los cuentos de hadas tienen, según ella, el poder de hablar de las relaciones y el papel que ejerce la edad en términos claros y sencillos. «Creo que ésta es la enfermedad de muchas mujeres de mediana edad: ya no eres joven pero tampoco tan mayor —señala—. Siempre ven las cosas de forma negativa, se vuelven muy desconfiadas y cínicas.» Para ella, «ser la bruja no sólo es tener cierta parte de la libertad que se le niega a Blancanieves, sino que también significa que se han podido desarrollar habilidades propias que Blancanieves no tiene».

La edad de la soledad

«Bueno, ¿cómo te sientes al cumplir 80 años?» Le pregunta Billy (interpretado por Doug McKeon) a Norman (Henry Fonda), el padre de la prometida de su padre, en la película *En el estanque dorado*, un drama familiar de 1981. «El doble de mal que cuando tenía cuarenta», le da como respuesta. El profesor universitario jubilado no está solo, ni mucho menos. Vive con su mujer y cuidan a un niño durante el verano. Su esposa y su hija perciben una mejora en su senilidad y comportamiento gracias a sus aventuras con el niño de 13 años. Por desgracia, la experiencia de Norman no es lo habitual. A los 60 años, casi el 18 por ciento de los estadounidenses viven solos, porcentaje que aumenta al 25 por ciento a los 65 años y al 42 por ciento a los 89. La mayoría de los mayores de 70 años están jubilados, lo que significa que tienen menos oportunidades de interacción social diaria, sobre todo si sus hijos viven lejos. Airbnb, la plataforma digital de alojamientos, indica que el grupo de edad que más crece entre los anfitriones que ofrecen su espacio en alquiler es el de personas mayores de 60 años, en gran medida impulsados por el deseo de evitar sentirse solos.

«La miseria y el sufrimiento causados por la soledad crónica son muy reales y merecen nuestra atención —dice Stephanie Cacioppo, de la Universidad de Chicago—. Como especie social, somos responsables de ayudar a nuestros hijos, padres, vecinos e incluso extraños que están solos, de la misma manera que haríamos con nosotros mismos. Tratar la soledad es una responsabilidad colectiva.» La falta de conectividad social tiene implicaciones biológicas, además de psicológicas. «La soledad actúa como fertilizante para otras enfermedades —señala Steve Cole, director del Laboratorio Central de Genómica Social de UCLA—. La biología de la soledad puede acelerar la acumulación de grasa en las arterias, ayudar a que las células cancerosas se reproduzcan y se extiendan y promover la inflamación en el cerebro que provoca el Alzheimer.» La soledad y sus efectos adversos se aprecian con más fuerza entre las personas que viven en barrios peligrosos. «En mi investigación anterior sobre residentes mayores de vecindarios con alta criminalidad, que en su mayoría eran adultos mayores afroamericanos, había un conflicto entre el deseo de participar más en la sociedad y los obstáculos que hacían difícil que se diera esta participación», dice Elena Portacolone, socióloga de la Universidad de California en San Francisco.

Si bien el sentimiento de soledad puede aparecer a cualquier edad, el modelo secuencial de la vida incrementa el efecto a medida que las personas se retiran de la vida social. En un estudio, el 18 por ciento de las personas encuestadas comenzaron a sentirse solas después de jubilarse. «La jubilación puede ser un duro golpe para el sistema. Salgamos a ver qué están haciendo los demás», dice un participante del estudio. «Y, si podemos, vayamos con ellos. (Y menos mal que existe internet.)» Según la agencia estadounidense National Institutes of Health, «las personas que se encuentran de repente solas por la muerte de su cónyuge o pareja, la separación de amigos o familiares, la jubilación, la pérdida de movilidad o la falta de transporte corren un alto riesgo de que empeore su salud. El problema se ha generalizado tanto que el *Journal of Accountancy* consideró necesario publicar el artículo «El coste financiero y humano de la soledad en la jubilación», dirigido a contables públicos certificados que trabajan como planificadores financieros. «Hasta hace poco, el aislamiento social y la soledad se consideraban factores puramente cualitativos en lo que a la satisfacción en la jubilación respecta. No era algo que pudiera medirse en dólares y centavos.» Según un estudio de 2017 llevado a cabo por AARP, la asociación estadounidense sin ánimo de lucro que se dedica a ayudar a las personas mayores de cincuenta, los costes por atención médica han aumentado en 6.700 millones de dólares al año debido a la soledad y el aislamiento social.

Una buena forma de medir el impacto de la jubilación en la soledad es comparar a los jubilados voluntarios con los involuntarios. En un artículo publicado en el *Journal of Applied Gerontology*, un equipo de investigadores utilizó datos del Estudio de Salud y Jubilación de 2014 sobre algo más de dos mil jubilados estadounidenses. Su conclusión principal fue que la jubilación involuntaria (casi un tercio del total) se asociaba con una mayor soledad que la voluntaria. También descubrieron que «el apoyo social puede aliviar el impacto negativo de la jubilación involuntaria», lo que implica que el sentimiento de soledad surge de la ruptura de los vínculos con los compañeros de trabajo. Con la misma fuente de datos, otro equipo de investigadores analizó si la velocidad de la transición hacia la jubilación total tenía algo que ver con la soledad. «Los resultados sugieren que lo que importa no es el tipo de transición (jubilación gradual o de golpe) —concluyeron—, sino si la gente percibe la transición como algo elegido o forzado.» En conjunto, estos dos estudios sugieren firmemente que la jubilación aumenta la soledad más allá del fin de las relaciones sociales en el trabajo. A la gente la hace muy infeliz verse obligada a dejar su trabajo.

«La vejez no existe —decía el arquitecto modernista Philip

Johnson, que vivió hasta los 98 años—. No soy diferente ahora del que era hace cincuenta años. Pero ahora me estoy divirtiendo más.» Lejos de ser una necesidad biológica, la jubilación de alguna manera se convirtió en un requisito y una meta de la vida en sí misma. Como es obvio, algunas profesiones se prestan mejor a que se trabaje mucho más allá de lo que se suele considerar la «edad de jubilación». Pero los políticos, los asesores financieros y los promotores inmobiliarios nos han convencido de que esta última etapa de la vida es algo a lo que aspirar y anhelar.

Preparando el terreno para el conflicto intergeneracional

La peor consecuencia del modelo secuencial de la vida, aparte de las múltiples presiones psicológicas que produce en diferentes momentos, ha sido el aumento de fricciones y tensiones intergeneracionales debido a esa rígida clasificación de las personas en grupos de edad compartimentados. Los adolescentes desafían cada vez más a sus padres por sus ideas fijas sobre las identidades raciales y de género, y sobre las relaciones personales; los adultos jóvenes culpan a las generaciones mayores del cambio climático y el desastroso mercado laboral; los adultos que trabajan se resienten a pagar las pensiones y la atención médica de los jubilados (que ya los superan en número en las urnas), y los jubilados critican el egoísmo y la inmadurez de las generaciones más jóvenes. Afirmar que el conflicto intergeneracional bien podría ser para el siglo XXI lo que las guerras mundiales fueron para el XX no es más que una ligera exageración, sobre todo a modo de corolario de la rápida transformación que está sufriendo la estructura de edad poblacional.

Un reciente artículo de investigación sobre «comprender y gestionar los conflictos intergeneracionales» defiende que los conflictos clásicos entre padres y adolescentes, y entre jubilados y trabajadores, ahora quedan eclipsados por la interacción entre diversas generaciones en el lugar de trabajo. «En muchas organizaciones, los altos directivos pertenecen a una generación diferente que cree mucho más en el trabajo presencial y en cumplir un número de horas determinadas, mientras que muchos profesionales jóvenes han crecido aprendiendo a trabajar de forma más inteligente, no con más esfuerzo», mencionaba un participante del estudio. «Siempre me han colocado en puestos en los que he tenido que enfrentarme, en algunos casos, a ciertos individuos (mayores) de quienes diría que están demasiado pagados de sí mismos en su trabajo», señalaba otro. Algunas diferencias son atribuibles a tendencias sociales más amplias, como la secularización: «Existe un fuerte sentimiento religioso [en las generaciones mayores], con independencia de la religión que se profese. O sea, ¿cuántos de las generaciones más jóvenes han ido a catequesis?».

En la era de las políticas de identidad, las relaciones intergeneracionales pueden complicarse. «Las generaciones mayores se definían por su trabajo, mientras que las más jóvenes se definen por muchas otras cosas. Soy planificador financiero certificado, pero también ciclista. También soy triatleta. Y entrenador. Y padre. Entreno a mis hijos. Soy marido. Me implico.» Asimismo, se acusa a la tecnología de crear malentendidos y complicar la interacción. «Nosotros [las generaciones mayores] en realidad no hemos sufrido mucha influencia social... Ellos [las generaciones más jóvenes] tienen una presión tremenda. Y, sí, hay momentos en los que se alejan, y creo que una vez más es por la presión social que nos ha traído esa mentalidad de estar disponibles veinticuatro horas al día los siete días de la semana.» Y también se la acusa de hacer difícil la comunicación. «Las habilidades comunicativas de algunos de los jóvenes con los que me encuentro cada semana son totalmente nulas. No tienen habilidad alguna de comunicación porque aprenden a comunicarse a través de Twitter y a hablar con palabras y oraciones abreviadas. Si tuviera que comunicarme durante un tiempo considerable con un veinteañero, lo más probable es que no pudiera.»

No obstante, estas cuestiones palidecen en comparación con el potencial de las acusaciones intergeneracionales sobre temas existenciales como el cambio climático. Según se afirma en el sitio web de ClimateOne.org, «los *baby boomers* enloquecidos por el consumo están dejando a los *millennials* con una cantidad ingente de deudas y un clima inestable». Al fin y al cabo, fueron la generación de mis padres y la mía las que se engancharon al petróleo entre los años cincuenta y setenta como resultado de la gran expansión de la economía y los barrios periféricos, y de innovaciones como el superpetrolero y el avión de pasajeros. Una manifestación extrema de esta tensión es el provocativo libro de Bruce Gibney publicado en 2017, *A Generation of sociopaths: how the baby boomers betrayed America* [Una generación de sociópatas: cómo los *baby boomers* traicionaron a Estados Unidos]. Gibney, miembro de la generación X y uno de los primeros inversores de PayPal, anticipa que los *baby boomers* «morirán antes de que el clima llegue a tener un impacto significativo en sus vidas». Por tanto, «es hora de que se quiten del medio». Ve el problema como el clásico dilema agente-principal, en el que la parte que menos interesada está en la cuestión es la que toma las decisiones que afectarán sobre todo a la otra parte.

El problema va más allá de la polémica creada por un libro. En 2013, Naciones Unidas apeló a la solidaridad intergeneracional en el contexto de los objetivos de desarrollo sostenible que defiende. «El compromiso con las generaciones futuras es claro en todo el mundo y en todas las culturas», se puede leer en el informe del secretario general sobre el tema. «Es un valor universal que comparte toda la humanidad.» Es difícil estar en desacuerdo con esa afirmación, pero revela con claridad un sesgo inherente que ve la solidaridad intergeneracional desde una sola perspectiva, la de las generaciones más jóvenes y las que surgirán en el futuro. Mientras tanto, la ONU continúa promoviendo sin descanso, a través de sus agencias especializadas, un sistema rígido basado en la edad de escolarización universal, empleo asalariado y jubilación obligatoria que, en última instancia, socava sus propios objetivos de justicia y equidad intergeneracionales. Por su parte, los gobiernos nacionales y las empresas están de igual forma comprometidos con este sistema. Como veremos en el próximo capítulo, el modelo secuencial de la vida podría sobrevivir sin problema a la actual agitación socioeconómica si no fuera por el aumento en apariencia imparable de la esperanza de vida.

2

Salud y longevidad, en aumento

> No me dedico a la longevidad,
> me dedico a mantener a la gente sana.
>
> AUBREY DE GREY (1963-)

Iósif Stalin no quería morirse. El despiadado dictador había industrializado la Unión Soviética y salido victorioso de la Segunda Guerra Mundial, ambos logros con un coste humano tremendo. Estaba seguro de poder ganar la carrera armamentista y la espacial. Falleció en 1953, a los 74 años, poco antes de la detonación de la primera bomba de hidrógeno soviética y del lanzamiento del Sputnik. No habría sido sorprendente que hubiera vivido hasta los 100 años si nos creyéramos las estadísticas de Georgia, su república natal. De hecho, la propaganda soviética promocionaba el país entero como el «Estado de la longevidad». Pero, como han documentado con todo detalle mi profesor de demografía Neil Bennett y su colega Lea Keil Garson, los burócratas y *apparatchiks* exageraron el número de personas centenarias de la región del Cáucaso soviético para complacer al «padre de las naciones», como se llamaba a Stalin, y hacerle creer que podría vivir hasta los cien. Después de todo, la Unión

Soviética era un enorme cúmulo de mentiras. Ni siquiera el zar rojo se pudo librar.

No obstante, el aumento de la esperanza media de vida no es una noticia falsa. Durante los últimos doscientos cincuenta años, hemos sido testigos de aumentos espectaculares en estas cifras. Hay una gran diferencia en esperar que el estadounidense medio nacido en 2022 viva 32 años más que en 1900: 78 en comparación con los 46 de entonces. La media mundial creció de 31 años a 72 en 2022, más del doble. Ese enorme salto hacia delante desafía los supuestos convencionales sobre la escolarización, el trabajo y la jubilación. «Es el mayor logro de la era moderna», escribe el historiador James Riley, «y supera en importancia a la riqueza, el poder militar y la estabilidad política». Pero plantea una serie de preguntas. ¿Deberíamos ir al colegio sólo una vez? ¿Estamos condenados a tener una sola carrera, ocupación o profesión en una vida tan larga? ¿Podemos permitirnos jubilarnos a los sesenta y cinco si vivimos otros veinticinco años de media? ¿Cómo hacer que nuestros ahorros duren tanto? ¿Qué edad de jubilación tiene sentido desde el punto de vista de la equidad intergeneracional?

Breve historia del aumento de la esperanza de vida

Los quince reyes de Judá (1000-600 a. C.) vivieron de media 52 años. Antes del saqueo de Atenas por parte de los romanos, los veintinueve principales filósofos, poetas y políticos griegos clásicos de los que conocemos sus fechas de muerte y nacimiento tenían de media 68 años. La media fue de 71,5 para los treinta que sobrevivieron a aquel fatídico suceso. En cambio, los treinta y nueve filósofos, poetas y políticos romanos entre el 30 a. C. y el 120 d. C. tenían de media sólo 56,2 años, tal vez debido al impacto generalizado del envenenamiento con plomo de las cañerías. La esperanza de vida de los hombres privilegiados de la élite, en principio bien alimentados, continuó fluctuando hasta la actualidad. Los dieciocho padres de la Iglesia cristiana (150-400 d. C.) vivieron una media de 63,4 años, los veintiún principales pintores italianos del Renacimiento (1300-1570), 62,7 años, y los veintisiete principales filósofos italianos, 68,9. Los miembros del Real Colegio de Médicos británico vivieron una media de 67 años entre 1500 y 1640, pero sólo de 62,8 entre 1720 y 1800.

Así pues, parece que la longevidad ha ido oscilando a lo largo de los últimos milenios en torno a unas cifras bastante altas, al menos para los hombres de la élite. Antes de 1800, cumplir 60 o 70 años implicaba haber sobrevivido a terribles tasas de mortalidad infantil, hambrunas, plagas y enfermedades incurables. La esperanza de vida de las mujeres más allá de la niñez también experimentó varios altibajos. Tanto para hombres como para mujeres, la esperanza de vida mejoró de forma notable después de la Revolución Industrial, con la excepción de los episodios más o menos breves de guerra o epidemias. En 1785, la esperanza de vida al nacer era de 37 en Reino Unido. En 1900, había aumentado a 47, un aumento eclipsado por los avances del siglo xx, que conllevaron que la esperanza media de vida estimada se situara en 82 años en 2022.

Al contrario de lo que se suele creer, el progreso en la esperanza de vida no se debe principalmente a reducciones en la mortalidad infantil y en la niñez. Las tasas de mortalidad han disminuido en todas las edades. En Estados Unidos, la esperanza media de vida de los hombres blancos a los 10 años aumentó de 51 años en 1900 a 68 en 2020. A los 60 años, casi se duplicó de 14 a 23. De manera similar, las mujeres blancas estadounidenses vieron cómo su esperanza de vida restante a los 10 años aumentó de 52 a 73 años; y a los 60, de 17 a 26. La media de los hombres no blancos es de 3 a 4 años más baja que la de los blancos, y las mujeres no blancas están unos 2 años por debajo de sus homólogas blancas. Sin embargo, todos los grupos han visto aumentar su esperanza de vida en todas las edades durante la mayor parte de los últimos doscientos cincuenta años.

Estados Unidos está lejos de ser líder mundial en esperanza de vida al nacer, en gran parte debido a la desigualdad por raza y nivel de ingresos. De hecho, mientras que en 1960 los estadounidenses ocupaban el puesto 22 entre todos los países en ese momento, en 2022 sólo llegaban al puesto 48, y la Oficina del Censo de Estados Unidos estima que para 2060 descenderá aún más hasta el 49. Al principio de la lista en 2022 estaban Mónaco, Macao, Japón, Liechtenstein, Hong Kong, Suiza, España, Singapur e Italia, en ese orden. Algunos de estos países son muy ricos y con recursos. La dieta mediterránea y la amplia disponibilidad de la atención primaria de salud parecen explicar la alta clasificación de España e Italia. Entre los países desarrollados, en Rusia, el consumo excesivo de alcohol y el desprecio histórico por la vida humana («El suelo ruso ama la sangre», dice el dicho) han resultado en que el país se encuentre entre los setenta del mundo, en su mayoría pobres, con la media de vida más baja.

«La historia de nuestra vida extendida es la historia del progreso en su forma habitual: ideas brillantes y colaboraciones que se desarrollan lejos del centro de atención del público, y que ponen en marcha mejoras incrementales que tardan décadas en mostrar su verdadera magnitud», escribe Steven Johnson, autor de *Extra life* [Vida extendida], un libro clave en el tema de la esperanza de vida. Una mejor nutrición en general, las mejoras en la higiene personal, la cloración del agua, los productos lácteos pasteurizados, los antibióticos, la vacunación masiva y los avances en el análisis epidemiológico se encuentran entre la plétora de herramientas que han ayudado a la humanidad a prolongar la esperanza de vida desde los tiempos de la Revolución Industrial. Gracias a que la esperanza de vida se ha duplicado en los últimos doscientos cincuenta años, ahora la mayoría de los padres pueden vivir lo suficiente como para jugar con sus nietos, y al menos uno de cada tres puede tener la alegría de conocer a sus bisnietos. Sin embargo, no todos los grupos de la sociedad han visto aumentar estas cifras.

¿Qué problema hay con los hombres blancos de mediana edad?

«Este artículo documenta un marcado aumento en el riesgo de muerte por cualquier causa de hombres y mujeres blancos no hispanos de mediana edad en Estados Unidos entre 1999 y 2013.» Así comienza un artículo que invita a la reflexión publicado en las Actas de la Academia Nacional de Ciencias en 2015 por los economistas de Princeton Anne Case y Angus Deaton (quien ganó después el Premio Nobel). Su meticuloso trabajo estadístico desencadenó un auténtico torbellino político e intelectual en la era de la política del resentimiento. «Este cambio revirtió décadas de progreso en la mortalidad y fue exclusivo de Estados Unidos; ningún otro país rico experimentó un giro semejante.» Quizá el hallazgo más llamativo fue que «la reversión de la mortalidad en la mediana edad se limitó a los blancos no hispanos. Los negros no hispanos e hispanos de mediana edad y las personas de 65 años o más en todos los grupos raciales y étnicos continuaron viendo caer las tasas de mortalidad», aunque, me apresuro a agregar, partían de niveles más altos. Procedieron a documentar con todo detalle que la mayor parte del aumento de la mortalidad se debía a «intoxicaciones por drogas y alcohol, suicidio, enfermedades crónicas del hígado y cirrosis», todos ellos signos de mal agüero que indican exclusión social. Resulta todavía más revelador el hecho de que la crisis de mortalidad atacara a los hombres blancos no hispanos con estudios secundarios o inferiores en mucha mayor medida que a los más formados. Para empeorar las cosas, este grupo demográfico presentaba tasas más altas de enfermedades mentales, dolor crónico e incapacidad para trabajar. El panorama general era de dolor, estrés, aislamiento, desesperación, enfermedades y muerte prematura. Llamaron al fenómeno «muertes por la desesperación», etiqueta que tocó la fibra sensible del imaginario público.

El hecho de que un artículo académico mordaz causara revuelo en los medios es una noticia en sí misma. En el período previo a las elecciones presidenciales de 2016, cuando el candidato Trump apeló al malestar de los hombres blancos de mediana edad en un puñado de estados demócratas, tuvo lugar lo que fue el equivalente académico de un tsunami. Los autores continuaron en 2017 con un análisis aún más provocativo en el que proponían una teoría sobre la desventaja acumulativa en el mercado laboral entre los hombres blancos con bajos niveles de educación en comparación con no sólo otros blancos, sino también con grupos minoritarios. Según Case y Deaton, el desmoronamiento de la «aristocracia obrera» comenzó con la desaparición de la industria manufacturera, la reducción de los índices de matrimonios en favor de otras formas de asociación y el papel cada vez menor de las congregaciones religiosas tradicionales como fuentes de apoyo social. En este contexto, la globalización y el cambio tecnológico asestaron el golpe definitivo a las oportunidades económicas de quienes tienen menos formación, que eran los que salían perdiendo con la creciente ola de competencia global. Los salarios más bajos reforzaron aún más este círculo vicioso al llevar a muchos hombres blancos no hispanos a retirarse del mercado laboral y adentrarse en una senda de aislamiento social e inestabilidad financiera. Según su difunto colega de Princeton, Alan Krueger, casi la mitad de los hombres que no trabajaban en ese momento tomaban analgésicos, y dos tercios de ellos tomaban un analgésico recetado, a menudo un opioide.

Si bien los hombres blancos no hispanos alrededor de la cincuentena representan menos del 5 por ciento de la población estadounidense, el empeoramiento de su situación tuvo el peso suficiente como para inclinar la balanza a favor de un candidato que, una vez en el cargo, revolucionó la política estadounidense y mundial durante lo que parecía que iba a ser un largo período. Fue un mensaje que sintonizaba con la caída de la aristocracia laboral blanca porque victimizaba a individuos específicos —por ejemplo, inmigrantes, ejecutivos corporativos y élites progresistas— en lugar de a ideas. Este estilo singular de populismo trumpista dio un vuelco a la política estadounidense al convertir al Partido Republicano en el partido de los obreros frustrados. Mientras tanto, la pandemia del coronavirus complicó aún más las cosas al aumentar la mortalidad entre hombres y mujeres negros en mucha mayor medida que entre los blancos. Sin embargo, ya antes de la pandemia, la complicada situación de los hombres blancos no hispanos de 50 años no era el único cambio sorprendente que estaba teniendo lugar en la tendencia general de aumento de la esperanza de vida.

¿Qué está acabando con las mujeres centradas en su carrera profesional?

Otra tragedia propia de Estados Unidos es la reducción de la brecha existente entre mujeres y hombres en cuanto a la esperanza de vida. La ventaja proyectada en la esperanza de vida de las mujeres sobre los hombres a los 60 años alcanzó su punto máximo en 1975, con 4,9 años, una diferencia considerable. Para 2022, había caído a 3,3, y el pronóstico más reciente de la División de Población de las Naciones Unidas es que seguirá cayendo hasta menos de dos años para 2050. Esta espectacular disminución es mucho más pronunciada en Estados Unidos que en Reino Unido, Suecia, Francia, Alemania, España, Italia y Corea del Sur. Entre los grandes países ricos, Japón es la excepción, ya que la ventaja de las mujeres sigue aumentando, como ocurre en la mayoría de los países emergentes y en desarrollo.

Que no se me malinterprete. Las mujeres estadounidenses siguen viendo aumentar su esperanza de vida, pero mucho más despacio que en décadas pasadas y a un ritmo menor que el de los hombres. Desde el punto de vista histórico, los hombres han experimentado tasas de mortalidad más altas que las mujeres en todas las franjas de edad. Las razones del declive abarcan todo el espectro, desde la biología hasta el comportamiento social. «Las hormonas femeninas y el papel de la mujer en la reproducción se han relacionado con una mayor longevidad», se señala en la revista *Scientific American*. «Los estrógenos, por ejemplo, facilitan la eliminación del colesterol malo y, por tanto, pueden ofrecer cierta protección contra las enfermedades cardiacas.» Por el contrario, las hormonas parecen ser perjudiciales para la esperanza de vida de los hombres. «La testosterona, por otro lado, se ha relacionado con la violencia y la asunción de riesgos.» El papel reproductivo de las mujeres también juega a su favor. «El cuerpo femenino tiene que hacer reservas para adaptarse a las necesidades del embarazo y la lactancia», algo que a primera vista puede parecer una desventaja, si no fuera porque «esta habilidad se ha asociado a una mayor capacidad para lidiar con el exceso de comida y su eliminación».

El trabajo fuera del hogar es un factor clave asociado con una mayor mortalidad. Históricamente, los hombres han estado más expuestos a las llamadas «enfermedades provocadas por el hombre», incluida «la exposición a los peligros del lugar de trabajo en el contexto industrial, el alcoholismo, el tabaquismo y los accidentes de tráfico, que de hecho han aumentado de forma considerable a lo largo del siglo XX». En la actualidad, las mujeres estadounidenses, sobre todo las menores de 40 años, presentan unas tasas de participación del total de trabajadores sólo unos pocos puntos porcentuales por debajo que los hombres, en comparación con los niveles muy bajos de hace dos generaciones.

Si bien las mujeres trabajan fuera de casa cada vez más, siguen siendo responsables de la mayor parte de las tareas domésticas, incluidas las compras, la preparación de la comida y el cuidado de los hijos. Además, hay casi seis veces más madres solteras que padres solteros que cuidan de sus hijos. Como señala Lisa Berkman, directora del Centro de Estudios de Población y Desarrollo de Harvard, el nuevo papel de las mujeres en la economía estadounidense ha creado una tormenta perfecta: están más expuestas al estrés del lugar de trabajo, el del matrimonio y, para 11,5 millones de ellas, también al de la maternidad en solitario. «El estrés crónico puede fomentar la aparición temprana de enfermedades crónicas», dice Elissa Epel, profesora de psiquiatría de la Universidad de California en San Francisco. Esta profesora se convirtió en una especie de celebridad por ayudar a descubrir que el estrés tiende a desgastar las puntas protectoras de los cromosomas que se cree que están asociados con la longevidad, en un hallazgo que está más cerca que nunca de ser una prueba irrefutable en el estudio de los años de vida perdidos por las mujeres. Para empeorar las cosas, las mujeres son más propensas que los hombres a calmarse comiendo y a reducir el tiempo que dedican a hacer ejercicio para equilibrar su vida laboral y familiar. Lo dicho: la tormenta perfecta.

La desesperación está más extendida de lo que se pensaba

Por si no fuera suficiente, las cosas están empeorando aún más para las demás categorías de mujeres. La evolución de la esperanza de vida femenina muestra una continua bifurcación en Estados Unidos por razones de educación y lugar de residencia. Así, las mujeres con formación que viven en áreas metropolitanas salen mejor paradas que el resto. Entre 2009 y 2016, «las mujeres sufrieron una disminución de la esperanza de vida» en ocho de las cuarenta regiones estadounidenses analizadas por un equipo de demógrafos dirigido por mi colega Irma Elo, de la Universidad de Pensilvania. Es importante resaltar aquí que los datos se refieren a mujeres blancas no hispanas. «En las cuarenta áreas, el aumento de la esperanza de vida de los hombres blancos superó el aumento de la esperanza de vida de las mujeres blancas.» Las mujeres de áreas no metropolitanas de Alabama, Arkansas, Kentucky, Luisiana, Missouri, Oklahoma, Tennessee y Texas «perdieron casi un año de esperanza de vida» entre 1990 y 2016. Los detallados estudios epidemiológicos permiten identificar a los culpables: el tabaquismo, los trastornos del sistema mental y nervioso, y las sobredosis de drogas.

Puede que el hallazgo más sorprendente de una investigación reciente en el campo de la mortalidad sea que incluso las mujeres que no trabajan fuera del hogar también pueden salir perdiendo. Mi coautor y exalumno Arun Hendi, ahora en la Universidad de Princeton, halló que «la esperanza de vida aumentó o se estancó desde 1990 entre todos los grupos de educación, raza y sexo, excepto para las mujeres blancas no hispanas con educación inferior a la secundaria», para las que durante dos décadas hubo una fuerte caída de 2,5 años en la esperanza de vida. Es un gran cambio en muy poco tiempo. Los datos y los sofisticados métodos estadísticos no pueden dar cuenta ni por asomo de las trágicas historias personales que se esconden detrás. Crystal Wilson, de Cave City, Arkansas, donde la mayoría de los residentes son blancos, falleció a los 38 años. Era ama de casa y padecía obesidad y diabetes. «Dejó los estudios en décimo curso, a los 16 años, porque se había casado —escribe Monica Potts en *The American Prospect*—. Así funcionaban las cosas.» Su fallecimiento prematuro es sólo un ejemplo entre muchos de la misma comunidad. De acuerdo con Julie Johnson, coordinadora de tecnología del distrito escolar local, «si eres mujer y tienes poca formación, las oportunidades son casi nulas. Te casas y tienes hijos... Te va algo mejor si no estás trabajando... Es un ciclo horrible». Johnson tiene una respuesta muy sencilla para lo que está matando a las mujeres blancas que abandonan los estudios de secundaria, una paralela a la experiencia de los hombres blancos no hispanos con poca formación: «La desesperación de la época que vivimos. Puede que no tenga ni idea de nada, pero eso es lo que las está matando».

El malestar se extiende mucho más allá de las madres jóvenes con bajos logros educativos. En general, la mortalidad continúa aumentando con rapidez entre todos los estadounidenses en el grupo de edad de 25 a 44 años. «Los adultos jóvenes de hoy han padecido dificultades para llegar a la mayoría de edad durante los años de la Gran Recesión, de 2008 a 2010, es decir, una transición retrasada a la edad adulta, el declive del matrimonio y mayores tasas de convivencia con los padres —señalan Elo y sus coautores—. Los adultos de este grupo de edad tienen mayores tasas de consumo excesivo de drogas y alcohol, y pueden experimentar una mayor morbilidad y mortalidad relacionadas con estos comportamientos en las próximas décadas.» Ése es el futuro que aguarda a una cifra considerable de mujeres y hombres *millennials* para quienes la globalización y el cambio tecnológico traen vientos en contra. Y, por si fuera poco, la pandemia del coronavirus aumentó las tasas de mortalidad entre los grupos más desfavorecidos, sobre todo entre los de 50 años o más.

Sin embargo, en marcado contraste con el fenómeno de las muertes por desesperación, en la dirección contraria está surgiendo una búsqueda de la vida eterna por medio de la tecnología que parece desafiar los supuestos heredados.

La fuente de la eterna juventud, la empresa Calico de Google y la molécula de Dios

«Cuando los ictiófagos [habitantes de la costa] se maravillaron ante el número de años, los condujo a una fuente, donde, después de lavarse, vieron que su carne lucía ahora toda lustrosa y tersa, como si se hubieran bañado en aceite, y les vino un aroma de primavera como el de las violetas —escribía Heródoto (484 a. C.-425 a. C.), el geógrafo griego que dio pie a la idea de la historia como esfuerzo intelectual organizado—. El agua estaba tan débil, decían, que nada flotaba en ella, ni madera, ni ninguna materia más ligera, sino que todo iba al fondo. Si el relato de esta fuente es cierto, sería el uso constante del agua lo que los hace tan longevos.» El agua de la mítica fuente de la juventud se había convertido en uno de los mejunjes más fascinantes de todos los tiempos.

Me casé en la iglesia parroquial de San José en Guaynabo, Puerto Rico, frente a las ruinas de la casa de Juan Ponce de León, el conquistador que reclamó la isla para la Corona española en 1508. Dirigió la primera expedición europea a Florida en 1513, en principio para buscar la fuente de la eterna juventud. «A una distancia de 325 leguas de La Española, se dice que hay una isla llamada Boyuca o Ananeo», escribió Pedro Mártir, un erudito italiano contemporáneo de la corte de Fernando el Católico, quien se refirió a la ubicación de la fuente sin mencionar Florida ni a Ponce de León. «Y quienes han explorado el interior de la isla hablan de un extraordinario manantial que rejuvenece a los viejos al beber sus aguas. No crea, Santidad —advirtió—, que dicen esto en broma o se lo toman a la ligera. Tan formalmente se han atrevido a hacer circular esta información por toda la corte que todo el pueblo, y no pocos de sus más ilustres miembros, por virtud y fortuna, la toman por cierta.»

La primera referencia concreta a la búsqueda de la fuente en Florida por parte de Ponce de León se remonta a las crónicas de Gonzalo Fernández de Oviedo impresas en 1535, veinte años después de la muerte del conquistador. «Y luego contó esa historia sobre la fuente que rejuvenece a los viejos o los hace jóvenes... Y fue tan conocida esta historia, y tan afirmada su verdad por los indios de aquellas partes, que marcharon el capitán Juan Ponce y su gente, y carabelas perdidas..., para buscar esta fuente. Era un chiste muy bueno entre los indios.» Tenía 30 años cuando realizó su primer viaje a lo que más tarde se convertiría en el Estado del Sol, y falleció ocho años después a causa de las heridas sufridas en una escaramuza con el pueblo calusa mientras intentaba establecer un asentamiento permanente al sur de Florida. No podía imaginar que la península se convertiría algún día en uno de los destinos de jubilación más importantes del mundo.

Avanzamos hasta la era de internet. Google cambió la manera en que buscamos información, encontramos nuestro destino en un mapa y nos llega la publicidad. En 2013, esta empresa fundó, con mucho dinero de por medio, California Life Company (Calico), con el propósito expreso de aumentar la esperanza de vida. Dos años más tarde, apareció Verily, antes llamada Google Life Sciences, una división dentro de esta gran empresa en expansión. Esta compañía busca diseñar soluciones de salud inteligentes, lo que incluye monitores y dispositivos médicos portátiles, gestión de las enfermedades, robótica quirúrgica, medicamentos bioelectrónicos y zapatos inteligentes para el seguimiento de la salud y la prevención de caídas. En 2014, se filtraron unos informes sobre un estudio de referencia anunciado como «el proyecto científico más ambicioso y difícil jamás realizado» y «un salto gigante hacia lo desconocido», cuyo objetivo es «conocer la estructura del cuerpo de miles de personas, hasta las moléculas dentro de sus células», para establecer biomarcadores que puedan detectar enfermedades.

La búsqueda de una «molécula de Dios» que pueda retrasar o incluso revertir el envejecimiento ha cautivado a estrellas de Hollywood y magnates de Silicon Valley, deseosos todos de poder seguir disfrutando de sus fortunas indefinidamente. Según el reportaje que publicó Tad Friend en *The New Yorker* sobre lo obsesionados que están con la longevidad, tanto los actores como los «amos del universo» tienen asumido que existe algún tipo de «cura» para el envejecimiento a la vuelta de la esquina.

«Creo que el envejecimiento es una cuestión plástica, que está codificada», afirmó Joon Yun, médico y gerente de un fondo de cobertura de atención médica, en una reunión sobre el tema en la Academia Nacional de Medicina de Estados Unidos. «Si algo está codificado, se puede descifrar el código.» Entre aplausos cada vez más fuertes, continuó: «¡Si se puede descifrar el código, se puede hackear! —Y, siguiendo con la mejor retórica propia de la ciencia ficción, añadió—: Podemos acabar con el envejecimiento para siempre».

Las atrevidas afirmaciones de Yun no son tan exageradas. Lo cierto es que las células pueden manipularse genéticamente para que se multipliquen para siempre, o al menos durante un período prolongado, deteniendo así el envejecimiento. El problema es que los humanos somos una especie genética, conductual y complicada desde el punto de vista ético. «En los seres humanos no es ético realizar mutaciones, y hay tantas cuestiones en juego que es difícil evaluar el impacto de las restricciones dietéticas —señala Janet Thornton, experta en antienvejecimiento del Instituto Europeo de Bioinformática—. En el laboratorio, la vida útil de los gusanos se puede multiplicar por 10; en moscas y ratones, el aumento máximo es sólo de 1,5; pero no hay una medida equivalente disponible para los humanos. Es probable que el sistema humano sea complejo, con muchas interconexiones y barreras, por lo que es posible que dichas extensiones no sean accesibles.» A pesar de estos esfuerzos, yo preferiría ser un humano mortal que un gusano eternamente.

Prolongar la vida de manera indefinida puede ser contrario a las creencias religiosas, puede interferir con los incentivos que tenemos en las diferentes etapas de la vida y, en última instancia, puede hacer que el planeta sea inhabitable por la superpoblación. No obstante, eso no impide que se gasten cientos de millones de dólares en una amplia variedad de medios tecnológicos para acabar con el envejecimiento. La idea de la inmortalidad es tan antigua como la propia humanidad. Pero ¿vale la pena el coste presente y futuro que supone, o deberíamos más bien centrarnos en vivir una vida mejor y más saludable en lugar de una más larga, sin más?

Esperanza de vida versus esperanza de vida saludable

«¿Podemos vivir más y seguir siendo jóvenes?» Ésa es la pregunta que plantea Adam Gopnik en un revelador artículo de *The New Yorker*. Las poderosas leyes de la evolución establecen que los cuerpos humanos deben funcionar como un reloj y cumplir su misión durante el período en que transmitimos nuestros genes a la siguiente generación, pero no necesariamente más adelante en la vida. «Una vez que hemos pasado la edad reproductiva, los genes pueden despistarse a la hora de copiar y permitir que se acumulen mutaciones, porque a la selección natural ya no le importa.» Así, el notable éxito que ha tenido lugar en el aumento de la esperanza de vida ha multiplicado también las tasas de todo tipo de problemas de salud desagradables, como el cáncer, las enfermedades cardiacas, la diabetes, la artritis y la demencia. Aquí está el problema. ¿Deberían asignarse los escasos recursos de investigación a aumentar nuestra esperanza de vida o a garantizar que sigamos estando sanos durante la mayor parte de ella, aumentando así nuestra esperanza de salud? Como afirma Tad Friend, esto ha llevado a una competencia feroz entre los *healthspanners* (defensores de la esperanza de vida en buena salud) y los «inmortalistas». Si bien la inmortalidad parece algo muy lejano, garantizar que podamos disfrutar al máximo durante la mayor parte de nuestra vida parece algo del todo alcanzable. El problema es que la esperanza de vida en buena salud por lo general no ha crecido más rápido que la esperanza de vida, lo que significa que la persona promedio todavía tiene que pasar algunos años (entre seis y ocho) de mala salud antes de morir. No es una perspectiva muy apetecible.

En 2019, la Academia Nacional de Medicina estadounidense lanzó el Gran Desafío Global de la Longevidad Saludable, «un movimiento mundial para mejorar el bienestar físico, mental y social de las personas a medida que envejecen». La iniciativa tiene como objetivo mitigar los efectos nocivos del envejecimiento de la población, que «está a punto de imponer una presión significativa sobre las economías, los sistemas de salud y las estructuras sociales en todo el mundo. Pero no tiene por qué ser así». La idea básica implica aumentar la duración de la salud estimulando «la aparición de nuevos medicamentos, tratamientos, tecnologías y estrategias preventivas y sociales que puedan ayudar a transformar la forma en que envejecemos y garantizar una salud, funcionamiento y productividad mejores durante un período de longevidad extendida». Como suele pasar, es más fácil decirlo que hacerlo.

Si bien contamos con excelentes indicadores de la esperanza de vida a distintas edades basados en el momento de la mortalidad, es mucho más difícil (y está sujeto a polémica y debate) medir la duración de la salud esperada de las personas. La Organización Mundial de la Salud ha calculado una «esperanza de vida saludable», definida como «la vida media con buena salud —es decir, sin limitaciones irreversibles de la actividad en la vida diaria ni incapacidades— de una generación ficticia sujeta a las condiciones de mortalidad y morbilidad vigentes ese año». Si bien la esperanza de vida es como un interruptor de encendido y apagado, el concepto de esperanza de vida saludable adolece de ambigüedades metodológicas insuperables. ¿Dónde se traza la línea entre lo saludable y lo no saludable? ¿Existe una tierra de nadie en algún punto intermedio? ¿No es posible que las personas caigan enfermas y después recuperen la buena salud?

Dejando de lado estas dificultades, la evidencia apunta en la dirección de que, desde que este indicador se calculó por primera vez en el año 2000, la atención preventiva, la detección temprana de enfermedades, los nuevos tratamientos médicos y unos mejores estilos de vida han producido un continuo aumento en la esperanza de vida en buena salud más allá de los 60 años. Los inmortalistas podrían escudarse en que este progreso parece ir lento. La duración media de la esperanza de vida en buena salud ha aumentado apenas dos o tres meses por década, un ritmo que para los investigadores de Google debe ser exasperante y que tanto Hollywood como Silicon Valley consideran inaceptable. Aun así, la buena noticia es que en 2019 el hombre estadounidense promedio de 60 años podía esperar estar sano durante otros 15,6, y la mujer promedio, 17,1. Dado que la esperanza de vida de los hombres era de 22,0 años más en ese momento y la de las mujeres de 25,0, el estadounidense promedio pasaría sus últimos ocho años de vida con alguna afección que implicara una limitación para disfrutarlos.

Lo más importante es que, desde principios del siglo XXI, la duración media de la esperanza de vida en buena salud ha aumentado casi al mismo ritmo que la esperanza de vida en la mayoría de los países del mundo, tanto ricos como pobres, y sobre todo en países tan diversos como Angola, Bangladesh, Botsuana, China, Dinamarca, Eritrea, Etiopía, Finlandia, la India, Irlanda, Jordania, Laos, Malawi, Malta, Mongolia, Namibia, Polonia, Portugal, Rusia, Singapur, Sudáfrica, Corea del Sur, Tailandia y Reino Unido. Como en el caso de la esperanza de vida, cuando se trata de la salud, Estados Unidos es un caso atípico. La esperanza de vida en buena salud sólo ha aumentado la mitad de rápido que la de vida, con la ominosa consecuencia de que la calidad de vida de los estadounidenses que peinan canas se ha deteriorado en relación con la de los de otras partes del mundo.

¿Cuáles son las consecuencias intergeneracionales de esta situación? En esencia, en la mayoría de los países ricos, a una persona promedio de 60 años le quedan otros 20 o 25 de esperanza de vida, de los cuales se espera que entre 10 y 15 los pase con salud. Entonces, ¿tiene sentido jubilarse a los 65? ¿Podemos permitírnoslo como sociedad? ¿Es justo para otras generaciones? Son preguntas delicadas que tienden a encender el debate por todo lo que está en juego.

La idea de justicia (intergeneracional)

«Cuando tratamos de determinar cómo se puede fomentar la justicia, existe una necesidad básica de razonamiento público que incluye argumentos provenientes de diferentes sectores y perspectivas divergentes —escribe Amartya Sen, filósofo y economista indio ganador del Premio Nobel, en su rompedor libro

La idea de la justicia (2009)—. Sin embargo, abordar argumentos contrarios no implica que debamos esperar poder resolver las razones contradictorias en todos los casos y llegar a una posición consensuada sobre todas las cuestiones. La resolución completa no es un requisito de la propia racionalidad de una persona ni una condición de elección social razonable.»

Quizá el mejor ejemplo de la dificultad de llegar a un acuerdo completo de justicia intergeneracional sea el cambio climático, en el que el equilibrio entre el bienestar económico actual y la sostenibilidad en el futuro es particularmente difícil de resolver. Otra pregunta desconcertante es la de quién paga las pensiones y la atención sanitaria de quienes están en edad de jubilación, cuestión sobre la que resulta difícil elaborar un argumento sobre lo que es justo. Después de todo, los jubilados trajeron al mundo a las generaciones más jóvenes, las criaron y les brindaron oportunidades en la vida. Pero, como propone Sen, podemos comparar y contrastar los argumentos y perspectivas de diferentes generaciones con la esperanza de involucrar a las personas en un debate que, aunque sea peliagudo, no resulta menos necesario.

«La relación entre las generaciones mayores y las más jóvenes se sigue definiendo por el apoyo y el afecto mutuos. Sin embargo, la acción y la inacción de los sucesivos gobiernos ponen en riesgo los cimientos de esta relación —advertía un informe de 2019 de la Cámara de los Lores de Reino Unido—. Muchos miembros de las generaciones más jóvenes están luchando por encontrar empleos seguros y bien remunerados, así como viviendas seguras y asequibles, mientras que muchos miembros de las generaciones mayores corren el riesgo de no recibir el apoyo que necesitan porque un gobierno tras otro no ha logrado crear un plan generacional a largo plazo.» El comité identificó varias áreas principales de fricción, como los déficits gubernamentales, el acceso a viviendas asequibles, la infrafinanciación de la educación y el pago de los costes de los programas para la «vejez». Me desconcierta que no incluyeran el cambio climático.

La sociedad está de alguna manera gobernada por un contrato social que establece algunas reglas básicas de compromiso. Por muy importante que sea ese acuerdo, es probable que el contrato generacional lo sea aún más en un futuro próximo. Una versión específica, el contrato de bienestar generacional, estipula que los votantes deben favorecer políticas que no sólo los beneficien a ellos, sino también a otros en etapas de la vida diferentes a la suya, por una combinación de razones egocéntricas y altruistas. Es posible que, anticipándose a las necesidades que tendrán décadas más tarde, las generaciones más jóvenes quieran financiar las pensiones y la atención sanitaria. Las generaciones mayores pueden beneficiarse de los servicios de cuidado infantil y educación si generan una fuerza laboral más grande y mejor preparada, dispuesta a pagar impuestos para sufragar las pensiones y la atención médica. Aun así, las pensiones en concreto se han convertido en el mayor programa de bienestar social en la mayoría de los países ricos, alterando el equilibrio que llegó a haber entre las diversas categorías presupuestarias.

A medida que el coste de las pensiones y la atención sanitaria se disparaba, «el apoyo a las políticas provejez [*sic*] disminuyó en la mayoría de los países europeos, aunque el apoyo absoluto a la provisión gubernamental de un nivel de vida razonable para las personas mayores siguió siendo alto —escribe Aart-Jan Riekhoff, investigador del Centro Finlandés de Pensiones—. El descenso en las preferencias relativas hacia políticas provejez se debió no sólo a la reducción en el apoyo absoluto, sino también a algunos aumentos, sobre todo en el apoyo a la provisión de guarderías por parte del Estado». En otras palabras, aunque la solidaridad intergeneracional sigue siendo fuerte, las compensaciones presupuestarias están ganando importancia para los trabajadores y votantes jóvenes. «Esto indica que, si bien el contraste generacional en materia de bienestar puede no estar bajo ninguna amenaza inmediata, las preferencias políticas relacionadas con la edad sin duda se están recalculando en muchos países», sobre todo en Europa, Estados Unidos, Canadá y Japón.

Una cuestión clave en la reciente evolución de la justicia y la solidaridad intergeneracionales tiene que ver con la amplitud con que los programas de bienestar están diseñados y distribuidos entre grupos de edad específicos. El gasto en educación pública y los servicios de guardería benefician a los jóvenes y a sus padres, el seguro de desempleo proporciona tranquilidad a los trabajadores en caso de perder el empleo, la atención sanitaria beneficia desproporcionadamente a las personas de edad avanzada y los jubilados disfrutan de planes de pensiones. En una época de deuda creciente y déficit presupuestario, la solidaridad intergeneracional se ve socavada. Esta situación es el telón de fondo del enfrentamiento actual por la viabilidad de los sistemas públicos de pensiones.

Houston, tenemos un problema

«Esto me está causando mucho estrés —dice Jan-Pieter Jansen, un holandés de 77 años que se jubiló a los 60—. Los recortes de las pensiones me van a quitar miles de euros que podría haber gastado en mi familia y en las vacaciones que nos gustan. Estoy muy enfadado por que esté pasando esto después de haber ahorrado durante tanto tiempo.» Después de cuatro décadas haciendo contribuciones al fondo de pensiones de su empresa, recibió una carta que le informaba sobre recortes de beneficios de hasta el 10 por ciento.

Una esperanza de vida más larga, combinada con una natalidad cada vez menor, supone un doble golpe tremendo para los sistemas de pensiones, en especial para aquellos financiados mediante contribuciones actuales de los trabajadores empleados y sus empleadores. Además, muchos fondos de pensiones públicos han generado rendimientos de inversión del 7 por ciento o más, lo que no es realista en un momento en que los rendimientos de los bonos se acercan a cero. ¿Las soluciones? Casi todos los estudios serios concluyen que es necesaria alguna combinación de medidas que incluyan posponer la jubilación, aumentar las contribuciones e impuestos de los trabajadores y los empleadores, recortar los beneficios o un aumento de la inmigración de trabajadores jóvenes. Quizá todo lo anterior sea necesario, y seguro que será perturbador y complicado. Hay una larga lista de primeros ministros y presidentes cuya popularidad se ha visto mermada por la inminente crisis de las pensiones. Ningún político quiere perder el apoyo de los trabajadores que cotizan o de los pensionistas. Mientras tanto, los intereses están tan enquistados que las reformas necesarias para garantizar la futura viabilidad de las pensiones parecen poco probables.

Por suerte, la gente parece estar haciéndose ya a la idea y se está jubilando más tarde. A principios de la década de 1970, los hombres se jubilaban a los 69 años de media en los países desarrollados de Europa y Norteamérica, y las mujeres a los 65. En el año 2000, la edad media alcanzó un mínimo de 63 y 61 años, respectivamente. En las últimas dos décadas, tanto hombres como mujeres han pospuesto la jubilación una media de dos años y medio.

Me resulta desconcertante que la mayoría de los estudios existentes sobre la viabilidad futura de los sistemas de pensiones se centre en el aumento de la esperanza de vida sin tener en cuenta la esperanza media de vida en buena salud. Los conceptos de esperanza de vida y de vida en buena salud son fundamentales para comprender el futuro de la jubilación en una sociedad posgeneracional porque, al tomar decisiones sobre la jubilación, las personas considerarán no sólo cuántos años les quedan, sino también qué estado de salud tendrán o es probable que tengan.

Analicemos las cifras que curiosamente la mayoría de los expertos han descuidado antes. Las dos primeras columnas de la tabla 2.1 muestran las cifras correspondientes a los principales países, que provienen de las dos fuentes autorizadas utilizadas con anterioridad, Naciones Unidas y la Organización Mundial de la Salud. El período de salud esperado a los 60 años indica durante cuánto tiempo más podríamos ser miembros de la sociedad plenamente productivos, en el sentido de poder trabajar a tiempo completo sin limitaciones. La esperanza de vida menos la esperanza de vida en buena salud muestra el número mínimo de años que podríamos tener para depender de una pensión porque no podremos trabajar a tiempo completo debido a problemas de salud. Para el hombre estadounidense promedio, esta cifra es de 6,4 años (22,0-15,6), y para la mujer promedio es de 7,9 (25,0-17,1).

Tabla 2.1. Esperanza de vida, esperanza de vida en buena salud y escenarios de jubilación desde la perspectiva de una persona promedio de 60 años en 2019

	Esperanza de vida estimada a los 60 (en años)		Esperanza de vida en buena salud estimada a los 60 (en años)		Esperanza de vida estimada menos esperanza de vida en buena salud estimada		Escenario A: Edad de jubilación si se deja de trabajar al final del tiempo de vida en buena salud		Escenario B: Edad de jubilación si se deja de trabajar siete años antes del final del tiempo de vida en buena salud	
País	Hombres	Mujeres	Hombres	Mujeres	Hombres	Mujeres	Hombres	Mujeres	Hombres	Mujeres
EE. UU.	22,0	25,0	15,6	17,1	6,4	7,9	75,6	77,1	68,6	70,1
China	18,6	22,0	15,0	16,9	3,6	5,1	75,0	76,9	68,0	69,9
Japón	24,0	29,2	18,8	21,8	5,2	7,4	78,8	81,8	71,8	74,8
Corea del Sur	22,6	27,3	18,2	21,2	4,4	6,1	78,2	81,2	71,2	74,2
India	17,4	18,6	13,0	13,5	4,4	5,1	73,0	73,5	66,0	66,5
Reino Unido	22,7	25,2	17,6	18,9	5,1	6,3	77,6	78,9	70,6	71,9
Alemania	22,2	25,6	17,0	19,9	5,2	5,7	77,0	79,9	70,0	72,9
Francia	23,3	27,6	18,5	20,8	4,8	6,8	78,5	80,8	71,5	73,8
Italia	23,5	27,0	17,9	19,8	5,6	7,2	77,9	79,8	70,9	72,8
España	23,4	27,7	18,0	20,3	5,4	7,4	78,0	80,3	71,0	73,3
México	20,0	22,4	15,3	16,8	4,7	5,6	75,3	76,8	68,3	69,8
Brasil	20,1	23,9	15,2	17,4	4,9	6,5	75,2	77,4	68,2	70,4
Turquía	19,2	24	15,8	17,3	3,4	6,7	75,8	77,3	68,8	70,3
Nigeria	13,4	14,3	13,3	13,8	0,1	0,5	73,3	73,8	66,3	66,8
Sudáfrica	14,4	18,3	12,7	14,8	1,7	3,5	72,7	74,8	65,7	67,8

Fuente: Observatorio mundial de la salud de la Organización Mundial de la Salud.

En realidad, las cifras del cuadro son tranquilizadoras, porque el sistema de Seguridad Social podría sobrevivir en su forma actual si trabajáramos hasta el final de nuestro período de vida saludable, es decir, hasta que empezáramos a experimentar problemas de salud graves. Esto es algo que muy pocas personas estarían dispuestas a hacer; yo, desde luego, no lo haría. Se ve reflejado en el escenario A, que rebajaría la carga de los trabajadores que pagan impuestos para financiar la atención sanitaria y las pensiones. Ello implica que los hombres estadounidenses se jubilarían de media a los 75,6 años y las mujeres a los 77,1, muy por encima de la edad media de jubilación actual (alrededor de los 65 años). En ese escenario, las personas no podrían disfrutar de un estilo de vida plenamente activo durante la jubilación porque, de media, habrían llegado al final de su tiempo de vida en buena salud. Sería un problema sobre todo para Japón, Corea del Sur, Francia y España, donde la gente tendría que jubilarse a los 80 o cerca de esa edad. En pocas palabras, aunque pueda resultar muy tentador para las generaciones más jóvenes, el escenario A parece social y políticamente indefendible. No podemos pedir a la gente que trabaje hasta que ya no pueda hacerlo por problemas de salud graves. Los trabajadores tienen derecho a disfrutar de al menos unos años de jubilación mientras estén sanos.

Para encontrar el equilibrio entre generaciones, se podría pensar en soluciones intermedias que eviten los extremos del escenario A y jubilarse con la edad media actual, alrededor de los 65. Por ejemplo, podríamos configurar las cosas de tal manera que tanto hombres como mujeres pasaran siete años jubilados antes de que terminara su tiempo de vida en buena salud, disfrutando al máximo de un estilo de vida activo durante esos años. Propongo que sean siete años sobre todo por sus connotaciones bíblicas. En este escenario B, los hombres estadounidenses se jubilarían, de media, a los 68,6 años, y las mujeres estadounidenses a los 70,1. Esto suena más sostenible y aceptable que el escenario A, pero el debate sobre si siete años son suficientes, o justos para las diferentes generaciones, sería largo y tenso desde el punto de vista político.

En la raíz del problema en cualquier escenario imaginable está la proporción entre personas en edad de trabajar y personas en edad de jubilación, cuyo declive plantea un reto básico para nuestra sociedad. El gráfico 2.1 muestra la gravedad de la situación. En 1950, por cada persona mayor de 60 años en el mundo, teníamos 7,2 entre 15 y 59. En 2022, esa cifra había caído a 4,4. En China pasó de 7,1 a 3,5; y en Estados Unidos, de 5,0 a 2,5. La caída ha sido aún más precipitada en Corea del Sur, de 10,3 a 2,5; y en Japón, de 7,5 a apenas 1,5. Estas proporciones seguirán cayendo en las próximas décadas dada la disminución de la natalidad y el aumento de la esperanza de vida, lo que obligará a quienes trabajan a contribuir con más impuestos para pagar no sólo las pensiones, sino también la atención sanitaria de quienes superan los 60 años. Para 2040, en Japón y Corea del Sur habrá una media de poco más de una persona en edad de trabajar por cada persona mayor de 60 años, una proporción tan baja que parece absolutamente insostenible, a menos que los robots se encarguen de hacer todo el trabajo pesado. En Estados Unidos habrá dos. Ninguna de las dos proporciones será suficiente para

Gráfico 2.1. Número de personas con edades entre 15-59 años por cada persona con más de 60 años

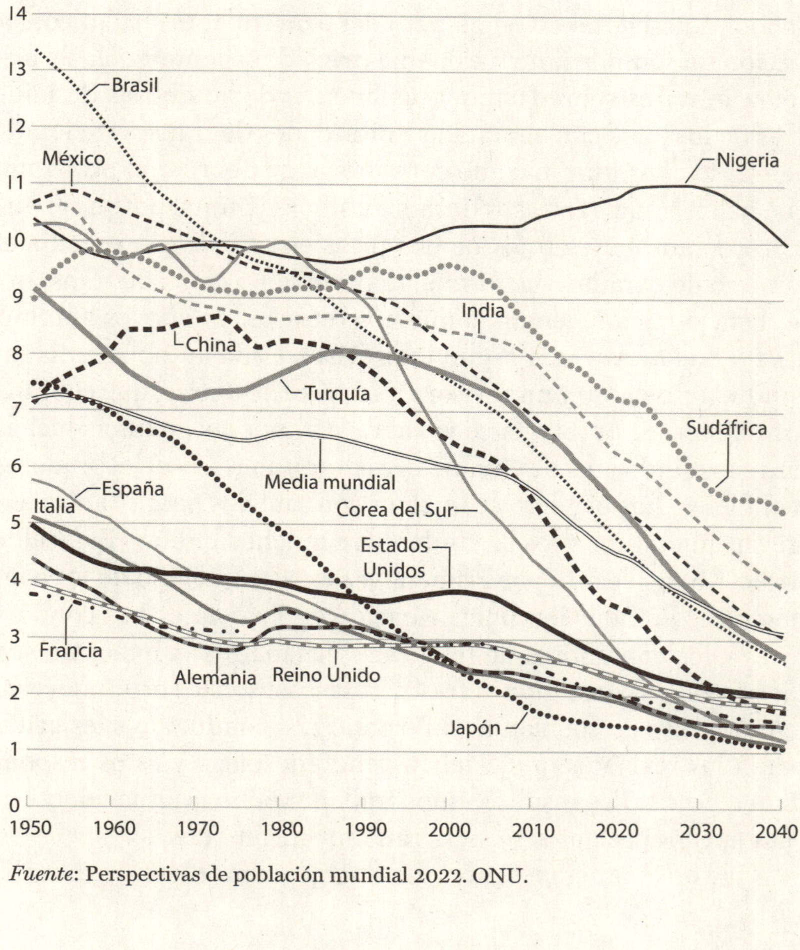

Fuente: Perspectivas de población mundial 2022. ONU.

cumplir las promesas hechas en materia de atención sanitaria y pensiones, por la sencilla razón de que esos compromisos se adoptaron cuando la proporción era de al menos tres o cuatro personas en edad de trabajar por cada persona de más de 60 años. Estas cifras indican con claridad que las compensaciones intergeneracionales son difíciles de sortear, sobre todo cuando se supone que los trabajadores más jóvenes deben pagar la mayor parte de la factura.

Disolver problemas versus resolver problemas

Aprendí muchas cosas valiosas de mi difunto colega de Wharton School, Russell Ackoff, el pionero del pensamiento sistémico. La lección más importante fue en una reveladora conferencia de noventa minutos sobre las famosas huelgas de autobuses de Londres de los años cincuenta. Las autoridades de transporte londinenses lo contrataron como consultor para abordar el problema que había con los retrasos durante las horas punta, porque el número de autobuses rojos de dos pisos en circulación excedía el número de paradas que formaban parte del sistema de transporte. Esta situación generaba muchos retrasos, ya que los autobuses no podían avanzar según lo previsto. Cada autobús tenía un conductor delante y un revisor en la parte de detrás, que cobraba los billetes. El problema se vio agravado por las amargas luchas entre los sindicatos de conductores de autobuses y de cobradores de billetes. Los primeros contaban con muchos paquistaníes entre sus miembros y los segundos, con muchos indios. (El alcalde Sadiq Khan, elegido por primera vez en 2016, es hijo de un conductor de autobús londinense nacido en Pakistán.) Los conductores y los cobradores de billetes se echaban la culpa entre sí a diario por los constantes retrasos y atascos: son los otros, que van lentos y no se esfuerzan lo suficiente. Los conductores les gritaban a los revisores que estaban yendo despacio y éstos respondían a gritos. Los insultos empeoraban mucho la situación y hacían que los pasajeros se sintieran muy incómodos.

Hay dos maneras de abordar cualquier problema, explicaba

Russ con calma. Una es resolverlo. Eso implica hallar la forma de superar el problema de inmediato dentro de los parámetros y restricciones de diseño del sistema existente. En el caso de los problemas de transporte en las horas punta de una ciudad importante, podía suponer ajustar los horarios, añadir más carriles para autobuses, anticipar los cambios en los semáforos, llevar a los pasajeros por rutas menos transitadas o aumentar las tarifas durante las horas punta para desincentivar su uso. En cierto modo, resolver un problema puede ser algo así como darle una patada hacia delante para tener que volver a ocuparse de él en el futuro.

La otra forma de actuar, proponía Russ con toda tranquilidad, es disolver el problema por completo, erradicarlo. Este segundo método consiste en redefinir la situación de tal manera que el problema desaparezca sin más. En lo que fue una jugada maestra, propuso a las autoridades de transporte londinenses que durante las horas punta los cobradores no viajaran en la parte de detrás del autobús, sino que estuvieran en las paradas. Si un revisor no bastaba para las paradas más concurridas, debía haber dos. Eso no sólo iba a disipar el conflicto potencial entre conductores y cobradores, sino que el proceso de subida de pasajeros en las paradas se iba a acelerar en varios órdenes de magnitud. Así se acabó con el problema. Recuerdo a la perfección que los ejecutivos que asistieron a aquella conferencia en Wharton que dio Russ, que entonces era ya octogenario, se pusieron de pie para aplaudirle. Luego procedió a responder preguntas y deleitó a los presentes con su lucidez.

Resolver la inminente crisis de las pensiones implica llevar a cabo reformas proverbiales que carecen de un apoyo generalizado: aumentar la edad de jubilación, recortar beneficios, subir las contribuciones y los impuestos, y abrir las fronteras a la inmigración de trabajadores jóvenes. Disolver el problema de las pensiones requiere un cambio sistémico, es decir, apartarse del modelo secuencial de la vida, dicho simple y llanamente. Reemplazarlo con un modelo de vida posgeneracional fluido y reversible nos libraría del problema de una vez por todas, y es una posibilidad que exploraremos más adelante en este libro.

3

Ascenso y caída de la familia nuclear

> Nunca nadie le pidió a la familia nuclear que viviera aislada en una caja de la forma en la que lo hacemos. Sin familiares, sin apoyo, la hemos puesto en una situación imposible.
>
> MARGARET MEAD (1901-1978)

«Que sepamos, los seres humanos hemos vivido siempre en familia. No conocemos ningún período en el que esto no fuera así. No conocemos a ninguna persona que haya logrado durante mucho tiempo disolver la familia o desplazarla —observaron los antropólogos Margaret Mead y Ken Heyman en su libro de 1965, *Family* [Familia]—. Una y otra vez, a pesar de las propuestas de cambio y experimentos concretos, las sociedades humanas han reafirmado su dependencia de la familia como unidad básica de la vida humana: la familia de padre, madre e hijos.»

La familia es un aspecto muy importante de la vida. No obstante, puede tener muchas formas y tamaños. Por lo general pensamos que la familia nuclear incluye a un padre y una madre casados y sus hijos, pero también existe la familia extensa, compuesta por abuelos, abuelas, tíos, tías, primos, primas y otros parientes. Además, siempre han existido familias monoparentales y familias sin hijos. La frecuencia de cada una de estas estructuras familiares varía a través del tiempo y el espacio. Al contrario de lo que se suele creer, las familias nucleares con padre, madre y cierto número de hijos ya no son la norma en la mayor parte del mundo desarrollado. En 1970, el 40 por ciento de todos los hogares estadounidenses eran familias nucleares con padre y madre casados y al menos un hijo menor de 18 años, pero en 2021 sólo lo eran el 18 por ciento, el nivel más bajo registrado desde 1959. Quizá sea ésa la razón por la que esta cuestión se ha vuelto tan política y polémica.

La familia nuclear y el modelo secuencial de la vida

«*Hogar* es la palabra más bonita que existe», decía Laura Ingalls en el primer episodio de la conocida serie de televisión *La casa de la pradera* (1974-1983). El hogar aquí se refiere a la «familia Ingalls», que encarna el ideal de aquél, formado por padre, madre e hijos, con las alegrías, la lucha y el amor que se suponía que debía impregnar la vida y que podía curar todos los contratiempos imaginables. La serie se inspira libremente en la exitosa saga de libros de Laura Ingalls Wilder y está ambientada en el idílico paraje de la Minnesota rural de finales del siglo XIX. Tocó la fibra sensible del público de todo el mundo en una época en la que formar una familia y ver a los hijos formar la suya propia era, en principio, el sueño de cualquiera. Tal y como lo expresó Diana Bruk en un artículo de la revista *Country Living*: «Representaba una época más sencilla en la que la vida giraba en torno a la iglesia, la escuela y la familia». Los libros y la serie no ignoraban los problemas y tragedias mundanas, como la muerte de un bebé, la ceguera o la adicción a las drogas. «Por supuesto que tuvieron sus dificultades, pero siempre sonreían y eran amables, y nunca hubo un problema que no pudieran resolver todos juntos.» En los Estados Unidos de después de Vietnam y Nixon, puede que fuera necesaria una serie que «enseñara buenos valores familiares». Los personajes no podían ser más entrañables. Charles Ingalls era en realidad «el hombre perfecto: formal, honrado, alegre y trabajador». Su esposa, Caroline, era amable, generosa, dulce y fiel. Él cazaba, pescaba y cultivaba el campo para abastecer a la familia; y ella llevaba la casa. Sus hijos eran, en fin, niños que crecieron y se convirtieron en adultos.

La década de 1970 supuso el apogeo de la familia nuclear.

En teoría, el modelo secuencial de la vida, en el que las personas entran y salen de las etapas de manera ordenada y predecible, fue ampliamente adoptado en todo el mundo al mismo tiempo que los gobiernos, los medios de comunicación, Hollywood y las principales religiones promovían la idea de la familia nuclear, que consistía en padres que crían a sus hijos hasta que éstos terminan sus estudios y abandonan el hogar para formar sus propias familias. En los niveles socioeconómicos más bajos, ambos padres trabajaban y dejaban a los niños con los vecinos o con los hermanos mayores. En una época que se remonta a la unificación alemana en la década de 1870, a las mujeres de niveles más altos de la jerarquía social se les dijo que se quedaran en casa y se dedicaran a la triple K de *Kinder*, *Küche*, *Kirche* ('niños, cocina, iglesia'). Las empresas de la mayoría de los países, desde Japón hasta Estados Unidos, desalentaron o impidieron directamente que las mujeres casadas trabajaran fuera de casa. En la década de 1950, la familia nuclear estadounidense compuesta por padre, madre, al menos dos hijos, un televisor, una lavadora, un automóvil y un perro se había convertido en el estándar que copiar en todo el mundo, dada la creciente prosperidad de la clase media. Las mujeres podían trabajar, pero sólo antes de casarse. Margaret Mead afirmaba que el concepto de familia nuclear iba en detrimento del estatus de las mujeres en la sociedad, relegándolas al hogar y privándolas de las redes de apoyo que ofrecía la familia extendida. Una vez que las mujeres empezaron a trabajar en masa fuera del hogar, muchas se encontraron sin ayuda familiar cercana y, por ello, decidieron tener menos hijos o ninguno.

Sin embargo, no existe consenso en torno a esta opinión. Según los historiadores Peter Laslett y Alan Macfarlane, la familia nuclear que vivía en una «casa sencilla» era ya la norma en la Inglaterra del siglo XIII. De hecho, defienden que fue precisamente la flexibilidad y la movilidad geográfica de la familia nuclear lo que hizo posible la Revolución Industrial, y no al revés. La lógica del mercado requiere de individuos maleables y reubicables, apartados de las pesadas cadenas del parentesco y la comunidad. Algunos sociólogos, como Brigitte Berger y mi colega de la Universidad de Pensilvania Annette Lareau, sostienen además que la familia nuclear encabezada por los padres está «centrada en el niño» y, por lo tanto, ha contribuido durante los últimos doscientos cincuenta años al papel cada vez más importante de la educación en la economía y la sociedad modernas. Para apreciar la importancia del vínculo entre la familia nuclear, la educación y la movilidad socioeconómica, basta recordar la enorme dificultad —e incluso la total imposibilidad— que sufrían los esclavos para criar a sus hijos como parte de una familia nuclear, un problema que continúa persiguiendo a las comunidades afroamericanas en Estados Unidos en la actualidad, con altas tasas de desempleo y encarcelamiento entre los hombres negros. El concepto de familia nuclear puede haber subyugado en ocasiones a las mujeres, pero su ausencia también ha creado problemas y exclusión social.

El surgimiento de la familia nuclear estuvo apuntalado por leyes y regulaciones que la alentaban. La psicóloga social Bella DePaulo defiende que «hay algunas leyes y códigos de zonificación que dificultan que las personas vivan con las personas que quieren, algo así como en la serie *Las chicas de oro*». En esencia, «existen restricciones de zonificación en algunos lugares donde sólo cierto número de personas no emparentadas, a menudo dos, pueden vivir juntas». Además, en Estados Unidos la Ley de Licencia Familiar y Médica permite que las personas se cojan una baja no remunerada para cuidar a su cónyuge, pero no a su pareja de hecho.

La noción idealizada de la familia nuclear oculta una realidad de lucha y desesperación. El énfasis en «crecer» genera una gran presión sobre los niños y niñas para que se preparen y logren todo en la edad adulta, desde una relación romántica estable hasta el éxito profesional. Además, la familia nuclear ha contribuido a la desigualdad social porque, como era de esperar, no todos los grupos de la sociedad están en condiciones de estar a la altura del prototipo ideal. «Hemos hecho que la vida sea más libre para las personas y más inestable para las familias. Hemos mejorado la vida de los adultos, pero empeorado la de los niños», sostiene el columnista de *The New York Times* David Brooks en un artículo publicado en la revista *The Atlantic*. «Hemos pasado de las familias numerosas, interconectadas y extensas, que ayudaban a proteger a las personas más vulnerables de la sociedad de los golpes de la vida, a familias nucleares más pequeñas y separadas (un matrimonio y sus hijos), que brindan a las personas más privilegiadas de la sociedad espacio para potenciar al máximo sus habilidades y ampliar sus opciones» y, en última instancia, «libera a los ricos y resulta devastadora para la clase trabajadora y los pobres». Se refiere al doloroso hecho de que el ideal de familia nuclear no está al alcance de los pobres y las minorías raciales y étnicas infrarrepresentadas.

Hogares «no convencionales»

«He perseguido esta idea de vida perfecta, pero la vida es impredecible, irracional y complicada, y yo quiero una vida complicada —se lamenta Judd Altman (interpretado por Jason Bateman) en la película repleta de estrellas *Ahí os quedáis*, de 2014—. Hace tres meses tenía un buen trabajo, un apartamento bonito y estaba enamorado de mi esposa.» Su hermana, Wendy Altman (Tina Fey), le responde enseguida: «No, no lo estabas». «Ah, ¿no? —le dice él—. No. Estuvo un año acostándose con otra persona y no te diste cuenta... ¿Cómo ibas a estar enamorado?» «Sí... Es verdad», reconoce. Los cuatro hermanos Altman vuelven al hogar de su infancia tras fallecer su padre, y pasan una semana compartiendo sus maltrechas vidas adultas con su madre (Jane Fonda) y un montón de cónyuges (algunos fieles, otros no), exparejas, y hablando de cómo podrían haber sido las cosas.

Además de los cambios culturales que se dan en nuestras opiniones sobre las relaciones y el matrimonio, la realidad es que ya no vivimos en una sociedad en la que la vida sea secuencial del todo y las familias nucleares tradicionales sean mayoría. Tanto en los países ricos como en los pobres, los hogares encabezados por un solo progenitor están en aumento, debido a que los padres se separan, se divorcian o nunca llegan a vivir juntos. Comencemos el análisis observando la proporción de niños nacidos de mujeres solteras que se refleja en el gráfico 3.1, una de las situaciones que con toda probabilidad, aunque no siempre ocurra, dará lugar a un hogar monoparental. En la Unión Europea era del 41,3 por ciento en 2018, superior al 39,6 por ciento de Estados Unidos. Incluso Irlanda, con un 37,9 por ciento, estaba cerca del promedio estadounidense. La proporción fue muy alta en España (47,3), Reino Unido (48,2), Estonia (54,1), Dinamarca (54,2), Suecia (54,5), Portugal (55,9), Bulgaria (58,5), Francia (60,4) e Islandia (70.5). Así, con independencia del origen religioso, la latitud y el nivel de desarrollo, los bebés nacidos de mujeres solteras son ahora más frecuentes en los países ricos. A pesar de su menor nivel de desarrollo económico, en Latinoamérica las proporciones son aún mayores: 69,3 por ciento en México, 71,8 por ciento en Costa Rica y un altísimo 73,7 por ciento en Chile. Vale la pena señalar que en 1960 sólo un puñado de países de Europa occidental tenía una proporción superior al 10 por ciento (Islandia, Austria y Suecia), y la mayoría estaba por debajo del 5 por ciento. En ese momento, era del 5,3 por ciento en Estados Unidos y del 4,3 por ciento en Canadá.

Las únicas excepciones importantes a esta tendencia alcista generalizada son Corea del Sur (sólo el 2,2 por ciento de los bebés nacieron de mujeres solteras en 2018), Japón (2,3) y Turquía (2,9), donde la cultura (y las políticas gubernamentales y corporativas) siguen fomentado que las mujeres casadas dejen de trabajar cuando tengan un bebé. No existen estadísticas oficiales sobre la maternidad en solitario para China, aunque una estimación razonable la sitúa entre el 5 y el 10 por ciento del total de nacimientos. El gobierno solía penalizar este tipo de maternidad dentro de su marco general de control del crecimiento demográfico. Sin embargo, ahora que la política del hijo único ya es historia, es muy posible que los funcionarios vean en esta creciente tendencia global una manera de revertir el declive demográfico del país. En la India, un país con una proporción similar a la de China (aunque las estadísticas no distinguen entre madres solteras y viudas), es probable que haya el doble de madres solteras que viven con familiares próximos que solas. «He visto de todo, desde mujeres de mi edificio que discretamente apartan de mi lado a sus maridos en el ascensor hasta mujeres de más edad de la asociación que no permiten que sus hijos jueguen con mis hijas porque vienen de una familia rota», dice Melanie Andrade (nombre ficticio), una madre india con dos hijos.

Gráfico 3.1. Proporción de hijos/as de madres solteras

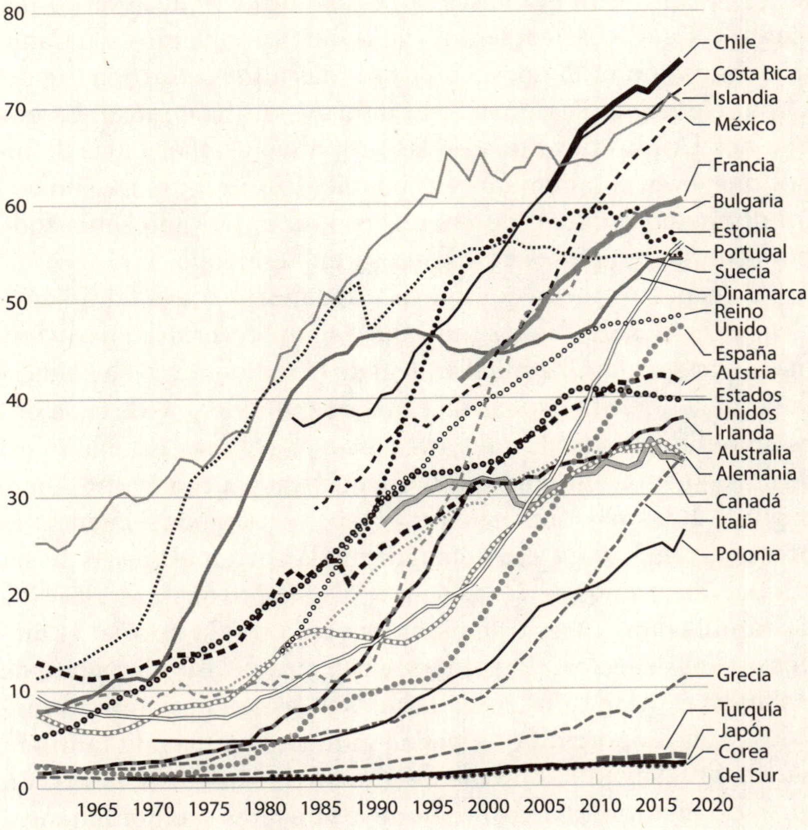

Fuente: Base de datos Familia. OCDE.

Sin embargo, hay hogares monoparentales por otros motivos más allá de la maternidad en solitario, como la muerte de uno de los padres, la separación o el divorcio. «Estados Unidos tiene la tasa más alta del mundo de niños que viven en hogares monoparentales —señalaba un estudio del Pew Research Center publicado en 2019—. Casi una cuarta parte de los niños estadounidenses menores de 18 años viven con uno de sus padres y ningún otro adulto (23 por ciento), una proporción más de tres veces superior a la de niños en todo el mundo en la misma situación (7 por ciento).» Estados Unidos ocupa el primer lugar en gran medida debido a sus altas tasas de separación y divorcio, dado que la maternidad en solitario está más o menos en el promedio mundial. Las proporciones más bajas de hogares monoparentales se encontraron en países tan diferentes como China (3 por ciento), Nigeria (4 por ciento) y la India (5 por ciento). En Canadá se ubicó en el 15 por ciento, y el más alto en Europa fue del 17 por ciento, en Dinamarca. El informe también mostraba que Estados Unidos tiene una de las proporciones más bajas de niños que viven con familiares (8 por ciento), en comparación con un promedio mundial del 38 por ciento, impulsado sobre todo por acuerdos en países emergentes y en desarrollo.

Un aspecto crucial que subyace al concepto de la familia nuclear es la idea de que los niños necesitan crecer, trabajar y formar su propia familia nuclear llegado el momento. Una encuesta de 1957 que cita Brooks revelaba que más de uno de cada dos estadounidenses sentía que las personas solteras estaban «enfermas» o eran «inmorales» o «neuróticas». Como vimos en el capítulo 1, las personas que no superan las etapas secuenciales prescritas de la vida a la edad adecuada corren el riesgo de ser etiquetadas como desviadas o marginadas. No obstante, hoy día las familias nucleares tradicionales ya no son la norma, al menos en dos aspectos. En primer lugar, más del 40 por ciento de las mujeres estadounidenses casadas ya ganan más que sus maridos, una proporción que puede aumentar a más de la mitad para 2030, según la Oficina del Censo de Estados Unidos. En segundo lugar, más de la mitad de los hogares estadounidenses están encabezados por un padre o madre solteros, no tienen hijos o constan sólo de una mujer o un hombre solteros. Estos cambios vienen impulsados por la globalización, el declive de la industria manufacturera, el movimiento feminista, la secularización, la creciente tasa de divorcios y el surgimiento de la cultura de la autoexpresión.

Los sociólogos Francesca Cancian y Steven Gordon examinaron los consejos matrimoniales que se ofrecían en las revistas femeninas a lo largo de los años. «En lugar de las antiguas normas de autosacrificio, evitación de conflictos y roles de género rígidos —concluyeron— se encontraban los ideales del autodesarrollo, la comunicación abierta de sentimientos negativos y positivos, la intimidad y unos roles más flexibles.» A partir de la década de 1960 identificaron una «tendencia hacia el individualismo, la expresión emocional y la androginia». Para un número cada vez mayor de parejas, el matrimonio (o la cohabitación) no es una cuestión de tener hijos, sino de alcanzar la plenitud en la vida, como han señalado Kathryn Edin, mi excolega en el campo de la sociología de la Universidad de Pensilvania, y su coautora Maria Kefalas. Mi opinión sobre este cambio notable es que el matrimonio pasó a tener un significado muy diferente para las mujeres con estudios que trabajaban fuera del hogar, y el resultado evolutivo fue tener menos hijos y más mascotas. Y los hombres, por su parte, no tuvieron más remedio que adaptarse a la nueva situación.

Otro aspecto de la familia nuclear es el impacto que ha tenido en el aislamiento social. En el libro superventas de 1985 *Hábitos del corazón*, un equipo de destacados sociólogos estadounidenses, dirigido por Robert Bellah, afirmaba que «las tradiciones culturales estadounidenses definen la personalidad, los logros y el propósito de la vida humana de forma que dejan al individuo suspendido en un maravilloso pero aterrador aislamiento». Progresar en la vida consiste en «encontrarse a uno mismo», «irse de casa», «realizarse» a través del trabajo, «el amor y el matrimonio» e «involucrarse» en la comunidad y la nación como vecino y ciudadano. Pero como argumentó el politólogo Robert Putnam en su éxito igual de fascinante del año 2000 *Solo en la bolera: colapso y resurgimiento de la comunidad norteamerica-*

na, el individualismo estadounidense ha triunfado sobre el sentido tradicional de comunidad, sobre todo cuando las familias de clase media se mudaron a las afueras y rompieron los lazos tradicionales. «Sucedió algo importante con los vínculos sociales y el compromiso cívico en Estados Unidos durante el último tercio del siglo xx —observó—. Seguimos estando más comprometidos desde un punto de vista cívico que los ciudadanos de muchos otros países, pero, en comparación con nuestro pasado reciente, estamos menos conectados.» Entre los muchos culpables (la obsesión por el trabajo, la expansión urbana, el cambio generacional), señala que «la caída del compromiso cívico coincidió con la ruptura de la unidad familiar tradicional: mamá, papá y los niños».

Algunos científicos sociales ven con optimismo el declive del orden familiar convencional. «Para mí, el declive de la familia nuclear no es sólo una historia de caos o trauma —dice DePaulo—. Para las personas que nunca se sienten cómodas en esas estructuras familiares nucleares es liberador y abre todo un abanico de posibilidades. Pienso en esas opciones como en los términos de los grandes componentes de nuestra vida: casarnos, vivir en pareja, tener relaciones sexuales, tener hijos.» El punto clave de su razonamiento es que «todos estos componentes venían empaquetados juntos y ahora vienen por separado. La gente puede elegir los que desee». Por ejemplo, las personas pueden vivir en pareja sin casarse o tener hijos sin tener una pareja romántica. La realidad, sin embargo, es que tanto las familias nucleares como las comunas *hippies* están en decadencia, mientras que otras formas de organización social y de vida están creciendo con rapidez.

Vivir a tu aire

«El número de hogares ocupados por una sola persona es una tendencia al alza, y quienes viven solos tienen diversas razones para hacerlo», anuncia MBC, la cadena de televisión surcoreana en la que se emite el *reality* sobre personas solteras más famoso del mundo, *I live alone* [Vivo solo], que presenta las vidas de actores, estrellas del K-pop y destacados atletas profesionales. Corea del Sur, un país que era conocido en el siglo XIX como el «reino ermitaño» por su intento de aislarse del mundo, presenta la segunda tasa de natalidad más baja de todo el mundo, con apenas 0,87 hijos por mujer (la de Hong Kong es 0,76); y cuenta con más de seis millones de personas que viven solas, de una población total de cincuenta y dos millones. Los espectadores pueden ver cómo son las vidas de diversos famosos que viven solos. «Este programa capta la imagen real de la vida de una persona soltera, los truquitos que utiliza para llevar cabo las tareas del hogar y la filosofía de vida en solitario.»

Las estadísticas agregadas muestran que, de hecho, la proporción de hogares con una sola persona está aumentando en muchos países, aunque los datos son algo irregulares e incluyen tanto a jóvenes como a divorciados o viudos que viven solos. En Brasil, ha aumentado del 5 al 12 por ciento en los últimos cincuenta años; en México, del 4 al 10 por ciento; en Chile, del 6 al 9 por ciento; en Polonia, del 17 al 24 por ciento; en España, del 13 al 23 por ciento; en Irlanda, del 14 al 24 por ciento; en Francia, del 20 al 35 por ciento; en Estados Unidos, del 13 al 29 por ciento, y en Corea del Sur, del 20 al 27 por ciento. En la mayor parte de Europa, un tercio de los hogares están compuestos ahora por una sola persona. Por lo tanto, la familia nuclear está en decadencia por la creciente proporción de padres y madres solteros que viven solos con sus hijos (un 10 por ciento en Estados Unidos), el fenómeno de las parejas sin hijos que viven juntas (una cuarta parte) y el aumento del número de personas que viven solas (otra cuarta parte). Naciones Unidas estima que, en consecuencia, las familias nucleares con padres casados y al menos un hijo representan menos del 30 por ciento de todos los hogares en Canadá, Japón, Corea del Sur, Rusia y gran parte de Europa. En los mercados emergentes y el mundo en desarrollo, la proporción es incluso menor, dada la importancia histórica de los hogares multigeneracionales.

«Durante el último medio siglo, nuestra especie se ha embarcado en un notable experimento social —sostiene el sociólogo

Eric Klinenberg, autor de *Going solo* [Por tu cuenta]—. Por primera vez en la historia de la humanidad, un gran número de personas (de todas las edades, en todos los lugares y de todas las tendencias políticas) han comenzado a establecerse como solteros y solteras.» Las cifras aumentan a medida que hay más personas que nunca se casan y nunca tienen hijos, o que se separan o divorcian de sus parejas o cónyuges.

Como observa DePaulo en la revista *Psychology Today*, vivir solo puede resultar caro y, por eso, es más habitual en los países más ricos y en aquellos con viviendas más asequibles y mejores sistemas de pensiones estatales. Además, «internet y otros avances en las tecnologías de las comunicaciones han facilitado que las personas vivan solas sin llegar a sentirse aisladas». En junio de 2021 hice una cuarentena de cinco días al llegar a Reino Unido. Nunca me he sentido más conectado en mi vida, puesto que podía chatear por vídeo con familiares y amigos, trabajar online y acceder a contenido de entretenimiento audiovisual. Pero el hecho de que vivir solo sea posible y menos excluyente que en el pasado no significa que sea algo deseable. «Vivir solo puede incluso ser estigmatizante», afirma DePaulo. Ella atribuye el incremento en el número de solteros al aumento de valores individualistas como la independencia personal, la autosuficiencia, la autoexpresión y la elección personal. A esta tendencia también contribuye la ruptura del modelo secuencial de la vida y de la familia nuclear.

«La creciente proporción de personas que viven solas ha llegado a ser representativa en muchos sentidos en las sociedades occidentales modernas, porque representa la importancia concedida al individuo y a sus objetivos a expensas, básicamente, de la familia», afirma un equipo de demógrafos liderado por Albert Esteve, que trabaja en el Centro de Estudios Demográficos de Barcelona. Con datos sobre las condiciones de vida en 113 países que representan más del 95 por ciento de la población mundial, descubrieron que el estado civil es el mejor indicador de si se vive solo. Por lo tanto, la interrupción de la secuencia que iba desde crecer hasta casarse (o establecer una relación estable) se encuentra en la base de esta tendencia en aumento.

La clave, como siempre, está en los detalles. Entre los adultos jóvenes de entre 25 y 29 años, vivir solo es la excepción y no la regla en la mayoría de los países fuera de Europa y Norteamérica, donde entre el 15 y el 30 por ciento de las mujeres y el 20 y el 35 por ciento de los hombres viven solos. Estos patrones se mantienen durante toda la vida. En Europa y Norteamérica, alrededor del 8 por ciento de las mujeres y el 12 por ciento de los hombres de 30, 40 y 50 años (los grupos de edad asociados con la paternidad en una familia nuclear) viven solos. Mientras que menos del 2 por ciento de las mujeres africanas, asiáticas y latinoamericanas viven solas a esas edades, muchos hombres africanos y latinoamericanos lo hacen cuatro veces más. Muchos menos hombres asiáticos viven solos debido a las mayores tasas de matrimonio y al estigma cultural. Con el tiempo, el número de mujeres que viven solas durante las primeras décadas de la vida adulta está creciendo sólo en Europa y Norteamérica, mientras que el de hombres aumenta en todas partes excepto en Asia. En resumen, vivir solo es más frecuente entre los hombres de los países desarrollados y está aumentando con el paso del tiempo, en especial entre mujeres y hombres de entre los 20 y los 50 años, sobre todo en los países desarrollados. Detrás de estos patrones está el creciente fenómeno de las personas sin pareja. «Los hombres han roto el molde tradicional antes y de manera más decisiva que las mujeres», concluyen Esteve y sus colegas, «aunque en el mundo más desarrollado los datos de mujeres que viven solas también son bastante altos. Esto es un indicio de que el ritmo del cambio puede ir mucho más rápido entre las mujeres que entre los hombres». Por tanto, vemos que cada vez menos hombres y mujeres están haciendo la transición desde la edad adulta joven a la situación de pareja/matrimonio y paternidad, tal y como lo prescribiría el modelo secuencial de la vida.

No más nidos vacíos

«Por primera vez desde la Gran Depresión, la mayoría de los adultos jóvenes de Estados Unidos viven con sus padres», decía el titular de un sorprendente estudio del Pew Research Center publicado en 2020. En 1900, el año en que el presidente McKinley ganaba de nuevo las elecciones, el 41 por ciento de los estadounidenses de entre 18 y 29 años vivía con sus padres, una cifra que aumentó hasta el 48 por ciento durante los años adversos de la década de 1930. El auge de la posguerra y el ascenso de la familia nuclear redujeron la proporción a tan sólo el 29 por ciento en 1960. Después de dos décadas de lento aumento, saltó del 38 por ciento en 2000 al 52 por ciento en 2020 (véase el gráfico 3.2). Este repunte comenzó con la crisis financiera de 2008, mientras que la pandemia del coronavirus de 2019 trajo de regreso a casa a millones de estudiantes universitarios y adultos jóvenes trabajadores que perdieron sus empleos o vieron recortados sus salarios, muchos de los cuales ya tenían además una abrumadora deuda estudiantil. Pero a más años de educación, menos probabilidades hay de que un joven estadounidense viva con sus padres. «Ahora los adultos jóvenes sin título universitario tienen más probabilidades de vivir con sus padres que de estar casados o cohabitar en sus propios hogares, pero quienes cuentan con un título universitario tienen más probabilidades de vivir con su cónyuge o pareja en sus propios hogares.» Y es entre las mujeres blancas y los estadounidenses de origen asiático donde la proporción ha aumentado con mayor rapidez.

Estados Unidos no es el único país rico donde el número de adultos jóvenes que viven con sus padres es elevado y está en aumento. En 2019, la proporción de hombres y mujeres de entre 25 y 34 años en la Unión Europea que vivían con sus padres era ligeramente superior al 30 por ciento. En la mayor parte de Europa meridional y oriental estaba por encima del 40 por ciento, mientras que en Alemania, Francia y Reino Unido estaba por debajo del 20 por ciento, y en los países escandinavos por debajo del 5 por ciento, lo que indica con claridad que las condiciones económicas, el desempleo y el acceso a la vivienda desempeñan un papel clave. En marzo de 2021, la Oficina Nacional de Estadística de Corea del Sur sorprendió al mundo al informar de que el 62 por ciento de los hombres y mujeres solteros de treinta y tantos años y el 44 por ciento de los de cuarenta todavía vivían con sus padres. Esto significa que el 26 por ciento de los surcoreanos de treinta y tantos años vive con sus padres (el 42 por ciento de solteros multiplicado por el 62 por ciento que viven con sus padres), menos que la media europea. Se les conoce como la «tribu canguro».

Gráfico 3.2. Proporción de adultos jóvenes que viven con sus padres en Estados Unidos

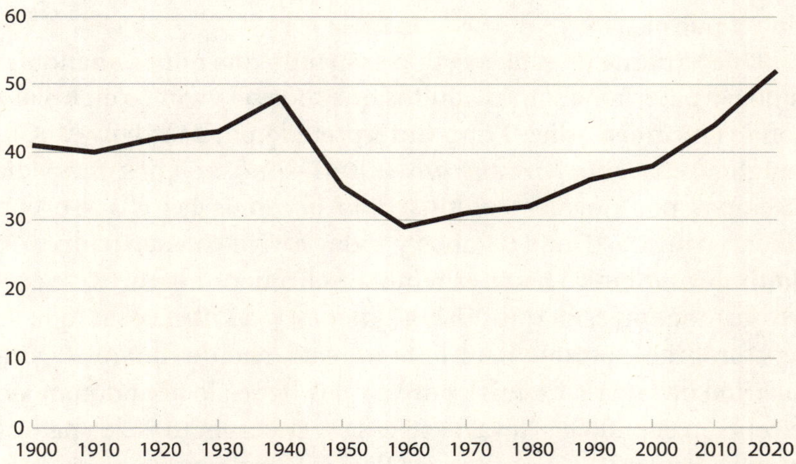

Fuente: Pew Research Center y Oficina del Censo de Estados Unidos.

Las historias individuales que hay detrás de las estadísticas han sido reproducidas una y otra vez en la cultura popular. En la película *Rocky road* (2014), Harrison Burke (interpretado por Mark Salling) es un exitoso banquero de Wall Street que lo tiene todo: un apartamento enorme, una oficina espaciosa y una cuenta para gastos a cargo de la empresa. Cuando ésta quiebra, vuelve a vivir con sus padres en un pequeño pueblo de Nueva Inglaterra, y trabaja allí en el camión de helados de su padre.

«El número considerable de adultos jóvenes que regresa a vivir con sus padres ha causado cierto alboroto entre los expertos —señala DePaulo en su libro *How we live now: redefining home and family in the 21st century* [Cómo vivimos ahora: redefiniendo el hogar y la familia del siglo XXI]—. A estos hijos se los llama "la generación *boomerang*", "la generación que no va a ninguna parte" y "la generación estancada".» El retroceso que esto representa para los padres socava por completo la secuencia sincronizada de etapas que se suponía que debía atravesar cada generación. «A las madres y padres que los acogen se los llama "padres helicóptero" y cosas peores.» En la base del problema está la mentalidad que adoptamos en las diferentes etapas de la vida, como vimos en el capítulo 1. «Sin embargo, puede que los críticos estén evaluando esta nueva tendencia con las gafas del siglo XX puestas.»

Una variante de esta cuestión es el niño que nunca abandona el hogar paterno. «Somos adultos que todavía vivimos en la casa donde crecimos —dice Tripp (interpretado por Matthew McConaughey) en *Novia por contrato* (2006)—. No tenemos que pedir disculpas por quiénes somos, cómo hacemos las cosas o con quién vivimos.» Tiene 35 años y todavía vive con sus padres en Baltimore. «Si miro hacia esta mesa, veo a unos hombres, y veo a tres triunfadores, ¿a que sí? Y a quienes vean otra cosa, ¡que se acostumbren!, porque hará falta un cartucho de dinamita para sacarme de la casa de mis padres.» Sus ligues lo abandonan sin excepción cuando las lleva a «su casa». Desesperados, los padres contratan a Paula (Sarah Jessica Parker), una experta en relaciones, para convencerlo de que se mude. Tras algunas idas y venidas, los dos terminan iniciando una relación romántica.

El modelo secuencial de la vida suponía que, en algún momento, los padres se convertirían en personas con el nido vacío cuando sus hijos adultos establecieran su propia residencia fuera y formaran una familia. Los fenómenos del *boomerang* y de los jóvenes adultos que viven en casa con los padres han dado pie a un gran número de artículos, libros y guías de autoayuda. Entre estos últimos se encuentra *The hands-on guide to surviving adult children living at home* [Guía práctica para sobrevivir con hijos adultos en casa], de Christina Newberry. «Si estás lidiando con la situación de tener hijos adultos viviendo en casa, o con hijos que nunca han salido de casa, debes saber que no estás solo —nos informa—. Tener hijos mayores viviendo en casa puede ser difícil, sobre todo en vacaciones.» Ella misma es una mujer adulta joven que ha pasado por esa situación, y a lo largo de ciento quince páginas no sólo ofrece una guía, sino también un «contrato para niños adultos que viven en casa» de ocho páginas y una «calculadora de presupuesto familiar» para ayudar a los padres con las complicadas reglas financieras que se utilizan para asignar gastos directos e indirectos, cobrar el alquiler a los hijos que viven con ellos y ayudarlos a «superar una deuda agobiante sin asumir vosotros las cargas».

El creciente número de adultos jóvenes que no tienen otra opción que vivir con sus padres revela una serie de grietas en la dinámica intergeneracional que subyace al modelo secuencial de la vida. En primer lugar, está el supuesto de que las obligaciones de los padres hacia los hijos tienen una fecha de vencimiento. El propio concepto del nido vacío se basaba en esa premisa. Luego tenemos la cuestión de quién es responsable del coste de la educación, dado que los adultos jóvenes desempleados no están en condiciones de pagar los altos costes de los préstamos para estudios universitarios, que son cada vez mayores. Y, para colmo, tenemos también lo que Newberry define como el fantasma que sobrevuela el «campo de minas emocional», que «socava la capacidad del hijo adulto de ser un buen padre» cuando tenga a los suyos propios. «Cuando los hijos adultos regresan a casa con sus familias, tanto las reglas básicas como las expectativas deben quedar muy claras —explica Newberry—. Y los hijos adultos que viven en casa deben comprender que no importa por lo que puedan estar pasando en sus vidas, es su responsabilidad criar a sus hijos, no la tuya.» Es más fácil decirlo que hacerlo. Pero, como ocurre con todas las guías de autoayuda, todo se reduce a una cuestión de estar dispuesto a aceptar el reto.

Sin embargo, en algunos países lo que lleva a las personas de entre 30 y 40 años a vivir con sus padres va más allá de las necesidades económicas. Un ejemplo de esto es Corea del Sur. En el 42 por ciento de los casos, el desempleo es la razón principal; pero eso dejaría a muchos adultos jóvenes sin problemas económicos que todavía no se han ido de casa. «Mis padres tienen miedo, vivir fuera es demasiado peligroso para una chica soltera —dice Song Jung-hyun, una mujer de 36 años que no se ha casado, pero que tiene un puesto de profesora de educación secundaria pública en Seúl que persiguió durante mucho tiempo—. Vivir con los padres es la pura felicidad.» Poder ahorrar dinero suficiente para casarse a una edad más avanzada también es una de las motivaciones principales para quedarse en casa. Muchos señalan que es una vía de doble sentido en la que los padres dan consejos a sus hijos adultos mientras los hijos ayudan a los padres con su salud y determinadas tareas. Si las razones para que los adultos jóvenes se queden en casa son tan complejas, tal vez deberíamos pensar en la cuestión de las condiciones de vida en general desde una perspectiva multigeneracional y mejor planteada.

El regreso del hogar multigeneracional

«Mi familia cree que somos un ejemplo de... la vida multigeneracional —escribe el arquitecto Robert Habiger en un blog—. Vivimos siete personas en la misma propiedad. Esto incluye a la madre de mi esposa, dos de nuestros hijos, un novio y una nieta. Mi mujer y yo actuamos como los jefes *de facto* de la casa.» Robert hizo un gran esfuerzo para que hubiera un equilibrio adecuado dentro de las distintas generaciones que habitan su hogar y en la interacción entre ellas, ya que en su casa de Albuquerque, Nuevo México, al miembro más joven y al más viejo los separan 80 años. El experimento de la familia Habiger es parte de una tendencia al alza que se aleja del concepto de familia nuclear que surgió hace un siglo, según el cual los recién casados se mudaban de las casas de sus respectivos padres para formar una familia. «En nuestro hogar multigeneracional hemos creado cuatro áreas habitables interconectadas. Cada sala de estar está ocupada de forma independiente por uno, dos o tres miembros de la familia. Esta estructura del hogar hace que cada persona pueda experimentar la soledad o la compañía, la diversidad o la unidad, y la independencia o el apoyo.» Los beneficios de estos acuerdos pueden ser enormes, según Habiger. «Este patrón de vivencias opuestas es uno de los aspectos clave de nuestra forma de vida multigeneracional. Las opciones de estar cerca pero separados unos de otros, tener actividad en común pero poder retirarnos a nuestros santuarios personales son experiencias de vida fundamentales.» Es un discurso convincente.

Después de siglos, incluso milenios, de familias que compartían hogares multigeneracionales, el concepto de familia nuclear que arraigó durante el siglo xx marcó el comienzo de una nueva era en las formas de vida que ahora podría estar llegando a su fin, al menos en parte. Los Habiger ya no son una rareza, sino más bien participantes de una tendencia cada vez más habitual, aunque cuentan con una situación económica bastante mejor que la mayoría de los miembros de este grupo en auge. Según los datos recopilados por el Pew Research Center, 59,7 millones de estadounidenses, alrededor del 18 por ciento del total, vivían en un hogar multigeneracional de tres o más generaciones en 2021, frente al 7 por ciento de 1971. Ésa es exactamente la misma proporción de hogares que son familias nucleares, como ya vimos antes. Con los datos de una encuesta de Harris Poll, Generations United, una organización sin ánimo de lucro, estimó que en 2021 alrededor del 26 por ciento de los estadounidenses vivían en un hogar multigeneracional frente al 7 por ciento de 2011.

Por tanto, las estimaciones son variables, pero la tendencia es clara. Antes de la proliferación de la familia nuclear, los porcentajes eran incluso más altos que hoy (alrededor del 30 por ciento durante la Gran Depresión y el 21 por ciento en 1950), pero fueron cayendo hasta la década de 1980 y se han recuperado desde entonces. Y recientemente se han producido aumentos similares en toda Europa. Son las minorías raciales las que tienen más probabilidades de vivir en un hogar multigeneracional: alrededor del 26 por ciento de los afroamericanos y latinos, y el 24 por ciento de los asiáticos, en comparación con el 13 por ciento de los blancos no hispanos. Los nacidos en el extranjero también tienen más probabilidades, al igual que los hombres en general. Si bien la necesidad económica y las normas culturales influyen en el aumento, la población estadounidense blanca no hispana que vive en hogares multigeneracionales ha estado creciendo mucho más rápido que el grupo en su conjunto.

Los motivos que entran en juego a la hora de formar un hogar multigeneracional son complejos. La encuesta del Pew Research Center concluía que los problemas financieros eran la razón principal en el 40 por ciento de los casos, seguidos por la costumbre de haber vivido siempre así (28 por ciento) y la necesidad de cuidados de un miembro mayor de la familia (25 por ciento). En otra encuesta, Generations Together observó que hay muchas razones para crear un hogar multigeneracional: la necesidad de cuidado de personas mayores (34 por ciento), las necesidades de cuidado o educación infantil (34 por ciento), la pérdida de empleo o subempleo (30 por ciento), los grandes costes de la atención médica (25 por ciento), las expectativas culturales y familiares (23 por ciento), la educación superior o los gastos de los cursos de formación continua (23 por ciento), divorcios o separaciones (15 por ciento) y las ejecuciones de hipotecas u otras pérdidas de vivienda (14 por ciento). Una vez creado, el hogar multigeneracional parece aportar muchos beneficios, reconocidos por al menos el 70 por ciento de los encuestados: facilita el cuidado de los miembros de la familia, mejora las finanzas, mejora la salud física y mental, y facilita seguir estudiando o apuntarse a un curso de formación profesional. Cabe subrayar que casi la mitad tienen un ingreso familiar total superior a los 100.000 dólares, lo que indica que las cuestiones financieras no son necesariamente el principal motivo; además, el 71 por ciento son propietarios de las viviendas donde residen. Y esta forma de vivir ha llegado para quedarse. Alrededor del 72 por ciento de los encuestados dijeron que seguirán viviendo en un hogar multigeneracional. Lo que está claro es que los hogares multigeneracionales tienen menos probabilidades de vivir en la pobreza, sobre todo por su capacidad para reunir recursos financieros, compartir costes y estar en mejores condiciones para cuidar a las personas con discapacidad o mayores. Más de la mitad de los encuestados por el Pew Research Center afirmaron que les parecía conveniente y gratificante vivir en una vivienda multigeneracional, y sólo a una cuarta parte les resultaba estresante. Por lo tanto, podemos concluir que quizá hasta un tercio de todos los hogares multigeneracionales lo sean por elección y no por estricta necesidad.

La AARP ha acuñado la expresión *gran familia* para referirse a los hogares en los que los abuelos viven con sus nietos. En 2016, había 7,2 millones de hogares de este tipo, más del doble que cuatro años antes. La crisis de adicción a los opioides es en parte responsable de este rápido aumento. Una encuesta realizada en 2016 a más de veintitrés mil compradores de viviendas reveló que al 44 por ciento le gustaría encontrar una vivienda que pudiera albergar a sus padres, y el 42 por ciento prevé dar refugio a sus hijos adultos. Es revelador que al 65 por ciento le gustaría que su casa tuviera un dormitorio con baño en la planta baja, y el 24 por ciento una estancia con cocina americana, además de sala de estar y dormitorio. Las unidades de vivienda accesorias, también conocidas como «apartamentitos para los suegros» o «pisitos para abuelas», están ganando popularidad. La encuesta sobre preferencias y viviendas que condujo AARP en 2018 mostró que un tercio de los adultos consideraría construir este tipo de unidades en su propiedad si no fuera por las restricciones de zonificación y otras normas. En Estados Unidos, sólo el Distrito de Columbia y ocho estados han incorporado directrices a este respecto. «Eliminar las restricciones y facilitar la capacidad de desarrollar viviendas para la vida multigeneracional brinda más opciones para que las familias se adapten a la dinámica cambiante del hogar.»

Se podría pensar que el impulso que ha adquirido la vida multigeneracional atraería a los promotores inmobiliarios. Por desgracia, los ejemplos de proyectos de vivienda multigeneracionales son pocos y aislados. Uno de ellos es Grandfamilies Place, una urbanización en Phoenix, Arizona (Estados Unidos), construida en 2012 con 56 unidades diseñadas específicamente para abuelos que se encargan de la crianza de sus nietos. Se ha financiado con fondos públicos y privados, y ofrece alquileres asequibles a residentes que ganan entre el 40 y el 60 por ciento del ingreso medio de la zona. La vida multigeneracional en hogares que no fueron diseñados para tal propósito sigue siendo lo habitual, sobre todo porque la enfermedad, el divorcio, la viudedad, el desempleo, la pobreza, las ejecuciones de hipotecas y la inmigración reciente (cuando no por elección) siguen siendo las principales razones que llevan a la gente a compartir su espacio vital con varias generaciones, según explica Daphne Lofquist, investigadora de la Oficina del Censo de Estados Unidos.

El retorno del hogar multigeneracional es, por tanto, el resultado directo de una mayor longevidad, una tasa de natalidad decreciente, el hecho de que las fronteras generacionales se hayan desdibujado, las dificultades que afrontan los jóvenes sin sólidas credenciales educativas y el deseo de pertenecer a la comunidad. Las dificultades de los jóvenes para encontrar empleo estable también se suman a esta tendencia, al igual que los graves problemas económicos que afrontan muchas familias. Ya sea por necesidad o de forma deliberada, la vida multigeneracional está regresando con fuerza.

Es más, en un artículo publicado por el National Institutes of Health, un grupo de investigadores de la Universidad de Columbia consideraba que «las condiciones de vida multigeneracionales pueden ampliar el capital psicológico, social y financiero, que son factores asociados con mejoras en la salud y la longevidad». Los hogares multigeneracionales, por elección o por necesidad, abren nuevos horizontes para la colaboración y el entendimiento mutuo que pueden ayudar a superar los retos que plantea una población que envejece con rapidez. Si la vida multigeneracional puede aumentar la longevidad, ¿puede también ayudar a los adolescentes y a los veinteañeros a afrontar mejor el estrés que genera tomar decisiones? ¿Y puede mejorar la experiencia de la paternidad?

No es necesario comulgar con las utopías ni participar en las comunas estadounidenses de los siglos XIX y XX ni el modelo de kibutz (ambos sistemas se basaban en una mezcla de ideas religiosas, éticas y socialistas) para disfrutar de las ventajas que suponen los hogares multigeneracionales. En cierto modo, lo que la vida multigeneracional tiene en común con esos movimientos históricos es ser una reacción contra el individualismo. Al escribir sobre el tema a finales de los años sesenta y principios de los setenta, la socióloga y consultora empresarial Rosabeth Moss

Kanter observó que «el movimiento comunal está relacionado con creer de nuevo en las posibilidades utópicas del siglo XIX que vuelven a darse ahora. Es la creencia de que con las instituciones sociales adecuadas se pueden lograr el crecimiento y la satisfacción humanas». Volver a los acuerdos multigeneracionales, cuando no directamente comunales, podría ser una forma de gestionar los problemas emocionales que surgen por las presiones de pasar de una etapa a la siguiente sin una red de apoyo social suficiente, tal y como señalaba Brooks en *The New York Times*.

De los pronombres él/ella a él/ella/ellos/ellas/elles y más

Una dimensión extra del cambio que afecta al concepto tradicional de familia nuclear tiene que ver con la cuestión de las identidades de género y sin género. El debate contemporáneo gira por lo general en torno a la cuestión de la terminología. «El lenguaje es una cárcel de la que no podemos escapar —escribe un usuario de Reddit—. Es un confinamiento para nuestras opiniones. Es una prisión para el libre pensamiento.» Peor aún, el lenguaje da forma a nuestras acciones, no sólo a nuestras percepciones. Se ha demostrado que el lenguaje de género proporciona un terreno fértil para la discriminación en el lugar de trabajo, la escuela y otros ámbitos de la vida. «Históricamente, el mundo ha prescrito el género masculino como el predeterminado, una construcción que se refuerza a través del lenguaje —argumenta Nayantara Dutta en una publicación de la BBC—. Como humanos, nuestra identidad colectiva se entiende como masculina: usamos "hombre" (*man* en inglés) para describir nuestra especie y "humanidad" (*mankind* en inglés) como una forma de unificarnos.» Los idiomas más hablados y con más marca de género son el español, el francés, el alemán, el árabe y el hindi. Por el contrario, el mandarín es una lengua sin género, en el sentido de que ni los sustantivos ni los pronombres tienen género marcado. En algún punto intermedio, encontramos lenguas como el inglés, con pronombres de género, pero con la mayoría de los sustantivos sin género. Con una muestra de ciento once países, Jennifer Prewitt-Freilino, Andrew Caswell y Emmi Laakso descubrieron que los países «donde se hablan lenguas con marca de género evidencian una menor igualdad de género en comparación con los países con otros sistemas gramaticales de género». Además, «los países donde se hablan lenguas con género natural demuestran una mayor igualdad de género, lo que puede deberse a la facilidad para crear revisiones simétricas de género en casos de haber un lenguaje sexista». A la luz de esta evidencia, no sorprende que los grupos de defensa de las mujeres y los expertos en antidiscriminación hayan promovido un lenguaje más inclusivo desde hace varias décadas. En el mundo académico, se evita, como tiene que ser, la palabra *seminario* (el equivalente femenino sería *ovulario*), y los conocimientos extraídos de una investigación ya no son, como se dice en inglés, *penetrating* ('penetrantes'), sino más bien «innovadores», «pioneros» o «reveladores». En el lenguaje empresarial, también se ha de evitar la idea de «penetrar en el mercado», y con razón, ya que es un término de lo más feo y sexista.

Sin embargo, todos estos cambios están demostrando ser insuficientes para adaptarse a la diversidad de estilos de vida que la gente quisiera seguir. Desde principios del siglo XXI, los *millennials*, y también los miembros de otras generaciones, han cuestionado las categorías de «masculino» y «femenino» en favor de una terminología no binaria o de no conformidad para que se adapte a una variedad de estilos de vida. ILGA World, la Asociación Internacional de Lesbianas, Gays, Bisexuales, Transexuales e Intersexuales de Estados Unidos, Australia y Nueva Zelanda, es una de las que más protegen los derechos relacionados con la orientación sexual. Esta asociación ha publicado un mapa que recopila las leyes sobre orientación sexual en todo el mundo, asignando a cada país una puntuación en una escala de nueve puntos que va desde la «pena de muerte» (en alrededor de una docena de países) hasta «protección constitucional» (sólo en media docena) en lo tocante a los derechos de las personas con diversas orientaciones sexuales y estilos de vida (LGTBIQA+). No sorprende que Europa occidental, Norteamérica y la mayoría de los países de Latinoamérica y el Caribe también se encuentren entre los defensores más acérrimos de los derechos de orientación sexual, al igual que Angola, Botsuana, Mozambique, Sudáfrica, Nepal, Mongolia, Corea del Sur y Tailandia. Muchos gobiernos, aerolíneas y universidades ya no piden a las personas que informen sobre su género o bien ofrecen la posibilidad de seleccionar una categoría no binaria.

La revolución LGTBIQA+ ha producido un aluvión de películas, otra muestra más de que se ha convertido en parte de nuestra conciencia y cultura colectivas. «Me llamo Lisa. Vivo aquí», dice la nueva amiga de la protagonista de *Tomboy* (2011), la película dramática francesa sobre los sinsabores que trae adaptarse a los estereotipos de género durante la adolescencia. «Eres muy tímida», dice Lisa después de una pausa. «No, no lo soy», responde Laure, una niña de 10 años de género no convencional. «¿No me vas a decir cómo te llamas?» Después de dudarlo un poco, Laure responde: «Mickaël, me llamo Mickaël», que se lo acaba de inventar. Una lucha interna similar puede verse en *Carol*, la película dramática romántica de 2015 basada en la novela de Patricia Highsmith *El precio de la sal* (1952), que se centra en la aventura prohibida que vivieron Therese, una aspirante a fotógrafa de 20 años (interpretada por Rooney Mara), y Carol (Cate Blanchett), una mujer mayor y glamurosa que está en proceso de divorcio. «Estás temblando —dice Carol mientras se inclina para besarla—. No, no lo hagas. Quiero verte.» Y quizá la cumbre del género sea *Moonlight* (2016), el drama sobre la identidad durante la infancia, la adolescencia y la vida adulta temprana con la intersección entre raza y orientación sexual. «¿Qué quiere decir "maricón"?», pregunta Little (Alex Hibbert), el protagonista de la película cuando era niño, cuyo nombre de adulto es Chiron. «Un maricón es..., es una palabra que se utiliza para hacer sentir mal a los homosexuales», responde Juan (Mahershala Ali), el narcotraficante que se convierte en la figura paterna de Chiron. «¿Yo soy maricón?», pregunta Little. «No. No eres maricón. Puedes ser gay, pero nadie tiene por qué llamarte maricón.» La conclusión práctica de *Tomboy*, *Carol* y *Moonlight* es que, sin una clasificación dicotómica exhaustiva y mutuamente excluyente de las personas por género, teniendo en cuenta todos los supuestos subyacentes convencionales sobre la orientación sexual y los roles vitales, el modelo tradicional de familia nuclear da paso a un conjunto de acuerdos familiares y de formas de vida más inclusivos y diversos.

A principios del siglo XXI, *La tribu de los Brady* se veía como un remoto vestigio de un pasado ya lejano, lo que hacía evidente que el modelo secuencial de la vida, con su estricto ordenamiento y sincronización, había llegado a su fin. Vivir la vida etapa a etapa y por secuencias se ha quedado ya obsoleto, debido a los nuevos roles económicos y sociales de las mujeres, al cambio tecnológico, a la globalización cultural, a la creciente marea individualista, a la creciente desigualdad económica, a las formas de vida no convencionales y a la revolución de las identidades no binarias. La familia nuclear ya no es la norma en los países más desarrollados y es posible que nunca llegue a serlo en el mundo emergente y en desarrollo. ¿Haría falta poner algo de orden en la vida familiar? Pero ¿qué definición de familia deberíamos utilizar? ¿Sería suficiente si modificáramos el modelo secuencial de la vida? ¿Podemos disolver el problema por completo en lugar de aplicar soluciones fragmentadas? ¿O las grietas que hay en el modelo harán que al final todo el edificio se venga abajo? En los capítulos siguientes exploraremos estas posibilidades.

4

¿Rebeldes sin causa?

Ser o no ser, ésa es la cuestión.

WILLIAM SHAKESPEARE
(1564-1616), *Hamlet*

«Olivia, de 16 años, vino a mi consulta con mucha ansiedad porque no sabía qué quería hacer el resto de su vida —escribe Janet Sasson Edgette, psicóloga y escritora—. Su angustia, me explicaba Olivia, venía de que, como no sabía lo que quería hacer, no podía elegir una especialidad universitaria.» Janet reaccionó enseguida y le dijo: «Pero si estás todavía en cuarto de secundaria». La respuesta instintiva de Olivia fue, según su terapeuta, «plantearse un escenario en el que cometer un error a la hora de elegir carrera era poco menos que estar en el paro, o incluso acabar viviendo en la calle». Aunque un tercio de los universitarios estadounidenses cambian de especialidad antes de terminar los estudios, los padres, los profesores y hasta los orientadores académicos insisten en que tienen que «darse prisa y plantearse su futuro».

En nuestra cultura dominante todo gira en torno a la toma de decisiones (las llamadas «decisiones correctas») lo antes posible, aun siendo adolescentes, cuando nos estamos tambaleando al borde de distintos precipicios emocionales. «Había tres cosas de las que estaba absolutamente segura —dice Bella Swan (interpretada por Kristen Stewart) en la primera película de la saga *Crepúsculo*—. La primera: Edward era un vampiro. La segunda: una parte de él —y no sabía lo potente que podía ser esa parte— tenía sed de mi sangre. Y la tercera: estaba incondicional e irrevocablemente enamorada de él. —Bella es el arquetipo de la adolescente indecisa que toma una pésima decisión tras otra—. Nunca había pensado mucho en cómo moriría. Pero morir en lugar de alguien a quien amo me parece una buena idea. No puedo arrepentirme de las decisiones que me han puesto cara a cara con la muerte. También son las que me llevaron hasta Edward.»

La cultura dominante atribuye a los adolescentes una mala fama en lo que a la toma de decisiones se refiere. «Las habilidades cognitivas (memoria operativa, memoria numérica y fluidez verbal) parecen estar desarrolladas del todo a los 16 o 17 años —explica la bioquímica Elena Blanco-Suárez en *Psychology Today*—. Es necesario desarrollar habilidades emocionales y sociales para alcanzar una edad adulta prosocial. Sin embargo, todo el mundo sabe que los adolescentes (considerando como tales a los jóvenes de entre 13 y 17 años) son irracionales, toman malas decisiones y corren riesgos innecesarios. Pero ¿esto es verdad?» Al contrario de lo que indica este estereotipo, las investigaciones muestran que los adolescentes son tan buenos como los adultos a la hora de tomar decisiones que tengan en cuenta el contexto. Sin embargo, cuando hace falta tomar decisiones rápidas en tiempo real o cuando sienten la presión de sus compañeros, a los adolescentes les va mucho peor que a los adultos y se arriesgan al elegir sus opciones.

Me parece que utilizar la neurociencia y la psicología para comprender cómo los adolescentes toman decisiones vitales como qué estudiar (o incluso qué especialidad hacer) es una posible solución al problema, pero no lo disuelve, echando mano de la terminología que proponía Russ Ackoff en el capítulo 2. Una excelente manera de eliminar el problema por completo es desafiar el modelo secuencial de la vida, permitir a los adolescentes y adultos jóvenes revisar sus elecciones, corregir su trayectoria y adaptarse en tiempo real a través de procesos de ensayo y error. ¿No sería mejor eso que pedirles que tomen decisiones trascendentales que puedan durar toda la vida? La idea de que hoy día «los niños ya no pueden ser niños» exige una reconsideración de cómo los padres (y la sociedad) definen el éxito, no sólo en el ámbito académico, sino también en las relaciones personales y en otros ámbitos vitales.

Tomar decisiones que tienen consecuencias para toda la vida a una edad temprana siempre será una tarea difícil, sobre todo cuando la economía y la sociedad cambian con tanta rapidez. La decisión sobre a qué dedicar nuestra vida ya no se puede tomar de golpe. Para comprender las consecuencias que se derivan de tomar decisiones vitales sólo una vez y a una edad muy temprana, consideremos las dos posibilidades siguientes. Primero, imagina que estás lanzando un solo dardo a un objetivo en la pared a veinte metros de distancia. Puedes ganar 300 dólares si aciertas en el centro del objetivo. Ahora, imagina tres objetivos dispuestos en línea recta, a seis metros de distancia entre ellos. En esta segunda situación, (a) tiras al primer objetivo a seis metros de distancia para ganar 100 dólares; (b) luego vas hasta allí, tomas el dardo y apuntas al segundo objetivo situado a seis metros más por otros 100 dólares, y (c) finalmente vas hacia ese segundo objetivo para lanzar el dardo al tercero, a seis metros más, por otros 100 dólares. ¿Qué preferirías hacer, intentarlo una sola vez desde veinte metros o tres veces desde seis? Acertar en el blanco desde veinte metros debe ser mucho menos probable que acertar a seis metros de distancia. Si, en teoría, las probabilidades son del 1 y el 5 por ciento, respectivamente, las ganancias esperadas son cinco veces mayores si se lanza el dardo tres veces desde seis metros (100 dólares × 5 por ciento + 100 dólares × 5 por ciento + 100 dólares × 5 por ciento = 15 dólares), en lugar de sólo uno de 20 metros (300 dólares × 1 por ciento = 3 dólares).

El propósito de este ejemplo es hacer ver que sería mucho mejor ir al colegio cada veinte años y decidir qué tipo de trabajo hacer en lugar de tomar esa decisión una sola vez durante un período de sesenta años, a riesgo de ver cómo tus conocimientos y habilidades se quedan obsoletos mientras tanto. Es más, las probabilidades de dar en el centro de la diana pueden mejorar a medida que se gana experiencia. Así, también se puede acertar si se toma la decisión de qué estudiar y hacer para ganarse la vida cada veinte años en lugar de sólo una vez y que esa decisión marque los siguientes sesenta.

Pedirles a los jóvenes que «se decidan» genera un exceso de estrés, pérdida de oportunidades e insatisfacción con la vida. La mayoría de las investigaciones sobre este tema señalan que ejercer tanta presión sobre los adolescentes y las personas de veintitantos años suele ser contraproducente. Y en realidad es malo para la economía, porque dificulta que el mercado laboral funcione de forma adecuada en su tarea de asignar empleos a personas con talento. Una alternativa mejor es que los jóvenes piensen en su vocación vital como un proceso de prueba en el que se contemplen diferentes trabajos y carreras, sin dejar de formarse en distintos momentos de su vida laboral, al mismo tiempo que trabajan. Además, el juego no tendrá que limitarse a la infancia, las tardes, los fines de semana y las vacaciones. Una estructura menos compartimentada de etapas permitiría asignar con flexibilidad el tiempo de estudio, trabajo y ocio a lo largo de la vida, proporcionando a las personas más libertad para perseguir sus intereses fuera de lo laboral. En última instancia, estos nuevos acuerdos podrían permitir que un número cada vez mayor de personas no sólo quieran desempeñar diferentes trabajos, sino que también cambien de carrera profesional.

La presión de los padres y la paradoja de los ahorros de toda la vida

«Lo más difícil de la paternidad es saber cuándo intervenir y cuándo dar un paso atrás», escribía Kristin van Ogtrop a su hijo en una carta de disculpa publicada en la revista *Time*. «Así que te pido disculpas por esto y por todas las otras ocasiones en las que te eché encima mis problemas —continuaba—. Uno de mis mayores errores como madre fue ligar tu éxito al mío. Cada logro tuyo se traducía en que yo me sintiera menos culpable por ser madre trabajadora: si sacabas un sobresaliente en un examen, yo me ponía un sobresaliente también; si entrabas en el equipo de la universidad, yo también.» Y acababa sugiriendo que cuando un niño hace o logra algo, es mejor no decirle: «Estoy muy orgullosa de ti», sino «deberías sentirte muy orgulloso de ti». Un cambio sutil en la manera de expresarse para transmitir un mensaje que empodera.

En 2013, el Pew Research Center publicó un estudio que sugería que «los estadounidenses dicen que los niños necesitan más presión en el colegio, los chinos dicen que menos». De hecho, de veintiún países, Estados Unidos tuvo la proporción más alta (64 por ciento) de personas que eligieron la opción de «presión insuficiente», en comparación con el 11 por ciento de China, donde el 68 por ciento sintió que ya se estaba ejerciendo demasiada. El estudio señalaba que las puntuaciones medias de las pruebas estandarizadas son más altas en China que en Estados Unidos, una diferencia que a menudo se atribuye a una mayor presión por parte de los padres. Pero pedir a los niños que rindan más puede ser contraproducente y a menudo da como resultado unas tasas más altas de enfermedades mentales, mayor riesgo de lesiones, mayor probabilidad de que hagan trampas, problemas de autoestima y falta de sueño, según informa Amy Morin, editora jefa de la revista *Verywell Mind*.

Lo cierto es que, a escala transnacional, el rendimiento escolar revela que las puntuaciones medias más altas se encuentran en países en los que los padres ejercen elevados niveles de presión, y también en aquellos con niveles más bajos. Según la Organización para la Cooperación y el Desarrollo Económico (OCDE), China, Singapur, Macao, Hong Kong y Corea del Sur se encontraban en 2018 entre los países con puntuaciones medias más altas en lectura, matemáticas y ciencias, y todos ellos son conocidos por la presión que los padres ejercen sobre los hijos para que éstos logren sus objetivos. Pero entre los diez primeros también figuraban Estonia, Canadá, Finlandia, Irlanda y Polonia, donde esas presiones son mucho menores. Estados Unidos ocupaba el decimotercer lugar, después de Suecia y Nueva Zelanda. En la mayoría de los países, incluido Estados Unidos, los niños obtienen puntuaciones más altas que las niñas en matemáticas y ciencias, y el estatus socioeconómico familiar está altamente correlacionado con el desempeño. Este estudio no incluía información sobre la raza, pero el Centro Nacional de Estadísticas Educativas sí la tuvo en cuenta. También en 2018 la tasa de abandono escolar, o la proporción de personas de entre 16 y 24 años que no van a la escuela, estaba por desgracia relacionada con la raza y el origen étnico: un 1,9 por ciento de los asiático-americanos, un 4,2 por ciento de los blancos, un 5,2 por ciento de las personas que indicaban dos o más razas, un 6,4 por ciento de los negros, un 8,0 por ciento de los latinos, un 8,1 por ciento de los isleños del Pacífico y un 9,5 por ciento de los indios americanos y los nativos de Alaska. Los hombres tuvieron tasas de abandono escolar más altas que las mujeres dentro de cada grupo, y la brecha de género fue mayor en los grupos más desfavorecidos, excepto en las dos últimas categorías. Resulta llamativo que los niños de familias inmigrantes tuvieran tasas similares a las de la corriente principal.

Al examinar el impacto de la presión de los padres en estas estadísticas, se debe distinguir entre el efecto de la mera presión y la influencia de los modelos a seguir. Los hijos de padres con más estudios tienen más probabilidades de asistir a mejores escuelas, completar estudios de secundaria y universitarios, y obtener mejores calificaciones. Además, un grupo de investigadores en Suecia halló que las decisiones «atípicas de género» (como que una mujer se especialice en matemáticas en la universidad) vienen determinadas por el hecho de si la madre ha sido también estudiante de ciencias. Según Grace Chen, investigadora en cuestiones educativas, la participación de los padres en la educación de sus hijos mejora el rendimiento académico, el comportamiento en el aula y la confianza de los profesores. Sin embargo, que ejerzan presión sobre ellos puede ser contraproducente.

El efecto negativo de esa presión parental se hace más evidente cuando toca elegir la universidad a la que asistir, sobre todo en países como Estados Unidos, donde las opciones son complejísimas y difíciles de evaluar. «Las familias están suspendiendo a la hora de elegir universidad», argumentan John Katzman (cofundador de Princeton Review, la empresa de preparación para exámenes y admisiones universitarias) y Steve Cohen (abogado y escritor). Señalan que tres de cada cinco estudiantes se cambian a otra universidad tras haber tomado una decisión equivocada; y en ocasiones los motivos están relacionados con el dinero y el estrés de tener que trabajar mientras se estudia para pagar las facturas.

Los padres también suelen ejercer presión sobre la carrera profesional específica que deberían hacer sus hijos. En un estudio británico, el 69 por ciento de los estudiantes universitarios dijeron que sus padres habían intentado influir en su elección de universidad, y el 54 por ciento, en sus elecciones específicas de estudios y carreras profesionales. «Muchos estudiantes de orígenes diversos sienten presión por parte de sus padres para elegir una especialización o un camino determinado que los lleve a conseguir un trabajo estable», escribía Anna Raskind en 2016, en ese momento estudiante de último año en la Universidad de Columbia, en el periódico estudiantil *Columbia Daily Spectator*. En las universidades estadounidenses, los estudiantes provenientes de minorías u otros países tienen más probabilidades de experimentar este tipo de presión, en gran medida porque, para empezar, es más probable que los padres se entrometan en las decisiones de sus hijos. Para muchos padres, especializarse en humanidades tiene tantas salidas como obtener un título en administración de empresas, ingeniería o ciencias, o asistir a la facultad de derecho o medicina. «Si los padres son capaces de darles a sus hijos la oportunidad de atreverse y rectificar, de tomar sus propias decisiones, cediéndoles algo de espacio para conseguirlo, lo harán —explica la orientadora académica Andrea St. James—. Y al tomarlas ellos serán mucho más felices en su profesión, en vez de haberse dedicado a algo a lo que se veían empujados.» De hecho, las investigaciones muestran que imponer la elección de la carrera profesional puede dar como resultado calificaciones, ingresos y autoestima más bajos, y mayores tasas de estrés, frustración e incluso depresión.

«¿Qué quieres hacer el resto de tu vida? ¿Esto es a lo que de verdad te quieres dedicar? Hay más de un millón de personas que quieren dedicarse a lo mismo y sólo un 1 por ciento de posibilidades de que alguien lo logre.» Ésas son, según el consejo editorial de *Ledger*, preguntas que muchos padres hacen a sus hijos cuando llega la hora de elegir estudios y profesión. Y, sin embargo, pocos padres saben que el 25 por ciento superior de los estadounidenses que se especializan y tienen empleos en el campo de la educación, trabajo social, humanidades o artes liberales gana lo mismo que el 50 por ciento más bajo de los que se especializan en ingeniería, economía, informática, administración de empresas o contabilidad. «Los estudiantes y los padres tienen una idea bastante clara de qué profesiones están mejor pagadas, pero no son conscientes de la magnitud de las diferencias dentro de éstas», escribe Douglas A. Webber, economista de la Junta de la Reserva Federal, quien sí que hizo los cálculos. Si bien es cierto que el 25 por ciento de los ingenieros o informáticos con mayores ingresos ganarán el doble que la media de los que hayan estudiado humanidades o artes liberales, el 25 por ciento inferior que sea de «números» ganará menos o casi lo mismo que el de letras. Por lo tanto, el hecho de elegir una especialidad (con presión o no) sólo porque ofrece mejores perspectivas de ingresos vitales puede que se base no sólo en una lógica contraproducente, sino también bastante pobre.

Además de la tremenda distribución en los ingresos a lo largo de la vida (al fin y al cabo, no todos los que se dedican a los números tienen buenos sueldos), hay otra razón para no tomar decisiones profesionales en la juventud que se basen en las salidas comerciales. Volvamos a Olivia y a Janet, la estudiante de secundaria y su terapeuta, para ilustrar dónde radica el principal problema. A Janet le preocupa —con razón— que los adolescentes opten por estudios «prácticos» y no por su verdadera pasión, porque entiende perfectamente las consecuencias que acarrea el desmoronamiento del modelo secuencial de la vida. «Además, la idea de contar con unos estudios y una profesión se está quedando obsoleta; las descripciones de puestos de trabajo ahora son más flexibles y exigen habilidades de adaptación, así como experiencia basada en contenidos.»

Los mitos del perfeccionismo y la osadía juvenil

Otra variante de las formas de presión que ejercen los padres es la habitual inversión de la realidad sobre quién presiona a quién. «Sólo quiero que sea feliz», le suelen decir sus padres a Rachel Simmons, escritora y cofundadora de Girls Leadership. «Pero es que ella se exige mucho.» El problema con esta afirmación es que culpa al adolescente y no a la cultura predominante, basada en el perfeccionismo y la consecución de logros. En un estudio reciente realizado a unos cuarenta y dos mil estudiantes universitarios estadounidenses, británicos y canadienses durante las últimas tres décadas, los psicólogos Thomas Curran y Andrew Hill dan cuenta de una tendencia creciente entre los adolescentes, quienes piensan: «Tengo que destacar en todo lo que hago» y «soy un completo fracaso si no lo consigo». Los investigadores observan que «las culturas estadounidense, canadiense y británica se han vuelto más individualistas, materialistas y socialmente antagónicas durante este período, y los jóvenes ahora hacen frente a entornos más competitivos, expectativas más irreales y padres más ansiosos y controladores que en las generaciones anteriores». La cultura del perfeccionismo surge de la presión que los adolescentes sienten por parte de sus padres y compañeros en medio del creciente individualismo y materialismo, y está dando lugar a tasas más altas de depresión, ansiedad e ideas suicidas. El auge de las redes sociales ha agravado esta tendencia.

Pero, en la cultura popular, al perfeccionismo en extremo le corresponde su polo opuesto: la despreocupada osadía. Ya en 1890, el ingenioso escritor irlandés Oscar Wilde abogaba por un mundo más libre para su joven héroe en *El retrato de Dorian Gray*. «¡Ah! Dese cuenta de su juventud mientras la tiene. No desperdicie el oro de sus días escuchando a los tediosos, tratando de remediar el fracaso desesperado o entregando su vida a los ignorantes, los comunes y los vulgares —escribió en una diatriba que rayaba en el hedonismo—. Tales son los fines enfermizos, los falsos ideales de nuestra época. ¡Debe vivir! ¡Vivir la maravillosa vida que hay en su persona! No deje que nada se le escape. Busque siempre sensaciones nuevas. No tema por nada.»

Oscar Wilde escribió su única novela apenas nueve años después de la trascendental propuesta de las pensiones de Bismarck, y con ella lanzó un ataque frontal a la idea de que los adolescentes debían hacer la transición a la edad adulta más o menos a los 20 años. *El retrato de Dorian Gray* fue considerada una obra escandalosa cuando se publicó. Hoy día sabemos que el hecho de que los «adultos jóvenes» sean rebeldes, aventureros y ávidos de diversiones, siempre en busca de la siguiente aventura, es en parte una cuestión de biología: los cerebros de los adolescentes aún se están desarrollando, lo que se traduce en una incapacidad para evaluar el peligro y una atracción hacia el subidón que provocan los comportamientos arriesgados. Y, sin embargo, hasta el día de hoy, los padres continúan ejerciendo una enorme presión sobre sus hijos adolescentes para que se aclaren, tomen grandes decisiones que definirán toda su vida y se conviertan en «adultos».

La cuestión de la juventud en rebeldía ha estado presente en todo nuestro acervo cultural, desde *Rebelde sin causa* (1955) hasta *Bohemian Rhapsody* (2018). En una de las secuencias iniciales de la película sobre la banda de rock Queen, el estricto padre de Freddie Mercury desprecia su estilo de vida disperso. «No tienes ni una sola idea sobre lo que vas a hacer en el futuro —le increpa—. Ideas, buen trabajo, buenas obras. A eso es a lo que deberías aspirar.» El aspirante a estrella del rock, que a sus 23 años además trabaja como mozo de carga en el aeropuerto, le responde con su característica voz, capaz de abarcar cuatro octavas: «¿Y a ti cómo te ha ido con eso?». En el mundo en el que nació Mercury, los adultos jóvenes tenían que hacer planes para lo que vendría después: un curso de formación profesional, una especialización en la universidad, un empleo, una profesión, una carrera, formar una familia. Esas decisiones tuvieron sentido durante la mayor parte del siglo pasado, cuando una persona promedio de 20 años ya habría consumido un tercio de su esperanza de vida. Pero, hoy, ¿cómo podemos siquiera pretender tomar decisiones para el resto de nuestra vida cuando tenemos seis o siete décadas por delante? ¿Es eso bueno para los jóvenes? ¿Y para la economía? ¿Por qué los padres siguen insistiendo en tomar decisiones trascendentales tan pronto, cuando el panorama laboral está cambiando a tal velocidad?

Daños colaterales y desigualdad de oportunidades

Con independencia de que sean o no unos rebeldes, las consecuencias de la estricta adherencia al modelo secuencial de la vida van mucho más allá de tener unos adolescentes descontentos y a sus padres decepcionados. En la actualidad, una significativa proporción de la población de los países desarrollados (entre el 15 y el 30 por ciento) no se beneficia al máximo de las grandes cosas que el modelo puede ofrecer, sobre todo porque de alguna manera se desviaron de la trayectoria preestablecida. Esta proporción considerable incluye a quienes abandonaron los estudios de secundaria, las madres adolescentes, los niños y adolescentes en adopción temporal, los adictos a sustancias y otras personas que hayan sufrido algún bache a lo largo de su vida.

«Mi infancia fue bastante angustiosa y caótica —contaba Alexandra (Lexie) Morgan Gruber en una audiencia del Comité de Finanzas del Senado de Estados Unidos en 2015—. Como resultado, sufrí ansiedad y depresión severas. Cuando entré en el programa de acogida, me quedé traumatizada por perder la única familia y el único hogar que había conocido.» Lexie prefiere no explicar con detalles por qué se quedó sin padres. Lo que vino después fue una serie de reubicaciones fallidas en diferentes familias de acogida y refugios hasta que por fin aterrizó en el hogar de un grupo terapéutico en Connecticut, el estado donde nació. Contra todo pronóstico, perseveró, terminó la secundaria y luego se graduó en la Universidad de Quinnipiac a los 22 años, sin ningún retraso y con calificaciones excelentes. Después, comenzó a trabajar en una organización sin ánimo de lucro de Washington, D. C.

Por desgracia, el historial de Lexie es la excepción y no la norma entre los niños de acogida. Según la Fundación Annie E. Casey, los adolescentes de hogares de acogida van a la universidad a un ritmo que corresponde a la mitad del promedio de los jóvenes estadounidenses, y sólo el 18 por ciento de los que se matriculan en una obtienen el título, y cuando lo consiguen tardan de media más de seis años. En 2021, sólo treinta y cinco estados les ofrecieron algún tipo de asistencia para matricularse en algún curso de educación superior, veinticuatro de ellos ofrecían exenciones de matrícula en todo el estado, siete ofrecían becas, y cuatro, programas financiados con subvenciones. En una sociedad posgeneracional auténtica, debería haber más recursos disponibles para los niños que no pueden disfrutar del apoyo emocional y económico que suele proporcionar el hecho de pertenecer a una familia nuclear, para que así pudieran competir en igualdad de condiciones. Pero lo más importante es que, si queremos lograr la igualdad de oportunidades, esos recursos deberían estar disponibles a cualquier edad, y no sólo al graduarse en la secundaria.

La rehabilitación que tienen que atravesar los adictos a las drogas y al alcohol es otro ejemplo de daño «colateral». Dado que tres de cada cuatro de ellos consiguen recuperarse, es esencial ofrecerles diversas alternativas y en diferentes momentos para que se reinserten en la sociedad y la economía como ciudadanos productivos. En 2021 había 22,3 millones de estadounidenses que se estaban rehabilitando con éxito del consumo excesivo de sustancias, nada menos que uno de cada diez adultos. Que sea posible alcanzar una tasa de éxito del 75 por ciento sin duda es gracias a la densa red de programas de tratamiento, grupos de apoyo e incluso planes de seguros que existe. Pero dejar atrás la adicción no garantiza resultados ideales en términos de salud o empleo, ya que estas personan tienen más probabilidades que el estadounidense promedio de enfrentarse al desempleo y padecer una discapacidad. Y no sorprende que los adictos latinos y afroamericanos salgan bastante peor parados que sus homólogos blancos en lo que respecta a la calidad de vida después de la recuperación, puesto que muchos de ellos no logran superar el estigma y las barreras que les imponen las empresas y la sociedad en general.

En conjunto, no podría decirse que los niños en hogares de acogida, las madres adolescentes y los adictos que se están recuperando supongan una parte desdeñable de la población estadounidense. Según mis cálculos aproximados, hay casi 50 millones de estadounidenses vivos que han estado en una o más de esas tres categorías en algún momento de sus vidas: 15 millones de personas que pasaron por el sistema de acogida infantil (unas 200.000 ingresan cada año, multiplicado por la esperanza de vida media después de los 18 años), 15 millones de mujeres que dieron a luz en la adolescencia (calculado siguiendo una lógica similar) y 30 millones que cayeron en el abuso de sustancias (de los cuales 22,3 millones se han recuperado). Esto equivale a que alrededor del 15 por ciento de la población estadounidense está afectada al menos por uno de esos tres problemas. Para ellos, el modelo secuencial ha hecho que sea dificilísimo recuperarse después de sufrir un revés importante. Es así de simple y cruel: si te quedas atrás, si coges el desvío equivocado en el momento de tomar decisiones vitales o se te presentan obstáculos al ir superando a buen ritmo las distintas etapas de la vida, es probable que estés abocado al fracaso o no puedas disfrutar plenamente de todo lo que una de las sociedades y economías más ricas y avanzadas del mundo puede ofrecer, como un empleo y un cierto grado de seguridad financiera. La COVID-19 es un crudo recordatorio de que las crisis globales y locales pueden hacer que a los jóvenes les resulte muy complicado, en especial a aquellos de entornos familiares desfavorecidos, alcanzar a tiempo los diversos hitos que componen el modelo secuencial de la vida.

Los trabajos del futuro

«¿En serio? ¿Estáis preguntando por la población activa del futuro? ¡Como si fuera a existir! —Éste fue el categórico comentario del editor de una revista científica, que prefirió permanecer en el anonimato, ante el sondeo que llevaron a cabo los expertos del Pew Research Center—. Los empresarios montan talleres clandestinos en otros países o contratan a gente en el "primer mundo" para desempeñar trabajos que detestan, mientras que cada vez hay más personas cualificadas y no cualificadas que acaban siempre tirando de ayudas sociales o que no consiguen un contrato. Y es probable que las personas cualificadas que hoy tienen un empleo relativamente "fijo", con una "profesión", estén mucho más cerca de lo que creen de despeñarse por ese mismo precipicio.» Lo más seguro es que se esté exagerando con esta argumentación, pero sirve como un recordatorio claro de que no estamos pensando lo suficiente en cómo serán los empleos y las habilidades que habrán de tenerse en el futuro.

Para hacer frente a los enormes cambios del mercado laboral, gente de todas las edades necesitará más flexibilidad en lo que respecta a la educación y el aprendizaje permanente. Según el Banco de la Reserva Federal de St. Louis, había un 26 por ciento menos de trabajadores en la industria manufacturera de Estados Unidos en 2020, en comparación con 1987, pero éstos produjeron nada menos que un 63 por ciento más. La economía ha estado cambiando durante décadas gracias a las múltiples oleadas de transformación tecnológica que se han solapado con el paso del tiempo. El sector servicios se ha expandido de una forma increíble. La mayoría de los estadounidenses tienen empleos de oficina, incluso entre quienes trabajan en la industria manufacturera. La mayoría de ellos pertenece a la «mano de obra profesional y técnica», que representa el 41 por ciento de todos los trabajadores estadounidenses, según la Oficina de Estadísticas Laborales, una proporción similar a la de Europa, Canadá, Australia, Japón, Corea del Sur, Singapur y otras economías avanzadas. Se trata de un grupo heterogéneo de personas que ha alcanzado una sólida formación académica y salarios bastante altos, como gerentes, programadores informáticos, ingenieros, arquitectos, médicos, técnicos de laboratorio, abogados, catedráticos y profesores, diseñadores, artistas, etcétera (y resulta llamativo que poco más de la mitad sean mujeres). Su éxito profesional depende de mantenerse actualizados en todos los conocimientos que sustentan su puesto de trabajo, y sobre todo realizan tareas cognitivas no rutinarias que hasta ahora habían sido difíciles de automatizar; aunque la inteligencia artificial podría suponer una amenaza para ellos en el futuro.

El crecimiento de la fuerza laboral profesional y técnica fue provocado por la creciente demanda de habilidades analíticas. Pero, como han documentado con gran detalle los economistas del trabajo, la demanda de habilidades sociales ha crecido aún más rápido. Entre estas habilidades están la capacidad de comunicación, trabajar en equipo, tomar decisiones en situaciones de incertidumbre y negociar de manera efectiva. Además, se ha disparado la demanda de inteligencia emocional, es decir, «la capacidad de llevar a cabo un razonamiento preciso sobre las emociones y la capacidad de utilizar las emociones y el conocimiento emocional para mejorar el pensamiento». Como destaca Marshall Kirkpatrick, cofundador de Little Bird, que antes trabajó en ReadWriteWeb y TechCrunch, «el futuro requerirá más habilidades interpersonales, autoconciencia, empatía, pensamiento interconectado y aprendizaje permanente».

Tiffany Shlain, cineasta y fundadora de los Webby Awards, señala con convicción que «las habilidades necesarias para el éxito en el mundo actual y en el futuro son la curiosidad, la creatividad, tener iniciativa, el pensamiento multidisciplinar y la empatía. Resulta llamativo que sean habilidades específicas de los seres humanos que las máquinas y los robots no pueden desarrollar». Quizá no nos sorprenda que una artista piense así. Pero fijémonos en Ben Shneiderman, informático teórico de la Universidad de Maryland, quien lleva el argumento un paso más allá al afirmar que «se puede capacitar a los estudiantes para que sean más innovadores, creativos y que se muevan para alcanzar ideas novedosas. Las habilidades para escribir, hablar y hacer vídeos son relevantes, pero las habilidades fundamentales de pensamiento crítico, creación de comunidad, trabajo en equipo, deliberación/diálogo y resolución de conflictos tendrán mucha importancia». Huelga decir que estas habilidades sociales no son una parte central del plan de estudios ni en la educación primaria, ni en la secundaria, ni en la universitaria.

También se pueden definir las habilidades del futuro describiendo lo que no serán. Justin Reich, director ejecutivo del Laboratorio de Sistemas de Enseñanza del MIT, mantiene que «las habilidades más importantes para el futuro serán el tipo de cosas que los ordenadores no saben hacer bien; es ahí donde los trabajadores humanos tienen una ventaja comparativa con los ordenadores». Propone como ejemplos «la resolución de problemas mal estructurados y la comunicación compleja y persuasiva». Como dijo una vez Pablo Picasso: «Los ordenadores son inútiles; sólo saben dar respuestas». Hacer la pregunta correcta es siempre el requisito previo a dar una respuesta correcta. Si el problema o reto en cuestión no se plantea de la manera adecuada, no se puede dar la respuesta pertinente.

El consenso cada vez mayor entre los expertos es que los empleos del futuro requerirán de formación interdisciplinar más que de una especialización. Meryl Krieger, especialista en carreras profesionales de la Escuela Jacobs de la Universidad de Indiana en Bloomington, cree que «las habilidades más importantes para la fuerza laboral del futuro son (1) las habilidades transferibles y (2) la capacitación sobre cómo contextualizarlas y transferirlas de verdad». J. Trevor Hughes, director ejecutivo de la Asociación Internacional de Profesionales de la Privacidad, está de acuerdo en que «muchas de las habilidades del futuro son habilidades híbridas que requieren experiencia o fluidez en algunos de nuestros ámbitos tradicionales». Pone como ejemplo su propio ámbito, el de la protección de la privacidad. «Cualquier profesional de la economía digital necesita comprender en qué consiste la privacidad y los riesgos que genera para las organizaciones. Y eso es comprender las leyes y las políticas, la gestión empresarial y la tecnología. Los profesionales modernos necesitarán dominar todos estos campos.» Luis Mirón, distinguido profesor de universidad y director del Instituto para la Calidad y la Equidad en la Educación de la Universidad Loyola de Nueva Orleans, cree que «las habilidades más importantes son el pensamiento crítico avanzado y el conocimiento de la globalización que afecta a sociedades diversas: cultural, religiosa y políticamente». Eso era justo lo que me he dedicado a explicar, en colaboración con el antropólogo Brian Spooner, en mis clases sobre globalización en la Universidad de Pensilvania durante más de veinte años.

Polina Kolozaridi, investigadora de la Escuela Superior de Economía de Moscú, expone mejor que nadie el poder de la educación interdisciplinar. «Las habilidades más importantes necesarias para el éxito laboral en el futuro son el pensamiento orientado a los procesos y a los sistemas, la codificación, etcétera.» Destaca la importancia de las habilidades técnicas como la comunicación mediante inteligencia artificial, el modelado 3D y la física. Pero también cree que el pensamiento crítico, la gestión de la información y las habilidades documentales y basadas en pruebas, sobre todo las desarrolladas a través del estudio de la historia y el periodismo, serán esenciales.

Otros expertos hacen hincapié en el aprendizaje, desaprendizaje y reaprendizaje. «La clave que debemos tener en cuenta sobre las habilidades y el futuro es que no existe un conjunto de habilidades concreto que podamos identificar como centrales o importantes —sostiene Alf Rehn, profesor y catedrático de gestión y organización en la Universidad Åbo Akademi en Turku, Finlandia—. En el futuro las habilidades irán cambiando y renovándose continuamente, y cualquier habilidad especial que ahora pudiéramos identificar casi seguro quedará obsoleta poco después. La creatividad y el pensamiento crítico serán tan importantes en el futuro como ahora, pero más allá de esto debemos tener mucho cuidado de no pecar de arrogantes dando por sentado demasiadas cosas.» Como dijo Mark Twain hace algún tiempo: «Lo que te mete en problemas no es lo que no sabes, sino lo que crees saber con certeza pero no es verdad».

Para la mayoría de las personas, las habilidades analíticas y sociales son esenciales para triunfar en el actual mercado laboral. Pero ¿las estamos preparando de la mejor manera posible? ¿Qué programas educativos son más idóneos? ¿Y qué papel debería desempeñar la formación continua?

Reinventar la educación elemental y secundaria para todos

El problema fundamental que afecta al sector educativo es que tiene que preparar a los estudiantes para empleos que todavía no existen. Según el Foro Económico Mundial, dos tercios de los niños que empiezan la escuela primaria tendrán empleos que sólo en el futuro se sabrá cuáles son. «Aparecerán nuevas categorías de empleos que desplazarán en parte o del todo a las que ya existen. Las habilidades requeridas tanto en las antiguas como en las nuevas ocupaciones cambiarán en la mayoría de los sectores y transformarán el modo y los lugares en los que se trabaja.» En un informe de 184 páginas elaborado por las Academias Nacionales de Ciencias, Ingeniería y Medicina, se concluyó que la educación necesitará atravesar una importante transformación dadas las tendencias del mercado laboral, y que «los recientes avances en las tecnologías de la información ofrecen formas nuevas y en principio más sencillas para acceder a la educación».

Hay cada vez mayor consenso entre los expertos sobre que «la habilidad más importante es una metahabilidad: la capacidad de adaptarse a los cambios», tal y como sostiene Calton Pu, profesor del Instituto de Tecnología de Georgia. Sin embargo, parece no estar de acuerdo con la forma en que se está organizando el currículo escolar. «A medida que se intensifica el ritmo de la innovación tecnológica, los futuros trabajadores tendrán que adaptarse a las nuevas tecnologías y a los nuevos mercados.» Las transformaciones tecnológicas, así como los cambios poblacionales y económicos, exigen flexibilidad y una educación que no esté compartimentada en diferentes disciplinas. «Ganarán quienes puedan adaptarse mejor (y más rápido).» El problema es que los líderes de la tecnología, la educación y las empresas no creen que el sistema educativo esté preparado para afrontar este reto, tal y como se indicó en una encuesta del Pew Research Center llevada a cabo entre 1.408 expertos. ¿Qué tipo de escolarización puede preparar a los niños para los cambios que se avecinan?

Barry Chudakov, fundador y director de Sertain Research y Stream-Fuzion, está convencido de que «la primera habilidad necesaria para tener éxito en los trabajos del futuro será la capacidad de comprender, gestionar y manipular datos». En su opinión, en el futuro, todos los que trabajen en el ámbito de la tecnología «tendrán que ser analistas cuantitativos o estar en contacto con ellos». Pero yo diría que todos necesitarán comprender, gestionar y manipular datos, en cualquier trabajo y en cualquier cuestión que ataña a la economía. Desde luego, las escuelas se han esforzado por incorporar esta idea en sus planes de estudio.

De acuerdo con Chudakov, otra segunda habilidad —más importante si cabe— para tener éxito en el futuro «será la capacidad de encontrar el significado y el valor de los datos junto con el problema, estado u oportunidad que éstos describen». Ahora nos estamos inclinando más hacia las habilidades sociales y contextuales que hacia las habilidades técnicas *per se*. «En pocas palabras, la habilidad principal será la capacidad de planear con detenimiento todos los hechos, datos, experiencias y la dirección estratégica que requieren los productos y servicios. El diseño de ideas o el pensamiento visual serán una parte fundamental de la gestión de un mundo basado en datos.» En este contexto, el término *diseño* se refiere a formular el problema, cuestión o reto de forma que tenga sentido. Esto implica conseguir que los árboles nos dejen ver el bosque: no se trata sólo de reconocer patrones —algo que la inteligencia artificial puede hacer—, sino también de encontrar el significado del patrón.

Una de las principales dificultades que implica reformar la educación primaria es que la escolarización moderna surgió en el siglo XIX como una institución para crear un ejército de trabajadores industriales dóciles, como analizamos en el capítulo 1, y no una legión de pensadores críticos. Jeff Jarvis, profesor de la Escuela de Periodismo Craig Newmark de la City University de Nueva York, sostiene que las escuelas «se construyen sobre la idea de producir respuestas correctas únicas y no soluciones creativas». Haciéndose eco del análisis que el historiador E. P. Thompson llevó a cabo en «Tiempo, disciplina laboral y capitalismo industrial», escribe que «se basan en una economía de la atención anticuada: páganos por hacernos caso durante cuarenta y cinco horas y certificaremos tus conocimientos». Para él, la solución radica en pasar «a una educación basada en competencias en la que los resultados necesarios queden claros y a los estudiantes se les ofrezcan diversos caminos para lograr esos resultados». Por eso prefiere que los estudiantes demuestren su progreso mediante un conjunto de trabajos en lugar de exámenes o pruebas.

En el nivel más alto de abstracción, el problema central de la escolarización moderna es que busca convertir a los niños en algo que no está alineado con las nuevas realidades económicas y tecnológicas. Como dice Pamela Rutledge, directora del Centro de Investigación de Psicología de los Medios, «los modelos tradicionales forman para equiparar lo que hacen las personas con lo que son (es decir, qué quieres ser cuando seas mayor), en lugar de fomentar el pensamiento crítico y adquirir habilidades y actitudes flexibles que se adapten a un mundo que está cambiando con rapidez». En su opinión, la educación obligatoria «apuesta por el aprendizaje como un modelo que se sitúa en el lado de la oferta y no en el de la demanda, que crearía estudiantes proactivos y con iniciativa». Dada la inercia, la burocracia y los intereses arraigados en la educación primaria, que ha sido obligatoria en la mayoría de los países del mundo durante las últimas décadas, es difícil imaginar cómo se puede repensar ese invento de finales del siglo XIX que llamamos escuelas para que resulten útiles. Elisabeth Gee, profesora de la Universidad del Estado de Arizona, sostiene que «no necesitamos formar trabajadores a gran escala», como se hizo durante la Segunda Revolución Industrial. «Necesitamos una educación de verdad, no una centrada en el empleo, y oportunidades para que las personas sigan caminos variados que les permitan el desarrollo profesional y el aprendizaje permanente.» Eso es justo lo que implica apartarse del modelo secuencial de la vida.

Analfabetismo funcional

Mi humilde propuesta para las escuelas primarias es que se centren en la capacidad de las personas para adaptarse, aprender, desaprender y reaprender. Asegurémonos de que cuando los estudiantes comiencen la escuela secundaria o la abandonen sepan escribir con creatividad, leer con eficiencia y entender textos complejos, así como manejarse con los números y el razonamiento abstracto con facilidad. El futuro será de quienes hagan uso del pensamiento crítico, de las personas que sepan procesar información nueva e incorporarla a su propio modelo de realidad. Por desgracia, estamos lejos de cumplir estos objetivos. En Estados Unidos y Reino Unido, uno de cada siete adultos carece de las habilidades básicas de alfabetización en cuestiones de lenguaje y matemáticas. Es lo que se conoce como «analfabetismo funcional». Parte de esto se debe a que algunos estudiantes sufren problemas de aprendizaje, pero los defectos propios de la escuela también tienen algo de culpa.

«Walter Long tiene 59 años y vive a las afueras de Pittsburgh, donde creció —así comienza un reportaje de CBS News sobre el analfabetismo funcional—. Tiene un buen trabajo en la junta de aguas del condado, una casa bonita donde ha criado a cuatro hijos y una esposa que lo ama.» Su gran secreto era que no sabía leer. «Supo disimularlo bien, hasta que una noche hizo como que le leía un cuento a su hija Joanna, de 4 años.» La inocencia de los niños de esa edad oculta un extraño instinto para detectar cuando alguna cosa no cuadra. «Mi hija me miró y me dijo: "Mamá no me lo leía así".» Walter recuerda haber pensado: «Sigue siendo igual de difícil decirle que no sabes leer a una niña de 4 años».

De un estudio realizado por el Centro Nacional de Estadísticas Educativas en 2003, Walter fue uno de los treinta y dos millones de adultos estadounidenses que no sabían leer. Las encuestas más recientes, de 2012 a 2014 y 2017, revelan que las puntuaciones medias en alfabetización y aritmética han disminuido. Las mujeres van por detrás de los hombres en aritmética, pero ligeramente por delante en alfabetización. Y los afroamericanos puntúan más bajo que los blancos y que los hispanos. Los hispanos han mostrado aumentos notables en alfabetización y aritmética, incluso cuando los otros grupos han experimentado alguna disminución. Dicho esto, el problema está tan generalizado que no sólo afecta a los miembros marginales de la sociedad, sino también a personas con buenos empleos. Ford y Motorola han creado programas de clases de recuperación para empleados que necesitan mejorar sus habilidades de lectura.

La OCDE se encarga de recopilar datos comparativos para otros países dentro del Programa para la Evaluación Internacional de Competencias de los Adultos. Y no sorprende que los países más ricos cuenten con menos analfabetos que los más pobres. La mayoría de los países europeos, Japón y Corea del Sur tienen niveles de alfabetización más altos que los de Estados Unidos, y la situación empeora en cuanto al cálculo aritmético elemental: Estados Unidos está por debajo de la media de la OCDE. El principal motivo de que el país tecnológicamente más avanzado obtenga puntuaciones tan bajas en las comparativas internacionales se encuentra en la desigualdad que existe en el acceso a la educación de calidad.

El papel de los idiomas en la educación

Los estudiantes cuya lengua materna no es el inglés deberían llegar a dominarla al terminar la educación primaria, puesto que se ha convertido en el idioma global de los negocios, la ciencia y la tecnología. Sólo una de cada siete personas en el mundo habla inglés con fluidez como segunda lengua. La proporción alcanza el 70 por ciento en el norte de Europa, pero es muy baja, del 5 o 10 por ciento, en el sur de Europa, Latinoamérica, Oriente Próximo, Asia y África. Seguro que hay quien sabe leer en inglés, pero no hablarlo con fluidez. Aun así, las cifras indican que más de la mitad de la humanidad no es capaz de leer los contenidos de las páginas web en inglés, que siguen siendo más de la mitad del total.

Aprender una segunda lengua no sólo da acceso a la información y permite la interacción: también enriquece la mente. El fallecido politólogo y sociólogo canadiense Seymour Martin Lipset dijo una vez: «Quienes conocen un país no conocen ninguno». Sin conocer otra cultura, ¿cómo puede alguien estar seguro de comprender la propia? Hace muchos años, escribí un artículo de opinión para *The Chronicle of Higher Education* sobre las verdaderas razones por las que las personas (también las que tienen el inglés como lengua materna) deberían aprender otros idiomas. Defendía que existe un malentendido fundamental sobre el papel que debe tener el aprendizaje de idiomas en la educación. Los idiomas son mucho más que herramientas para lograr un fin como vivir, trabajar o estudiar en un país determinado. Son una ventana a otra cultura, a otra forma de ver el mundo. Adquirir otro idioma hace que los estudiantes resuelvan mejor los problemas y que liberen su capacidad para identificarlos; enriquece las formas en que buscan y procesan información y hace que sean conscientes de cuestiones y perspectivas que de otro modo ignorarían. He visto muchas veces que los estudiantes expuestos a dos o más idiomas y culturas son más creativos en su manera de pensar, sobre todo a la hora de abordar problemas complejos sin soluciones sencillas.

Los estudiantes de idiomas, al exponerse a otras culturas y estructuras institucionales, tienen más probabilidades de contemplar opiniones diferentes y discrepantes al abordar un problema desde perspectivas que incorporen los valores y normas de los demás además de los suyos. El conocimiento de otros idiomas también fomenta la tolerancia y el entendimiento mutuo. Así pues, aprender idiomas sirve para mucho más que para poder trabajar en un entorno diferente al propio: es una poderosa forma de apreciar y respetar la diversidad del mundo.

Otra idea equivocada y bastante común sobre estudiar idiomas es que la globalización ha reducido el valor de mercado de la mayoría de ellos, al mismo tiempo que ha aumentado el del inglés, la lengua franca de los negocios, la ciencia y la tecnología.

Según esa lógica, los estudiantes deberían invertir su tiempo y energía en otras materias una vez que dominen el inglés hablado y escrito. Si bien es cierto que las grandes multinacionales utilizan el inglés en sus reuniones más importantes, sigo encontrándome con casos concretos que confirman que si trabajas para una empresa alemana, japonesa, china, sueca o brasileña, más vale hablar el idioma del país de origen o estarás en desventaja a la hora de comprender las sutilezas de la toma de decisiones y de avanzar en tu carrera. El dominio del inglés puede haberse convertido en una cualificación necesaria para trabajar en la mayoría de las organizaciones multinacionales, pero lo cierto es que no es suficiente para seguir una carrera profesional de éxito en un contexto internacional. Si lleváramos al extremo el argumento de que el valor de mercado del inglés está aumentando en relación con el de otros idiomas, entonces eso plantearía —de manera equivocada— a los hablantes nativos de inglés tener que elegir entre dirigir sus esfuerzos al aprendizaje de otro idioma o hacia otras materias académicas.

Muchas universidades han perdido contacto con la realidad cambiante del mundo de los negocios en el ámbito internacional. Algunos programas de grado y posgrado de negocios dicen ofrecer una educación internacional y en algunos casos incluyen breves estancias en el extranjero, pero pocos cuentan con un curso de idiomas riguroso formado por materias básicas aplicables al mundo empresarial. A nivel de posgrado, nos hemos convencido de que un viaje de una o dos semanas para reunirnos con líderes empresariales en algún país puede ser un sustituto del estudio profundo de al menos una lengua y una cultura extranjeras. Si creemos que la educación en gestión global consiste en viajes de estudios en lugar de una enseñanza seria del idioma, nos estamos engañando.

Los estudiantes que se toman en serio la participación en una actividad exigente —ya sea aprender a hablar un idioma o tocar un instrumento musical— están más motivados para aprender otras materias. El estudiante de idiomas no se deja intimidar por la dificultad de la tarea y está ansioso por beneficiarse de la disciplina que entraña la enseñanza de un idioma. Antes de ser decano de la Judge Business School de la Universidad de Cambridge, impartí cursos de sociología y gestión a estudiantes de grado y posgrado durante casi treinta años. Quienes tenían conocimiento de otros idiomas además del inglés solían obtener mejores resultados.

Al restarle importancia al hecho de aprender otros idiomas, estamos perdiendo la oportunidad de formar a nuestros estudiantes para que sean mejores ciudadanos del mundo, y no les estamos aportando la mentalidad y las herramientas que necesitan para comprender y resolver problemas complejos. Aprender un idioma ejercita la mente y enriquece el espíritu. En esencia, se trata de una cura de humildad durante la cual los estudiantes aprenden que su cultura y su forma de expresarla son una cuestión relativa, no absoluta. Esa perspectiva los hace más abiertos a otros puntos de vista y más propensos a evitar soluciones demasiado simples al enfrentarse a los problemas del mundo.

¿Qué pasa con el instituto y la universidad?

«Supongamos que tienes 100 dólares en una cuenta de ahorros y la tasa de interés es del 2 por ciento anual. Cinco años después, ¿cuánto crees que tendrías en la cuenta si dejaras que ese dinero aumentase?» Ésta es una pregunta estándar sobre el interés compuesto que se utiliza a menudo para evaluar el nivel de conocimientos financieros de las personas. Las opciones dadas como posibles respuestas son: (A) más de 102 dólares; (B) exactamente 102 dólares, y (C) menos de 102 dólares. La respuesta correcta es (A), dado que el dinero se deja en la cuenta durante cinco años.

Veamos otra pregunta. «Imagina que la tasa de interés de tu cuenta de ahorros fuera del 1 por ciento anual y la inflación fuera del 2 por ciento anual. Pasado un año, ¿cuántas cosas podrías comprar con el dinero de esta cuenta? Las opciones aquí son: más que hoy, exactamente igual o menos que hoy, siendo esta última la respuesta correcta. Por último, examinemos la pregunta de verdadero/falso: «Comprar acciones de una sola empresa suele proporcionar un rendimiento más seguro que un fondo de inversión inmobiliaria», y la respuesta correcta es que es falso.

Resulta que sólo el 43 por ciento de los graduados universitarios estadounidenses y el 64 por ciento de las personas con un máster o un doctorado indican la respuesta correcta a las tres preguntas. Y eso es mucho más que el 13 por ciento de personas con educación inferior a la secundaria y el 19 por ciento de quienes se han graduado en la escuela secundaria, pero no es suficiente. Si después de diecisiete años de escolarización la mayoría de los graduados universitarios estadounidenses no entienden los conceptos de interés compuesto, tipos de interés real y diversificación de carteras, sin duda hay algo importante que falla en el sistema educativo. Y si sólo uno de cada cinco con estudios de secundaria sabe las respuestas correctas, esto ya es una tragedia nacional. ¿Cómo podemos esperar que tomen decisiones financieras acertadas, ahorren para la jubilación o eviten niveles excesivos de deuda personal? La proporción de personas que sí saben las respuestas es casi el doble en Alemania, Países Bajos y Suiza, pero aun así un tercio de los que tienen títulos universitarios y casi la mitad de quienes cuentan con estudios de secundaria no pudieron acertar todas las respuestas correctas. Y la brecha de género es enorme: las mujeres se quedan por detrás de los hombres entre 8 y 23 puntos porcentuales en esos cuatro países. Mi colega de Wharton, Olivia Mitchell, ha descubierto que las personas que carecen de conocimientos financieros básicos, según lo medido por las pruebas anteriores, no gestionan mejor sus finanzas personales, también en lo tocante a ahorrar lo suficiente para la jubilación.

Gran parte de esta terrible situación tiene que ver con los patrones subyacentes de desigualdad económica. Los porcentajes de personas con conocimientos financieros son menores en Estados Unidos que en Europa, y esto se debe a las desigualdades en el acceso a la educación. Los países europeos suelen tener sistemas de educación primaria y secundaria nacionales (en algunos casos regionales) con estándares nacionales y financiación centralizada. En Estados Unidos, por el contrario, las escuelas se administran a nivel local y se financian principalmente mediante impuestos inmobiliarios. Los municipios más pobres no pueden ofrecer la misma calidad en su educación que los más ricos. Y en las escuelas privadas se magnifican aún más estas desigualdades ya existentes. En el ámbito universitario, las universidades europeas son, de media, mucho mejores que las estadounidenses, aunque no tienen ninguna que se acerque al nivel de Harvard o Yale.

Para Jim Hendler, profesor de informática del Instituto Politécnico Rensselaer, las universidades deben duplicar los estándares que se supone que han de ofrecerse en la educación primaria y secundaria. Las universidades «tendrán que centrarse más en enseñar a los estudiantes a ser aprendices de por vida, además de aumentar el contenido online, la capacitación *in situ* y otros [elementos] similares para aumentar las habilidades en una era de la información que cambia con rapidez». A pesar del auge del aprendizaje online, la mayoría de los expertos todavía consideran que la «experiencia universitaria» como tal es beneficiosa y necesaria. Frank Elavsky, analista de datos de Acumen, sostiene que «las experiencias interpersonales y las humanidades» son en realidad las habilidades más importantes. «Los cuerpos humanos en contacto con otros cuerpos humanos estimulan la verdadera compasión, empatía, vulnerabilidad e inteligencia socioemocional.» Uta Russmann, profesora de marketing de la Universidad de Ciencias Aplicadas de Viena (Austria), sostiene que los grandes programas online no son la solución para desarrollar habilidades sociales sofisticadas, y que las universidades en la actualidad no están bien equipadas para conseguirlo. También cree que, cada vez más, las habilidades se aprenderán en el trabajo.

La revolución digital provocará una conmoción en los colegios y universidades. «Por muy buenos que sean nuestros sistemas de enseñanza online, el actual modelo universitario de cuatro años seguirá siendo el dominante durante bastante tiempo», argumenta David Karger, profesor de informática en el MIT. Cree que la educación online beneficiará a las universidades más famosas porque son una fuente importante de nuevos conocimientos; pero que, por el contrario, las universidades menos conocidas necesitarán cambiar su propuesta de valor. Así, Karger cree que habrá universidades con menos profesores y más asistentes o tutores que ayuden a los estudiantes a aprender online.

Hacer más maleable el modelo secuencial de la vida puede ayudar a mejorar la calidad y el impacto de la educación primaria, secundaria y universitaria. Si tanto los estudiantes como las escuelas tuvieran una segunda o tercera oportunidad de adaptarse y hacerlo bien, entonces quizá los resultados mejorarían. Ése es el tema del próximo capítulo.

5

Tres profesiones en una vida

La vida no va de encontrarse a uno mismo. La vida va de crearse a uno mismo.

GEORGE BERNARD SHAW (1856-1950)

Anita Williams había trabajado quince años como desarrolladora de software después de terminar la universidad. Su empresa la ascendió a jefa de equipo, pero ella era muy consciente de que muchos clientes antiguos suyos usaban ahora sus propias herramientas de inteligencia artificial para hacer el trabajo que antes hacía para ellos. En un momento de reflexión, se dio cuenta de que estaba claro lo que iba a pasar. Las instituciones educativas de todo el mundo habían formado a millones de ingenieros de software durante los veinte años previos. Sólo en la India hay casi diez millones y cada año se gradúan trescientos mil más. Decidió apuntarse a varios cursos online de diseño de interiores como parte de un programa de formación que le permitió certificarse como diseñadora en su municipio. Su opinión era que la inteligencia artificial aún no era capaz de imitar la creatividad y el sentido estético del ser humano. Sin embargo, unos veinte años después, el aprendizaje automático, el reconocimiento de patrones y la realidad virtual habían logrado tales avances que mucha gente aprendió a diseñar su propia cocina online. Algunas herramientas hasta ofrecían presentar de forma automática todos los permisos de construcción requeridos y realizar los pedidos de todos los materiales necesarios y la mano de obra especializada. Ya acercándose a los cincuenta años, Anita decidió apostar por su vertiente creativa y convertirse en artista. Licenciarse en Bellas Artes era una de sus aspiraciones desde hacía mucho tiempo. Con sus hijos ya en la universidad y una considerable cantidad de ahorros en el banco, tenía más libertad para dedicarse a sus intereses. Montó un taller en casa y empezó a vender sus obras por internet.

Esta historia ficticia de Anita no es tan descabellada. La gente de verdad está haciendo este tipo de cambios de profesión. Alisa M. se hizo programadora informática después de ayudar durante años a su exmarido a gestionar un restaurante. «Un amigo me dijo que aprendiese a usar SAP [el gigante informático alemán]... Eso fue en 2003, y yo tenía 45 años.» Había estudiado programación, pero en un campo que evolucionaba tan rápido su formación se quedó tan obsoleta que tuvo que volver a estudiar. «Así que sí, puede ser... Estoy pensando incluso en cambiar de profesión en un par de años, cuando me jubile. Estoy buscando ideas. A lo mejor podrías preguntar a tus lectores: ¿qué se puede hacer después de jubilarte de tu trabajo actual?» Por su parte, el doctor Bernard Remakus había pasado muchos años como profesor y entrenador deportivo en un instituto de secundaria antes de convertirse en médico internista. «Como ya era mayor, mi motivación estaba clara... Creo que tuve muchas ventajas al ir a la facultad de Medicina siendo ya mayor.»

Cada una de esas transiciones tuvo lugar en un momento en que el cambio de profesión era poco habitual, con la excepción de un breve período en el que los empleos en finanzas fueron muy escasos después de la crisis financiera de 2008. «Tener una única carrera profesional o un trabajo de por vida sigue siendo lo normal, sin duda —dice Natasha Stanley, asesora de cambio de profesión en Careershifters, con sede en Reino Unido—, pero cada vez es más común que las personas pasen por al menos un cambio de profesión en su vida.» Al ritmo que la tecnología está cambiando puestos de trabajo y sectores enteros, es posible que tengamos que empezar de nuevo en un tipo de trabajo o profesión nuevos cada veinte años más o menos. A medida que se produzcan estos cambios, las posibilidades de aprendizaje intergeneracional se multiplicarán, al igual que la necesidad de pensar en cómo gestionar una fuerza laboral multigeneracional no sólo con diferentes habilidades y fortalezas, sino también con diferentes valores y actitudes. ¿Cómo dirigirá un líder de equipo de veintitantos años a un *baby-boomer*? ¿Se sentirá cómodo un alfa teniendo sólo compañeros *xennials* y *baby-busters*?

Esperanza de vida × esperanza de vida en buena salud × tecnología = múltiples profesiones

Tenemos que atar cabos para poder entender el futuro. En la raíz de la nueva tendencia de tener varias profesiones a lo largo de la vida se encuentra la convergencia de otras tres sin precedentes. Primero, vivimos más tiempo. Los doce mil estadounidenses que en un día cualquiera celebran su sexagésimo cumpleaños pueden esperar vivir de media otros 23. La cifra es aún mayor en algunos países europeos y asiáticos: 27 años en Japón y Hong Kong; 26 en Australia, Francia, España y Suiza, y 25 en Singapur, Corea del Sur, Canadá, Israel, Grecia, Islandia, Suecia, Irlanda, Portugal, Malta, Noruega, Finlandia y Panamá. La consecuencia inmediata de esta tendencia en auge es que pocas personas han ahorrado suficiente dinero para la jubilación. En segundo lugar, nos mantenemos más sanos que nunca durante más tiempo, como vimos en el capítulo 2. Esto significa que podemos trabajar y tener un estilo de vida activo durante mucho más allá de los sesenta, lo que ya hemos visto que se conoce como «esperanza de vida en buena salud». Y, en tercer lugar, el cambio tecnológico, como vimos en el capítulo 4, está haciendo que todo lo que aprendimos en el colegio se quede obsoleto o anticuado mucho más rápido que antes.

Como resultado de esta coincidencia de tendencias, cada vez más personas de poco más de 40 años verán antes que su base de conocimientos ya no les sirve para competir en el mercado laboral y volverán a estudiar. Pero que no se me malinterprete. No espero que se metan en una residencia de estudiantes, una fraternidad o una hermandad de mujeres del campus universitario. Lo más probable es que hagan uso de algún tipo de plataforma digital para aprender cosas nuevas. Después, volverán a trabajar. Pero a los 60 años, al darse cuenta de que todavía les quedan unos 25 de vida (de media) y de que no tienen ahorros suficientes para una jubilación tan larga, volverán a la fase de estudio y luego a algún trabajo a tiempo completo o parcial.

Mucha gente no sólo cambiará de trabajo; cambiará de carrera profesional, profesión o trabajo, reinventándose cada vez que vuelvan a estudiar. «Se prevé que quienes se incorporan ahora a la población activa tendrán cuatro o cinco profesiones diferentes (no sólo empleos) a lo largo de su vida. Estos cambios profesionales requerirán reequipamiento, capacitación y educación», dice Ray Schroeder, vicerrector asociado de aprendizaje online de la Universidad de Illinois en Springfield.

En la actualidad se ha hecho evidente que el cambio tecnológico hace que a muchos trabajadores les resulte más difícil estar al día. La mayoría de nosotros nos esforzamos por mantener el ritmo de los nuevos avances en nuestra profesión u ocupación. Muchos campos de trabajo se están viendo reducidos debido a la aparición de tecnologías tan revolucionarias como la robótica, la inteligencia artificial y el *blockchain*. Estamos acostumbrados a escuchar cómo la automatización ha provocado la pérdida de empleos en ocupaciones comunes y de baja cualificación. En el futuro, decenas de trabajadores de oficina y directores se pueden ver en la calle por culpa del *blockchain*, que está haciendo que muchos contratos pasen a ser digitales. Entre las responsabilidades de los mandos intermedios están controlar el desempeño de proveedores y empleados, garantizar que se cumplan las cláusulas contractuales y certificar la finalización de las tareas. «El contrato inteligente ofrece una eficiencia casi imposible de igualar con el esfuerzo humano, sobre todo si se verifica la calidad», señala Andrew J. Chapin, empresario tecnológico.

Mi colega de Wharton, Lynn Wu, sostiene que «aunque se

suele creer que los robots reemplazarán el trabajo que hacen los humanos, vemos que las empresas que están utilizando robots con el tiempo contratan a más personas». En cambio, un estudio de veinte años de duración descubrió que la mayoría de las pérdidas de empleo por la automatización se produjeron entre directores y supervisores. «Es menos necesario que los directores supervisen, se aseguren de que los trabajadores lleguen a tiempo, inspeccionen su trabajo, etcétera —señalan—. Los robots pueden registrar con precisión el trabajo que se ha realizado, por lo que no hay costes de agencia ni manipulación de las cifras.»

Aunque hoy día sólo unas pocas personas regresan a la universidad para poder desempeñar una profesión diferente, la tendencia se está acelerando. En 2018, *Forbes* publicaba un reportaje con el título «Volver a la universidad después de los 50: ¿la nueva normalidad?». Según los datos de una encuesta, se lo han planteado el 60 por ciento de los adultos estadounidenses de entre 23 y 55 años sin estudios universitarios. De acuerdo con los datos del Departamento de Educación Estadounidense, llama la atención que más de la mitad de quienes aspiran a tener un título universitario sean adultos que no pudieron continuar los estudios después de la secundaria, en una etapa más temprana de su vida. Las principales consideraciones para asistir —o regresar— a la universidad en una etapa posterior de la vida son el miedo a que su trabajo «se externalice o a quedarse anticuados por las nuevas tecnologías», seguir el ritmo de los trabajadores más jóvenes y afrontar un nuevo reto. En China, una de cada cuatro de los doscientos treinta millones de personas mayores de 60 años asiste a la universidad gracias a un programa patrocinado por el gobierno. Según Xinhua, la agencia oficial de noticias china, «Liu Wenzhi se levanta temprano, prepara el desayuno y manda a sus nietos a la escuela». Luego va a la Universidad para Mayores de Dezhou, en la provincia de Shandong, una de las sesenta mil instituciones similares que hay en China. Asiste a clases de «instrumentos de cuerda, piano electrónico, ópera de Pekín y corte de papel». Yang Ruijun, una exagricultora de 63 años, es la primera de su aldea que asiste a la misma universidad que Wenzhi. Trabaja como profesora de canto.

En 2017, el *Financial Times* publicó un artículo con el llamativo título «Un plan para tener cinco profesiones en la vida: el trabajo es transitorio, la reinvención es racional». Helen Barrett, la autora, en ese momento editora del periódico *Work & Careers*, reflexionaba sobre su propia experiencia. «Cambiar de carrera es un acto difícil, solitario, desalentador y costoso —afirma—. Lo sé muy bien: después de estar diez años en publicidad, me cambié al periodismo cuando tenía treinta y tantos, y eso no sólo implicó empezar desde abajo (un editor muy amable me dijo que yo era "la becaria más vieja que habían tenido nunca"), sino que mi salario también se redujo a la mitad. Tardé cuatro años en ponerme al día.» Después hablaba de la historia de una mujer de unos cincuenta años que estaba a punto de graduarse como abogada, su cuarta carrera después de haber sido profesora, conservadora de museo y profesora de aspirantes a empresarios. ¿Su motivación? «Estaba pensando en su próximo reto. Era el claro ejemplo de la perpetua superación personal.»

En la era de los empresarios exitosos de veintitantos que crean unicornios (compañías valoradas en mil millones de dólares o más), también es reconfortante reflexionar sobre lo que el ingenio y la creatividad humana pueden lograr a los 40 años. Vera Wang, la famosa diseñadora de moda, primero probó suerte en el patinaje artístico, y llegó a competir en el campeonato de Estados Unidos a los 19, lo que le valió un artículo en *Sports Illustrated*. Pero no llegó a lo más alto en ese campo tan competitivo y decidió centrarse en sus estudios. Después de graduarse en la universidad, se convirtió en la editora más joven de la revista *Vogue*, y después estuvo un breve período en Ralph Lauren. A los 40 decidió convertirse en diseñadora independiente de trajes de novia. Y el resto es historia.

La educación online al rescate

Sin embargo, lo del aprendizaje permanente y el cambio de profesión son cosas más fáciles de decir que de hacer. Las dos llevan implícitas un aspecto generacional clave. Para que se conviertan en realidad, deben producirse cambios enormes en las instituciones educativas (desde las escuelas primarias hasta las universidades) y en las empresas, así como en el gobierno. El sector educativo está rígidamente estratificado por edades. Mi propia experiencia como profesor de formación ejecutiva en Wharton y en el programa de grado de la Universidad de Pensilvania para «estudiantes no convencionales» (un eufemismo para referirse a quienes no pudieron asistir a la universidad justo después de la secundaria) me enseñó que tiene todo el sentido del mundo animar a la gente a empezar o volver a estudiar en cualquier momento de la vida. En el mismo sentido, muchísimas escuelas secundarias en todo Estados Unidos participan en programas de educación continua y para adultos. Y aquí está la gran oportunidad: el aprendizaje intergeneracional en un sistema educativo multigeneracional. El programa de la Universidad de Pensilvania separa a los estudiantes de formación de los jóvenes estudiantes universitarios, perdiéndose así enormes posibilidades de aprendizaje intergeneracional, algo que la Universidad de Columbia ha entendido durante años, ya que permite a los estudiantes de entre 30 y 40 años matriculados en la Escuela de Estudios Profesionales mezclarse y asistir a clase con estudiantes en edad universitaria. Con frecuencia se habla de los beneficios de la diversidad en las escuelas o universidades para ilustrar lo enriquecedor que es aprender de los demás. Ya es hora de que los educadores incluyan la diversidad generacional al organizar sus aulas y programas educativos para que el aprendizaje también pueda tener cabida entre generaciones, aprovechando experiencias y habilidades únicas en beneficio de otros que carecen de ellas.

El aprendizaje digital está haciendo que sea más habitual cambiar de profesión. Por ejemplo, Hannah Cross estudió Historia del Arte en la University College de Londres y trabajó para importantes instituciones como la Tate Gallery y el Instituto de Arte Contemporáneo de la capital británica después de graduarse. Sin embargo, decidió cambiar de rumbo y hacerse programadora. Tras realizar un curso intensivo de tres meses, consiguió un trabajo en una nueva empresa. Pero al principio no fue fácil: veía cómo sus colegas solucionaban problemas de codificación muy rápido mientras que ella se las veía y deseaba con los suyos. Sin embargo, perseveró y triunfó en su nuevo trabajo. Martha Chambers, exprofesora de humanidades, se convirtió en ingeniera júnior de software JavaScript en la ITV, la cadena de televisión británica, después de realizar un curso similar. «Lo mejor del curso es que es una forma de adentrarte en todo eso, aunque no seas de esa gente que se pasa horas en su habitación» jugando con dispositivos digitales. Su jefe actual también ha cambiado de carrera: antes era trabajador social.

La tecnología crea el problema de que el conocimiento se quede anticuado y proporciona una solución al permitir el aprendizaje permanente y el cambio de carrera. Los innovadores programas online facilitan que los trabajadores-estudiantes actualicen sus conocimientos y al mismo tiempo puedan atender a sus familias. Los programas de grado de *low-residency*, que combinan presencialidad y enseñanza online, por ejemplo, podrían permitir a personas de todas las edades adaptarse continuamente al cambiante mercado laboral. «Está claro que veremos un gran auge en los programas educativos y de capacitación», dice Michael Wollowski, profesor asociado de Ciencias Informáticas en el Instituto de Tecnología Rose-Hulman. «También veremos lo que podrían llamarse "programas de capacitación bajo demanda o en el trabajo".» David Karger, profesor de Informática en el MIT, señala que muchas de las opciones online son «poco más que libros de texto presentados con demasiada parafernalia», pero cree en el prometedor futuro de la educación online. Por su parte, Barry Chudakov, fundador y director de Sertain Research y StreamFuzion, cree que dejaremos de separar escuela y trabajo. «Se entrelazarán a la perfección en una red de aprendizaje, realización, exposición, experiencia práctica e integración en las propias vidas de los estudiantes.» Él cree firmemente, como yo, que «una manera de derribar estos muros será crear espacios de aprendizaje digital que rivalicen con las aulas en cuanto a "lugares" donde se aprende. A través de la simulación, los juegos y las presentaciones digitales, junto con experiencias prácticas del mundo real, el aprendizaje y la reeducación saldrán de los libros y llegarán al mundo de verdad». Richard Adler, miembro del *think tank* Institute for the Future, prevé que esas tecnologías crearán una experiencia de aprendizaje única «en una amplia variedad de campos». Ray Schroeder va un paso más allá y anticipa «un mayor desarrollo y distribución de las tecnologías de teletransporte holográfico como las desarrolladas por Microsoft, que a través de HoloLens ofrece realidad aumentada tridimensional en tiempo real». La esperanza es que estas herramientas permitan interacciones y compromisos muy realistas. Para Tawny Schlieski, directora de investigación de Intel y presidenta de la organización sin ánimo de lucro Oregon Story Board, las nuevas tecnologías como la realidad virtual y aumentada tienen el potencial de sumergir de verdad a los alumnos en el contexto de lo que aprenden, haciendo que el proceso sea más experimental e interactivo.

Pero la revolución tecnológica en la educación no sólo va de cómo ésta se imparte, sino también de la posibilidad de que las personas se conviertan en aprendices con iniciativa. «No hay ningún ámbito laboral que no pueda aprenderse, total o parcialmente, en programas online bien organizados y gestionados, ya sea a través de formatos de curso tradicional o en opciones de aprendizaje independiente y con iniciativa, que se complementen, si cabe, con prácticas presenciales», dice Fredric Litto, profesor emérito de comunicación de la Universidad de São Paulo (Brasil). Ian O'Byrne, profesor asistente de alfabetización en el College of Charleston, cree que la tecnología dará pie al aprendizaje digital personalizado. «Veremos un aumento en la oferta de contenido prémium o de pago, que creará un espacio donde el aprendizaje y la interacción individualizada permitirán a los mentores guiar a los estudiantes mientras les ofrecen *feedback* crítico. Identificaremos oportunidades para construir una versión digital de los modelos de aprendizaje de oficios que existían antes.» Considera que la posibilidad de fusionar la enseñanza online con el *blockchain* es quizá la más tentadora de todas, dado que promete crear un registro digital descentralizado donde, por un lado, los trabajadores puedan publicar sus habilidades, títulos y experiencia; y, por el otro, las empresas y otras organizaciones puedan buscar el talento que necesitan por sí solas. «Los sistemas de acreditación alternativos y las insignias de formación digitales ofrecerán más detalles que documenten y almacenen el aprendizaje a lo largo del tiempo a partir de formas de enseñanza tradicionales y no tradicionales.» Espera también que la tecnología *blockchain* permita a los estudiantes elegir con precisión a qué partes o módulos de una lección desean acceder y así crear su propia trayectoria de aprendizaje individualizado.

Las limitaciones de esta forma de estudio autodirigida son claras y aún está por ver hasta qué punto la tecnología puede ayudar a superarlas. «El hecho de que se trate de una manera de aprender dirigida por el propio estudiante hace que el proceso de enseñanza y aprendizaje varíe», dice Beth Corzo-Duchardt, profesora del Muhlenberg College. Las investigaciones muestran que los estudiantes que trazan su propio itinerario educativo gozan de una experiencia formativa satisfactoria si cuentan con una buena base educativa y un ambiente familiar de apoyo; y suelen ser estudiantes privilegiados que han desarrollado las habilidades necesarias para aprender por sí mismos y pensar de forma crítica.

Una de las formas en que la educación online puede reducir, y no aumentar, la desigualdad es ofreciendo valor de alta calidad a bajo coste. Baratunde Thurston, director del MIT Media Lab, sostiene: «¿Para qué afrontar una deuda de 100.000 dólares por hacer un grado de cuatro años en una universidad, cuando se puede hacer un curso más específico con un mejor potencial de generación de ingresos garantizado?». Jeff Jarvis, profesor de la Escuela de Periodismo Craig Newmark de la City University de Nueva York, señala que «para que la verdadera innovación llegue a la educación hace falta que el coste marginal de enseñar a un estudiante más sea cero. Y no creo que lo logremos nunca. ¡Los MOOC (cursos online masivos y en abierto) no son la solución!». Prevé que, con el uso de la tecnología, tendrá lugar una «disrupción económica radical», tanto a la hora de ofrecer una experiencia formativa como de certificarla. Marcel Bullinga, un destacado conferenciante, piensa que «el futuro será barato, y también lo será el futuro de la educación». Cree que la educación en gran medida será accesible a bajo coste gracias a la tecnología. «Ya me he cruzado con un anuncio que ofrece licenciaturas por 1.000 dólares (con una aplicación para móvil, por supuesto). Las facultades y las universidades se transformarán igual que lo han hecho las tiendas en los últimos diez años, desde lo basado en lo analógico/humano a lo digital/móvil/basado en la inteligencia artificial.» Estima que la formación educativa online será más popular que el sistema tradicional.

Sin embargo, existen limitaciones en cuanto a lo que se puede lograr online. «La codificación, la capacidad de análisis del *big data*, la gestión eficiente de recursos, el pensamiento abstracto y lógico, la respuesta rápida, la capacidad de pensar a través de sistemas de información, etcétera, serán habilidades necesarias en uno de los sectores de este nuevo lugar de trabajo. En otro, las habilidades necesarias serán la obediencia, la respuesta rápida, la gestión eficiente de clientes/servicios sencillos/máquinas, la capacidad para mantener el orden, la seguridad, la gestión de emergencias, etcétera», dice Simon Gottschalk, sociólogo de la Universidad de Nevada en Las Vegas. Cree que las habilidades sociales se adquieren con más facilidad mediante el aprendizaje presencial. Y es cierto que el aprendizaje online entre pares puede ayudar a superar algunas de las limitaciones, pero quizá no todas. «Sospecho que el enfoque educativo masivo de los MOOC se verá atenuado por un aprendizaje conectado entre pares más sofisticado que atraviese los ámbitos físico y online», señala Marcus Foth, profesor de diseño visual e interactivo en la Universidad Tecnológica de Queensland. «Las más difíciles de superar son las habilidades que requieren interacción humana (por ejemplo, las habilidades médicas que involucran a pacientes)», observa Michael Dyer, especialista informático de UCLA. Él cree que las nuevas tecnologías como la realidad virtual y la inteligencia artificial harán que el aprendizaje online sea mucho más efectivo, escalable y agradable.

Hasta los profesores de humanidades están empezando a reconocer el potencial de la educación online, aunque con algunas salvedades. «El alto coste de la educación superior, el deseo de hacer que la educación esté disponible para un mayor número de personas y el desarrollo de cursos online cada vez más sofisticados» son factores que hacen que las opciones online sean más atractivas, dice Naomi Baron, profesora de Lingüística en la American University. Para ella, el reto principal guarda relación con decidir qué partes de la experiencia de aprendizaje pueden realizarse online y cuáles deben ser presenciales.

En definitiva, el aprendizaje online desempeñará un papel clave en las transiciones laborales y profesionales debido a su disponibilidad, frescura, inmediatez y lo asequible que resulta. Janice R. Lachance, presidenta interina y directora ejecutiva del Better Business Bureau Institute for Marketplace Trust, cree que la enseñanza online es una opción excelente para muchas de las necesidades educativas que existen. «Es fundamental para entrenar las habilidades que se requieren de la noche a la mañana o el desarrollo profesional continuo.» Ella piensa que no formarse ya no es una opción, con independencia de la edad. Según su parecer, la opción online ofrecerá a las personas oportunidades ilimitadas para progresar en su carrera o «simplemente mantenerse al día».

El aprendizaje online evolucionará rápido a medida que crezca la demanda, varíen las ofertas y haya nueva tecnología disponible. Impartí una clase online sobre el metaverso por primera vez en mayo de 2022. Al principio pensé que no era más que otro enfoque elegante de la interacción digital, otra moda pasajera, pero no algo que pudiera agregar valor real más allá de lo que ya podemos lograr a través de las plataformas existentes. Pensé que revolucionaría los juegos, las compras y la atención médica, pero no la educación. Me equivocaba. Cuando aprendamos a utilizarlo de forma eficaz, el metaverso abrirá todo un abanico de nuevas posibilidades para sumergir a los estudiantes en una experiencia de aprendizaje hasta ahora imposible. Me he convertido en un gran admirador del metaverso.

En lugar de escuchar a un experto o a un empresario tras otro, prestemos atención a lo que James Hinton, camionero y escritor, nos tiene que contar. «Un farmacéutico en un lugar remoto como Salmon, Idaho (Estados Unidos), podría sacarse el doctorado en farmacia sin tener que dejar su trabajo ni mudarse.» La educación online promete ampliar los horizontes de las personas que viven en lugares alejados. Él cree que la población rural será la más beneficiada de las opciones educativas online, que podrán conseguir que los jóvenes no migren a una zona urbana importante. «Son progresos muy emocionantes.»

Desde luego que sí.

Las empresas y los gobiernos tienen que cambiar

Según la Oficina de Estadísticas Laborales, el estadounidense medio llega a tener doce empleos entre los 18 y los 50 años, o un nuevo empleo cada 2,7 años, mientras que en Europa y Japón ocurre cada diez. En el futuro, bien podría ser que la métrica cambie de empleos a carreras profesionales a medida que desempeñemos dos o incluso tres ocupaciones o profesiones diferentes. Y eso cambiará no sólo la forma en que vemos nuestras carreras sino también aquella en que contratan las empresas. Las personas de veintitantos años planearán atravesar varias transiciones profesionales en lugar de pasar toda su vida en un solo itinerario profesional. Las empresas tendrán que adaptarse a esta nueva situación. Desde el punto de vista de la contratación, los gerentes y los departamentos de recursos humanos ya no podrán dar por hecho que un empleado júnior tendrá veintitantos años, ya que alguien de 40, 50 o 60 años podrá ingresar en una nueva ocupación y, si ha adquirido las habilidades necesarias, estará tan cualificado como alguien que acabe de graduarse en la escuela secundaria o la universidad.

Las empresas, los gobiernos y las instituciones educativas tienen que cambiar para que el aprendizaje permanente alcance todo su potencial en un contexto multigeneracional. Como empleadores que son, deben entender los beneficios que conlleva que las personas vuelvan a formarse a tiempo completo en varios momentos de sus trayectorias profesionales, pudiendo así aprender de las perspectivas y capacidades de las generaciones más jóvenes. Para lograrlo haría falta financiación, en especial para los trabajadores que perderían sus ingresos al volver a la escuela.

Veamos el caso de Mike, que obtuvo una licenciatura cuando tenía poco más de 60 años, después de treinta trabajando en una empresa de telecomunicaciones. Su empresa tenía un convenio educativo online con el Champlain College en Burlington, Vermont, para animar a los empleados a adquirir nuevas habilidades en áreas como la ciberseguridad.

«Ahora estamos en la etapa de transición en la que los empleadores van perdiendo los prejuicios a la hora de contratar a personas que estudiaron a distancia», señala Litto, de la Universidad de São Paulo, «y ven con buenos ojos a estos "graduados" que, en el trabajo, muestran una actitud más proactiva, con iniciativa, disciplina y colaboración, porque estudiaron online». Charlie Firestone, director ejecutivo del programa de comunicaciones y sociedad y vicepresidente del Instituto Aspen, es muy optimista. «Se avanzará hacia conseguir una acreditación mejor y más precisa de las habilidades y competencias, por ejemplo, mediante insignias y métodos similares.» Sam Punnett, director de investigación de TableRock Media, es de la misma opinión: «Imagino que los empresarios aceptarán los nuevos sistemas de acreditación... Los certificados tradicionales seguirán teniendo valor, pero creo que se valorarán según la capacidad percibida del candidato para "aprender a aprender"». Gottschalk, sociólogo de la Universidad de Nevada, también opina lo mismo. Si bien cree que los empleadores seguirán prefiriendo a un graduado que haya pasado cuatro años en la universidad frente a un estudiante online, cada vez habrá más empleos para los cuales este último podría encajar sin problema o incluso mejor. «En cualquier caso, es probable que esta preferencia también desaparezca con el tiempo.»

Mary Chayko, profesora de comunicación e información en la Universidad Rutgers, ha argumentado de manera convincente que las empresas adoptarán las credenciales educativas online. «Los empleadores valorarán a los aspirantes que estén capacitados en entornos diversos (tradicionales y no tradicionales, presenciales y digitales) y que puedan adaptarse con agilidad al cambio constante.» En otras palabras, la proliferación de cursos y credenciales online no supondrá el fin de la educación tradicional. Hay espacio para las dos modalidades y los empleadores intentarán aprovecharlas. La clave está en que tanto el sistema educativo como el mercado laboral están en continuo movimiento. «Los empresarios no siempre saben cómo contratar para hacer frente a las demandas laborales actuales, y un certificado en un tema en particular puede ser la clave para recibir una oferta de trabajo o quedarse a las puertas», argumenta Lachance. Cree que, si los empresarios aceptan los certificados online, estas opciones proliferarán y mejorará su calidad y diferenciación. Estamos sólo en el comienzo de lo que será un largo proceso de transformación y desarrollo.

Quizá el mayor obstáculo para ese futuro en el que las personas tendrán varias profesiones se encuentre en los gobiernos. Para ciertas ocupaciones, la regulación laboral no pone las cosas fáciles para acreditarse y cambiar de profesión con tiempo suficiente como para aprovechar las oportunidades que surgen a medida que cambia la economía. Además, existe una animadversión hacia el microtrabajo inherente a los sindicatos y los gobiernos. La propia burocracia laboral pública, con sus niveles y grados de detalle, parece estar en contra de la economía impulsada por una tecnología que no para de cambiar.

De hecho, las Administraciones públicas son los principales empleadores en casi todos los países. El gigante tecnológico alemán SAP y el Instituto de Gobierno de Reino Unido afirman, en un informe de 2020, que la tecnología ha transformado del todo el trabajo gubernamental, tanto en términos de gestión y funciones administrativas como en las actuaciones cara a los ciudadanos. La Administración pública en muchos países ha pasado por muchas reformas a lo largo de los últimos cien años, pero todavía está aferrada a los viejos principios de ascensos lineales y complementos por antigüedad, dos cosas del todo incongruentes con las nuevas realidades demográficas, económicas y tecnológicas del siglo XXI. La consultora Deloitte defiende que «los cambios tecnológicos radicales y las nuevas expectativas generacionales sobre el trabajo en la administración pública, junto con los cambios de misión en todo el gobierno, pueden desafiar la noción tradicional de "servicio público", que pasaría del empleo permanente en la administración a uno de carrera funcionarial más flexible». Desde el punto de vista del fin del modelo secuencial de la vida, una función pública que sea más abierta, flexible y permeable (que permita a los empleados rotar dentro y fuera de la administración con mayor facilidad) constituirá la marca distintiva del futuro. Una burocracia estatal rígida hace difícil que los departamentos y agencias gubernamentales se adapten a las nuevas tendencias, sobre todo cuando se intenta retener y atraer talento que cuente con las habilidades necesarias para ser eficientes y eficaces en este nuevo entorno.

Los beneficios (potenciales) de trabajar en un ambiente multigeneracional

Los gobiernos, las empresas y otros tipos de organizaciones están conociendo poco a poco las mieles de la educación digital, el cambio de profesión y los beneficios potenciales de pertenecer a un lugar de trabajo en el que varias generaciones comparten espacio debido al aumento de la esperanza de vida, de la esperanza de vida en buena salud y a la voluntad de seguir trabajando después de la edad de jubilación. La tecnología está potenciando aún más esta tendencia, al hacer posible que las personas de edades más avanzadas trabajen desde casa y al permitirles actualizar sus conocimientos y prolongar así su vida laboral activa. «Ahora mismo existe una demanda creciente para que haya diversidad multigeneracional», escribe Kip Kelly, de la Escuela de Negocios Kenan-Flagler de la Universidad de Carolina del Norte, quien ha realizado una revisión exhaustiva de las investigaciones existentes sobre el tema. Contar con personas de un rango de edades amplio que trabajen codo con codo plantea distintos problemas de gestión de recursos humanos y talento. La razón es que el ambiente de trabajo multigeneracional presenta una oportunidad —y un reto también— a la hora de aprovechar el talento de cada generación.

Tal y como lo ve Kelly, varios estudios sobre el tema apuntan a que la manera que estas generaciones tienen de entender el mundo difiere. La generación grandiosa, la generación silenciosa y quienes fueron niños durante la Segunda Guerra Mundial «crecieron en familias nucleares fuertes donde la crianza de los hijos estaba asociada a la disciplina y la seriedad». Además, se vieron afectadas por la Gran Depresión. Los *baby-boomers* «tienen una fuerte ética del trabajo, no porque lo entiendan como un privilegio —como sí lo ve [la generación silenciosa]—, sino porque les motiva la categoría, el dinero y el prestigio. Son extremadamente leales a sus empleadores y competitivos, y se centran en el servicio y los objetivos que hay que lograr. También son buenos trabajando en equipo». Por tanto, las investigaciones indican que «prefieren jefes que busquen el consenso y los traten como iguales». La generación X experimentó en su juventud y en los primeros años de su edad adulta las repercusiones del movimiento por los derechos civiles, el escándalo del Watergate, la crisis energética, la epidemia de sida y la caída del Muro de Berlín. El número de madres que trabajaban fuera de casa era muy superior al de generaciones anteriores. «Como resultado, fueron independientes muy pronto y aprendieron a convivir con el cambio. Son independientes, resilientes, flexibles y se adaptan con facilidad.» Prefieren contratar a personas que sean «directas, genuinas y no intervencionistas en su enfoque de gestión».

Curiosamente, un estudio de 2013 realizado por la consultora Ernst & Young mostraba que tanto los *baby-boomers* como los *millennials* prefieren trabajar con la generación X debido a las ganas de triunfar que tienen, que se ven atemperadas por su interés por colaborar. De niños, los *millennials* vivieron el 11-S, el aumento del terrorismo dentro de Estados Unidos y los primeros efectos perceptibles de la crisis climática. Su característica clave es su total dominio de la tecnología y su deseo de estar en contacto e intercambiar información a través de las redes sociales. Por lo tanto, esperan más relaciones horizontales y un mayor flujo de información que las generaciones anteriores. «No quieren tener nada que ver con esa jerarquía y rechazan la comunicación tradicional de arriba abajo.» También es la generación más diversa en cuanto a raza, etnia, origen nacional y orientación sexual que haya habido antes en el lugar de trabajo, y la mejor preparada de todos los tiempos, al menos en términos de títulos y credenciales. Según esta investigación, prefieren jefes con un estilo no jerárquico, que crean en el *mentoring* y el *coaching*, y que estén orientados a objetivos pero sin dejar de ser colaborativos. Ahora mismo sólo nos podemos imaginar cómo se comportará la generación Z en el lugar de trabajo. En comparación con los *millennials*, están aún más movidos por la tecnología, son más diversos y tienen más certificaciones.

La investigación también halló que, si bien muchas de esas diferencias intergeneracionales existen, no tienen por qué producir diferentes valores, actitudes y comportamientos en el lugar de trabajo; y que algunas de ellas son estereotipos y ocultan el enorme grado de heterogeneidad que hay en cada generación. Algunas de las diferencias atribuidas a cada generación reflejan la edad más que el contexto, una cuestión que exploraremos más a fondo en el capítulo 9. Entre los muchos beneficios que plantean, se podría destacar que previenen la «fuga de cerebros» de los empleados experimentados que abandonan las empresas, se amplía el total de solicitantes al atraer potenciales empleados de todas las edades y se crea una fuerza laboral más creativa gracias a la diversidad.

Pero, como vimos en el capítulo 1, incluso los partidarios más fervientes del ambiente de trabajo multigeneracional ven también la posibilidad de conflicto. En un estudio, los malentendidos y conflictos intergeneracionales supusieron el 12 por ciento de la semana laboral. Quizá el hallazgo más interesante en esta línea de investigación es que los empleados de diferentes generaciones tienden a acusarse entre sí de los mismos errores; y a lo mejor esto se deba principalmente a malentendidos debidos a los estereotipos y la falta de comunicación. «La comprensión y la comunicación pueden ayudar a minimizar cualquier brecha generacional que se aprecie y a que los empleados se centren en sus valores y expectativas compartidos», concluye Kelly, dando en el clavo.

Lo bueno es que las habilidades sociales que los empleadores exigen cada vez más (véase el capítulo 4) también pueden contribuir a superar el conflicto intergeneracional. «La inteligencia social y emocional ayuda a los jefes a convertir los retos que plantean las diferencias generacionales en algo positivo», sostienen Caroline Ngonyo Njoroge y Rashad Yazdanifard, profesores de la Universidad Limkokwing de Tecnología Creativa en Malasia. Su argumento principal es que la sabiduría convencional se equivoca en el sentido de que las diferencias generacionales no siempre dan lugar a diferencias en motivación y comportamiento. Además, los trabajadores de diferentes generaciones tienen valores e inquietudes comunes. Todas las generaciones anhelan un cierto grado de seguridad y realización laboral. La clave es que los jefes sepan usar la inteligencia social y emocional «para generar un impacto positivo sobre los comportamientos de los empleados que resulten en cuestiones como la satisfacción laboral, las actitudes laborales provechosas, la autoeficacia y el potencial de liderazgo y gestión del cambio».

En su revisión de la investigación existente, Eddy Ng y Emma Parry, de la Universidad Bucknell y la Universidad Cranfield de Reino Unido, respectivamente, señalan que las políticas y prácticas prevalecientes en materia de recursos humanos fueron implementadas por los *baby boomers* para los *baby boomers* en un momento en que «las organizaciones nos esforzábamos por atraer y retener a los *millennials* mientras trabajábamos para extender las carreras de los *baby boomers*». Después de revisar más de cien estudios, vieron que la mayoría de los investigadores no habían logrado separar los efectos de la edad, la época y la generación. Y, en realidad, decir eso es quedarse corto. Una evaluación más precisa vendría a decir que la mayoría de las investigaciones no han conseguido demostrar que existen diferencias generacionales más allá de las relacionadas con la edad y el período histórico, algo que revisaremos en el capítulo 9, cuando analicemos el marketing posgeneracional.

Para complicar aún más las cosas, las generaciones se desarrollan de forma asincrónica según el país. Por ejemplo, los *baby boomers* estadounidenses nacieron en la década de 1950, pero el número de hijos por mujer alcanzó su punto máximo a principios de la década de 1960 en el sur de Europa y la India; a finales de la década de 1960 en China, y a finales de los setenta en África subsahariana. Es desalentador darse cuenta de que la mayor parte de la investigación existente se refiere a Norteamérica y Europa occidental. Ng y Parry concluyen que se necesita una mejor investigación sobre el lugar de trabajo multigeneracional y no depender de «anécdotas y estereotipos provenientes de los medios populares».

El lugar de trabajo se está volviendo muy diferente de lo que solía ser. Nunca hemos visto tantas generaciones trabajando juntas, tantas mujeres empleadas fuera del hogar, tantos empleados sin hijos de entre 30 y 40 años, tantos trabajadores mayores de 60, tanto cambio tecnológico, un paso tan fuerte de lo tradicional a lo secular y tanta presencia de la autoexpresión. Conviene atar los cabos que unen estas tendencias. En pocas palabras, los investigadores del lugar de trabajo multigeneracional deben tener en cuenta los efectos de los cambios demográficos, culturales y tecnológicos actuales. Para ser justos, sí tienen en cuenta lo tecnológico, pero sólo para decir que los miembros de la generación Z son más expertos en tecnología que los *millennials*, y los *millennials* más que los de la generación X, y así sucesivamente. Eso no es más que la punta del iceberg de lo que está pasando. En vez de aplicar los mismos viejos cuestionarios, escalas, experimentos y demás métodos de investigación para intentar comprender un fenómeno que no se presta a enfoques y medidas tradicionales, necesitamos profundizar más para comprender cómo el ocaso del modelo secuencial de la vida está poniendo patas arriba a las organizaciones y al mercado laboral, y cómo repercutirá su desaparición en el lugar de trabajo multigeneracional. Una vez más, vemos a los investigadores (y a los directivos que les hacen caso) intentando solucionar el problema en lugar de disolverlo.

Pensar como los *perennials*

Como vimos en las primeras páginas de este libro, hay empresas con visión de futuro, como BMW, que están disolviendo los problemas asociados a las diferencias, los malentendidos y los conflictos intergeneracionales a los que se enfrentan reorganizándose de forma dinámica para que haya personas de edades muy diferentes trabajando juntas. En 2013, el gigante de servicios financieros The Hartford lanzó un programa de tutoría inversa mediante el cual los empleados *millennials* capacitarían a otras generaciones, sobre todo a ejecutivos, en cuestiones de tecnología digital. Las parejas de mentores y aprendices se reúnen con frecuencia para explorar oportunidades de aprendizaje mutuo. Los consejos sobre tecnología fluyen en una dirección y los consejos comerciales y profesionales en la otra. Brigitte Van Den Houte, vicepresidenta de recursos humanos y gestión de talento global de Pitney Bowes (la firma de transporte marítimo y comercio electrónico mundial), ha creado equipos multifuncionales de edades mixtas de unos quince empleados donde todos tienen la misma influencia a la hora de tomar decisiones, sin importar la edad o la antigüedad. «La manera de trabajar de antes ya no funciona», afirma. En Steelcase, un fabricante de archivadores de Míchigan, los empleados veteranos y los nuevos forman equipos para beneficio mutuo. De hecho, el Pew Research Center documenta que la gente ya no se identifica tanto con las etiquetas generacionales, sobre todo entre los *millennials*, de los que sólo el 40 por ciento se considera parte de esa generación en comparación con el 79 por ciento de los *baby boomers*.

Algunas empresas consultoras como Deloitte han comenzado a vender el concepto de «fuerza laboral multigeneracional». La mayoría de las organizaciones se basan en la edad y la generación para organizar a sus empleados. «Las organizaciones con visión de futuro están cambiando su enfoque en un intento por comprender mejor las actitudes y los valores de la fuerza laboral, mientras aprovechan la tecnología para analizar y generar conocimientos nuevos y más relevantes sobre las necesidades y expectativas de los trabajadores —escriben los consultores Erica Volini, Jeff Schwartz y David Mallon en un informe para un cliente—. Las organizaciones tienen la oportunidad de diseñar e implementar estrategias y programas de fuerza laboral que estén más dirigidos a los atributos individuales de los trabajadores.» El objetivo debería ser mejorar la satisfacción laboral ayudando a las personas a encontrarle sentido al trabajo y que entiendan que con él están contribuyendo a algo más grande.

En otras palabras, en lugar de debatir sin cesar las diferencias generacionales y los estereotipos en el lugar de trabajo, las empresas deberían adoptar el concepto de los *perennials*, un término acuñado en 2016 por la emprendedora Gina Pell. Los *perennials* constituyen «un grupo floreciente de personas de todas las edades, categorías y clases que van más allá de los estereotipos y se relacionan entre sí y con el mundo que los rodea. Y no se definen por su generación». Basándose en este concepto, los consultores de Deloitte sostienen que «el rápido cambio tecnológico y organizativo supone que los trabajadores ahora deben reinventarse varias veces a lo largo de su vida laboral»; así, las expectativas culturales sobre quién debería ser el supervisor o el jefe han cambiado, y una amplia franja de la economía se compone hoy día de empresas fundadas y dirigidas por gente muy joven. Dentro de las organizaciones, argumentan, estas tendencias se traducen en una nueva realidad en la que los becarios de 60 años pueden trabajar con jefes de 20.

Esta inversión de la tradicional jerarquía organizativa por edad comporta que la mayoría de los supuestos incorporados en la gestión de recursos humanos, talento y carrera profesional se estén quedando anticuados. Según el modelo secuencial de la vida, una carrera significaba una progresión lineal de menor a mayor estatus, prestigio, responsabilidad y remuneración. El informe «Global Human Capital Trends» de Deloitte muestra que los empleados ya no vinculan la edad o la generación con las expectativas de avance tanto como lo hacían en el pasado. «Es un cambio radical para los empresarios que provoca variaciones en la autoridad», dice mi colega de Wharton, Peter Cappelli. «De repente, hay personas de 20 y 30 años que trabajan con gente de la edad de sus padres y abuelos y que son sus subordinados o iguales, pero que no están por encima de ellos, como solía pasar antes.»

No sorprende que las empresas tecnológicas parezcan estar a la vanguardia de esta tendencia creciente. «Nuestra plantilla se compone de personas de edades comprendidas entre los 20 y los

50 años, y todos hemos construido este proceso juntos —dice Diana Preziosi, gerente sénior de recursos humanos de Notarize, una plataforma que facilita transacciones online—. La clave está en la combinación de diferentes perspectivas que nos permiten pensar en todo nuestro organigrama en Notarize, en vez de seguir sólo una perspectiva limitada para decidir qué es lo mejor para la plantilla.» Jordan Weisman, director ejecutivo de Project Archer, una empresa de realidad aumentada, señala que «al diseñar el "futuro", nos vemos todo el tiempo aprovechando experiencias relacionadas que tuvieron lugar en el pasado». En su empresa, «los miembros mayores del equipo pueden utilizar referencias de *The Jetsons*, mientras que los más jóvenes echan mano de algo sorprendente de una banda de K-pop que hayan visto en TikTok. El aprendizaje es universal en todo el rango de edades y la combinación de experiencias culturales y temporales está generando un trabajo asombroso». Jordan Feinberg, especialista en adquisición de talentos en GR0, la agencia de marketing digital con sede en Los Ángeles, cuenta: «Hemos descubierto que la creación de minigrupos dentro de nuestra estructura, incluso dentro de los propios departamentos, permite un entorno más abierto y colaborativo en el que las diferentes generaciones pueden darse confianza entre ellas». Por ejemplo, su departamento de optimización de motores de búsqueda (SEO) está dividido en unidades más pequeñas, y cada una de ellas está formada por personas de diferentes generaciones.

Pero las empresas más grandes no siempre están en desventaja a la hora de dejar de prestar atención a la edad y las generaciones como categorías significativas, como demuestran los casos de BMW, The Hartford y Pitney Bowes. Lindsey Pollak se basó en la experiencia de empresas grandes y de renombre tan diversas como AT&T, GE, BNY Mellon y Estée Lauder para su libro *The Remix: Cómo liderar y tener éxito en el lugar de trabajo multigeneracional*, una guía paso a paso para afrontar las nuevas realidades demográficas publicada en 2019. En ella, anima a directivos y empleados por igual a «aceptar el hecho básico de que ninguno de nosotros, de ninguna generación, sobrevivirá si nos quedamos parados y somos reacios al cambio». La adaptabilidad, la flexibilidad, la mentalidad abierta y el rechazo a dar por sentados los viejos supuestos son esenciales para que las organizaciones sean eficaces y las carreras profesionales, satisfactorias. «Tenemos la inmensa fortuna de vivir en la época con más oportunidades, opciones y diversidad que nunca. Es normal que esto asuste y confunda, pero ¿no es también emocionante?»

Visto desde la perspectiva del desmoronamiento del modelo secuencial, el futuro parece muy prometedor. El lugar de trabajo multigeneracional sólo es una manifestación de las muchas consecuencias positivas de una transformación tan trascendental. Otras de ellas serían la eliminación gradual de la jubilación tal como la conocemos, lo que ofrecería a personas de todas las edades una gama más amplia de opciones; la pérdida de vigencia del funcionamiento tradicional de las herencias, lo que reducirá la desigualdad económica; la reactivación del movimiento feminista, que hará del mundo un lugar mejor; un mercado de consumo posgeneracional en el que no se descuide ningún segmento definido por la edad, y, a nivel más amplio, la sociedad posgeneracional. Atentos a los capítulos siguientes.

6

Reinventar la jubilación

> Hay una cosa que siempre quise hacer antes de dejar mi trabajo... ¡Jubilarme!
>
> GROUCHO MARX (1890-1977)

«He conversado con muchos de vosotros sobre vuestros planes una vez que dejéis de trabajar a tiempo completo. Por eso os pedí a algunos que vinierais aquí y contarais en público lo que me dijisteis», dice Don Ezra, escritor, bloguero y exejecutivo de pensiones. Decidió entrevistar a grupos de personas para sondear sus planes y sus ideas sobre la jubilación y así prepararse para la suya. Uno de sus entrevistados le comentó: «Todavía no tengo 40 años, así que me queda un largo camino que recorrer en el futuro. Pero admito que ya estoy preocupado por la jubilación. Me gustaría jubilarme joven. En eso consiste la libertad: no tener que estar en un lugar todos los días, ni siquiera tener que responder ante nadie, ir al gimnasio, hacer recados, lo que sea —explicaba con entusiasmo—. Hay alegrías asociadas al trabajo, pero, para mí, trabajar es sólo un medio para lograr un fin. No estoy seguro de querer trabajar por trabajar». Ese enfoque instrumental del trabajo —un medio para lograr un fin— está muy extendido, porque no hemos pensado con cuidado en cómo dar sentido a cada empleo. Como consecuencia, hemos llegado a entender la jubilación como una aspiración y una liberación.

«Bueno, mi marido y yo tenemos poco más de 40 años. Esperamos jubilarnos en un futuro próximo –decía una segunda entrevistada—. Aunque nos queremos mucho, necesitamos interacción social. ¡Sólo podemos permanecer juntos un tiempo limitado; luego, necesitamos estar con otras personas!» El miedo a estar desconectado en lo social, incluso teniendo al lado a la pareja amada, es otra idea común que lleva a las personas a reflexionar sobre los pros y los contras de la jubilación. «Esperamos tener una buena relación con nuestros hijos y las parejas que elijan, pero eso no lo podemos controlar.» De hecho, la jubilación de los padres puede aumentar el estrés de las parejas jóvenes que quieren tener su propia independencia y vivir sus propias vidas. «¿Qué haremos al final? Queremos evitar los inviernos fríos, así que a lo mejor nos iremos de vacaciones con otra familia (como la de mi hermano). Haremos algún voluntariado. Mi marido es entrenador deportivo. Yo estoy en la iglesia. O también podría ayudar en un centro de cuidados paliativos, ahora que he visto que un amigo ha ido. Algo de participar en alguna recaudación de fondos para buenas causas.» Los jubilados tienden a hacer hincapié en lo mucho que anhelan las relaciones intergeneracionales. «¡Y ser abuelos, por favor! ¡Mimar a nuestros nietos! Sin duda, ayudar a nuestros hijos si necesitan ayuda para criar a los nietos.» Pero eso sería si los nietos nacen antes de que sea demasiado tarde.

Hacer planes para pasar tiempo con los hijos y nietos puede ser difícil. «¿Dónde viviremos? Nuestra casa es demasiado grande. ¿Cerca de los nietos? No es seguro que nuestro hijo se quede donde está —añadió otro entrevistado—. Así que estamos pensando en volver a la ciudad de donde venimos (a nuestros orígenes familiares), pero tendremos que retomar la relación con ellos.»

«Me llamo Toni, y nos jubilamos hace unos años. Toby se jubiló hace varios; yo era profesora y lo hice antes que él. Después nos mudamos a M [un lugar a caballo entre un pueblo pequeño y una comunidad agrícola]. ¡Y la verdad es que eso es todo!» Toni tiene una actitud muy crítica con la vida y es feliz dejándose llevar. «¡Mi cuñado se burla diciendo que nos despertamos sin tener nada que hacer y al final del día todavía tenemos la mitad sin hacer!» Para matar el tiempo y sentirse útiles, colaboran como voluntarios con diversas causas. «Llevamos a las personas mayores por ahí, les leemos y ayudamos a organizar cosas. Si de verdad quieres encontrar algo que hacer, la lista es interminable», dice Toby. «¡Y luego, por supuesto, nuestros nietos! Siempre nos ha encantado ir a verlos y, después de que Toby se jubilara, podíamos estar aún más cerca —dice Toni—. Y sus padres están contentos de tenernos aquí, porque nos llevamos bien y así pueden trabajar los dos. Así que, entre cuidar a los niños, llevarlos al colegio y traerlos de vuelta a casa, ¡sí, estamos muy ocupados!»

Don le pregunta: «¿Y algo más?». Toni se emociona. «¡Huy, mucho más! Nuestra vida social incluye la iglesia, un club de lectura y otros grupos de gente de por aquí. Leemos mucho. Nos gusta escuchar nuestra música antigua. ¡Hasta vamos a bailes! En resumen, estamos muy ocupados. Pero, como decía, no hay nada diferente que nos convierta en modelos a seguir de nadie. A nosotros nos va bien así.» Cuando se les pregunta si se hicieron enseguida a su nueva vida como jubilados, responden que no con contundencia. «En realidad, llevó algo de tiempo. Es una comunidad unida. Al principio nos sentimos un poco extraños, pero la iglesia y el club de lectura nos ayudaron. Y, por supuesto, también contribuyeron nuestros nietos y las actividades escolares. Nosotros y los otros padres y abuelos tenemos mucha relación a través de ellos.»

El hecho de que a la mayoría le cueste dar sentido a la decisión de jubilarse y dejar de trabajar a tiempo completo hace pensar que la jubilación es uno de los aspectos más sobrevalorados de la vida moderna. «Creo que la jubilación debería evitarse en la medida de lo posible —dice Eric Brotman, planificador financiero para la jubilación—. Por lo general, no se puede revertir... Es peligroso para la salud... Hace que peligren los ahorros.» Aunque la jubilación sí se puede revertir, al menos en parte, y aunque no existen pruebas de que sea perjudicial para la salud o la economía de las personas, lo que dice Brotman tiene sentido: hemos puesto la jubilación sobre un pedestal y, en muchos países, la hemos consagrado como un derecho constitucional. Veamos qué dice la evidencia sobre las virtudes y los costes de la jubilación.

De las muchas consecuencias de la jubilación, la de su impacto en la salud es un tema muy debatido entre los investigadores. Cualquier transición en la vida genera estrés, ya que el cuerpo y la mente necesitan tiempo para adaptarse. La jubilación puede llevar al aislamiento social y la inactividad, que a su vez pueden socavar gravemente la salud física y mental. Y la falta de dinero puede aumentar la ansiedad. Sin embargo, la mayoría de las investigaciones no han descubierto que la jubilación genere impacto alguno en el estado de salud o un impacto levemente positivo. Las diferencias entre quienes tienen trabajos de oficina o manuales son insignificantes, pero los jubilados de los niveles socioeconómicos más bajos tienden a beneficiarse más de la jubilación. La revisión más reciente de las investigaciones previas concluyó que no había «una relación entre la jubilación anticipada, en comparación con la vida laboral continuada, y la mortalidad». Si bien «la jubilación a tiempo, comparada con seguir trabajando después de la jubilación, se asoció con un mayor riesgo de mortalidad», la correlación desaparecía en los estudios en los que se tuvo en cuenta el estado de salud antes de la jubilación, como debe ser. En resumen, el hecho y el momento de la jubilación no parecen tener un efecto sistemático sobre la salud y la mortalidad.

Un panorama similar surge en el caso del efecto de la jubilación sobre el bienestar financiero. Va más allá de lo obvio afirmar que la jubilación ralentiza y puede llegar a revertir el proceso de acumulación de riqueza, ya que la gente utiliza sus ahorros y el derecho a la pensión para subsistir. El peligro radica en hacer suposiciones demasiado optimistas sobre los niveles de gasto y el rendimiento de las inversiones después de jubilarse. Y, además, a veces surgen contratiempos, como gastos imprevistos de atención médica o emergencias familiares. Pero lo que yo defiendo es que el modelo secuencial de la vida presiona demasiado a los trabajadores para que ahorren para su jubilación y a los gobiernos para que cumplan las promesas que hicieron cuando la estructura de edad de la población permitía que los sistemas de pensiones clásicos fueran viables en términos financieros.

Según la Encuesta de Jubilación Transamérica de 2021, el principal temor entre los estadounidenses de diferentes generaciones es vivir más años de lo que durarán sus ahorros (un 42 por ciento de los encuestados), seguido de cerca por experimentar un deterioro de la salud que requiera atención a largo plazo y la reducción o eliminación de la Seguridad Social en el futuro. La parte reveladora de verdad de la encuesta es que vivir más años que los ahorros es el temor número uno no sólo entre los *baby boomers* y la generación X, sino también entre los *millennials* (empatados en el primer lugar con el deterioro de la salud), aunque todavía les faltan décadas para llegar a la jubilación. Incluso para los trabajadores de la generación Z, mucho más jóvenes, vivir más años de los que puedan costear con los ahorros de la jubilación es el segundo mayor temor, después de no ser capaces de cubrir las necesidades básicas de la familia. Por tanto, las presiones financieras relativas a la jubilación parecen afectar incluso a las generaciones más jóvenes de trabajadores. Y el miedo no lo desencadena la jubilación, sino que es algo que se presenta en los primeros años de la vida adulta, y sorprende ver que prevalece sobre otras cuestiones como el deterioro cognitivo, la pérdida de la independencia, la sensación de soledad, la disponibilidad de una vivienda asequible y el despido. Es revelador que una proporción muy pequeña de trabajadores jóvenes afirme no tener miedo a la jubilación: el 6 por ciento de la generación Z y el 8 por ciento de los *millennials*.

Y la jubilación no siempre conlleva disfrutar de más tiempo de calidad. Según la Oficina de Estadísticas Laborales, los estadounidenses de 65 años o más que no trabajan tienen más tiempo disponible para el ocio; pero, en lugar de pasar mucho más tiempo leyendo o socializando, la mayoría aumenta la cantidad de tiempo que pasa viendo televisión, de 2,9 horas diarias entre los que trabajan a 4,6 horas entre los que no lo hacen. Por lo tanto, la gente no opta por viajar ni hacer ejercicio cuando se jubila, y las consecuencias de esto pueden ser nefastas.

Un grupo de investigadores de la University College de Londres analizaron datos del Estudio Longitudinal Inglés sobre el Envejecimiento (ELSA), llevado a cabo con 3.662 adultos de 50 años o más. «El análisis reveló que, a lo largo de los seis años que cubrió el estudio, quienes veían la televisión durante 3,5 horas o más al día tenían una disminución media del 8 al 10 por ciento en la memoria relacionada con las palabras y el lenguaje.» Las personas que veían menos la televisión experimentaron la mitad de esta disminución. «La televisión se ha descrito como una actividad cultural única, en el sentido de que por una parte combina estímulos sensoriales densos, fragmentarios, fuertes y que cambian con rapidez; y, por el otro, la pasividad del espectador.» Dado que la cantidad de tiempo que se puede dedicar a las actividades es limitada, esa pérdida no sólo surge del efecto negativo de ver la televisión en estado de «alerta pasiva», sino también de no participar en actividades cognitivamente beneficiosas como leer, jugar, visitar un museo, hablar con amigos y familiares o viajar.

Más allá de la televisión, las personas mayores pasan más tiempo frente a las pantallas en general, incluidos los smartphones, tabletas y ordenadores. En 2019, el Pew Research Center informó de que, durante un período de diez años, los estadounidenses de 60 años o más pasaron más tiempo frente a las pantallas y menos socializando y leyendo. Aunque por lógica diríamos que los *millennials* y la generación Z pasan una cantidad considerable de tiempo usando aparatos electrónicos, una encuesta de Nielsen halló que las personas mayores estadounidenses invierten ahora casi diez horas al día frente a las pantallas, un 12 por ciento más que las del grupo de 35 a 45 años, y un tremendo 33 por ciento más que los de 18 a 34.

«Es importante reconocer la diferencia entre el tiempo bueno y malo que se pasa frente a una pantalla», argumenta John Marick, director ejecutivo de Consumer Cellular, una empresa concesionaria de servicios inalámbricos centrada en las necesidades del segmento de mercado de más de 50 años. «Cuando utilizas la tecnología sólo como entretenimiento mental, para distraerte o porque estás aburrido, la cosa puede acabar mal.» La AARP, si bien reconoce el problema, también señala que los adultos mayores pueden invertir el tiempo frente a la pantalla de forma positiva, viendo una charla TED o un documental sobre la naturaleza, leyendo el periódico, grabando un vídeo con cuentos para los nietos y visitando lugares online. Y tal vez los dispositivos digitales puedan ayudar a romper con todo el concepto de la jubilación al permitir prácticas laborales flexibles.

La cosificación de la jubilación, así como sus temores y aspectos no tan buenos, dicen mucho de lo necesario que es que la sociedad cambie de rumbo y desafíe la secuencia de etapas de la vida que tanta angustia genera en las personas desde los primeros días de nuestra experiencia laboral. ¿Qué alternativas hay? ¿Serán de ayuda los gobiernos y las empresas? ¿Puede la tecnología salir al rescate?

Vientos de cambio

«Hoy he trabajado, jugado, comprado y pagado todo online», dice el nuevo arquetipo del abuelo estadounidense. Antes de que termine la década de 2020, habrá más trabajadores autónomos y compradores online mayores de 60 años que menores de 30. Esto se debe a que en la sociedad posgeneracional contaremos con un número mucho mayor de personas mayores de 60 años que menores de 30, y la tecnología cambiará el estilo de vida de todos, con independencia de su edad. «No dejamos de jugar porque envejecemos —dijo el dramaturgo George Bernard Shaw—: Envejecemos porque dejamos de jugar.» Incluso antes de que estallara la pandemia, una proporción significativa de personas de 60 años o más aprovechaba las nuevas tecnologías para jugar, aprender, trabajar y comprar de manera más cómoda y eficiente. Si bien persisten las desigualdades en el acceso a internet, el confinamiento y el distanciamiento social obligaron a los más recalcitrantes a utilizar plataformas digitales por primera vez, y a muchos de ellos les pareció útil y divertido. Estamos en un momento de la historia en el que la edad importa mucho menos que antes a la hora de adoptar nuevas formas de hacer las cosas y de disfrutar la vida.

Y a medida que nuestra longevidad aumente y sigamos siendo activos, también veremos cada vez más personas que reconsideren la jubilación. La película de 2015 *El becario* nos da una idea ingeniosa de cómo podría suceder. En ella, Robert De Niro interpreta a Ben Whittaker, un viudo de 70 años que se queja de la insoportable monotonía que implica estar jubilado. «¿Que cómo paso el resto de mis días? Con todo lo que se te ocurra. Golf. Libros. Películas. Jugar al chinchón. Probé con el yoga, aprendí a cocinar, me compré algunas plantas, fui a clases de chino mandarín —y esto lo dice en chino—. De verdad, lo he intentado todo.» Al final, empieza a trabajar en una nueva empresa de moda online de Brooklyn gracias a un programa para atraer talento sénior, que dirige la fundadora y directora ejecutiva Jules Ostin (Anne Hathaway), y acaba convirtiéndose en su asesor y confidente más cercano, y también en un hombre mucho más feliz.

Sin duda está claro que las personas que desempeñan determinados trabajos manuales y físicos no pueden trabajar indefinidamente. Los pilotos de avión, por ejemplo, tienen la obligación legal de jubilarse a los 65 años, un límite de edad que el Congreso estadounidense elevó 5 años en 2009. A partir de cierta edad, los trabajos que implican llevar a cabo un esfuerzo físico mayúsculo y, en algunos casos, peligroso (desde la agricultura y la minería hasta la construcción, la manufactura, la vigilancia y la extinción de incendios) podrían no realizarse con seguridad. Pero eso no significa que esos trabajadores tengan que jubilarse si sus empleadores les dan la oportunidad de pasarse a trabajos físicamente menos exigentes o de volver a estudiar. Otras ocupaciones, como la enseñanza y el trabajo intelectual, no están sujetas a restricciones estrictas de edad. «La vejez trata con bastante gentileza a los escritores independientes», observó John Updike. Desde luego, para profesores como yo es más fácil seguir trabajando por tiempo indefinido.

En gran parte de Europa, la edad de jubilación obligatoria oscila entre los 60 y los 67 años, aunque la mayoría de las personas siguen siendo capaces de continuar trabajando para contribuir a la economía sin ningún problema. Pese a los frecuentes esfuerzos para considerar esto discriminación por razón de edad, los tribunales han rechazado el argumento y la mayoría de los gobiernos temen que eliminar los límites de edad pueda aumentar el desempleo. Para empeorar las cosas, en Austria, Bulgaria, Croacia, República Checa, Italia, Lituania, Polonia, Rumanía y Eslovenia, la edad de jubilación obligatoria de las mujeres es hasta 5 años menor que la de los hombres, aunque de media las mujeres europeas viven casi siete años más que los hombres.

La situación es aún más complicada en China, donde la edad de jubilación se fijó en 60 años para todos los hombres, en 55 para las mujeres en puestos gubernamentales y en 50 para las trabajadoras manuales. Como resultado, la edad promedio de jubilación es de 54 años, unos diez menos que en los países más ricos del mundo. Es evidente que el aumento de la esperanza de vida y la disminución de la natalidad, incluso tras el fin de la política del hijo único, exigen que tenga lugar un aumento de la edad de jubilación. Pero el gobierno se encuentra en una situación imposible. Aumentar la edad de jubilación puede ser contraproducente porque muchas parejas jóvenes en China dependen de sus padres jubilados para el cuidado de sus hijos. De hecho, un estudio estimó que la probabilidad de tener un hijo aumentaba en más del 60 por ciento después de que uno de los padres se jubilara. Por lo tanto, las autoridades chinas se encuentran en un dramático callejón sin salida.

Aunque los gobiernos no suelen modificar la edad de jubilación obligatoria, las decisiones reales de las personas en cuanto a la edad de jubilación han evolucionado a gran velocidad. La edad media de jubilación efectiva entre los hombres en Europa y Estados Unidos disminuyó hasta finales de la década de 1990, gracias a las generosas pensiones y los incentivos de jubilación anticipada que ofrecían las industrias en declive. Con el cambio de siglo, la situación empezó a dar un giro notable. La creciente desigualdad, la disminución de los ahorros personales y el impacto de la crisis financiera mundial de 2008 obligaron a la gente a trabajar hasta una edad más avanzada. En 2018, los hombres y mujeres estadounidenses se jubilaron de media entre 3,1 y 2,8 años más tarde que en 2000, respectivamente (véase la tabla 6.1). En la Unión Europea, el aumento general de la edad efectiva de jubilación ha sido menos pronunciado en los países miembros del este y del sur (como Francia), y Europa central y septentrional se aproxima a la tendencia estadounidense. En Reino Unido, la tendencia ha estado más cerca de Francia que de Alemania. Mientras tanto, las mujeres canadienses han aumentado su edad de jubilación más rápido que los hombres. Pero los mayores aumentos a nivel mundial se dan en Australia, Nueva Zelanda, los países ricos del este de Asia, como Corea del Sur, y partes de Oriente Próximo (como, por ejemplo, Turquía). Mientras tanto, en muchos mercados emergentes se está produciendo la tendencia opuesta: la edad media efectiva de jubilación sigue disminuyendo en México y la India, y se estanca en Brasil y Chile. Si bien la tabla 6.1 no incluye datos de China, la edad efectiva de jubilación también allí está disminuyendo.

Tabla 6.1. Edad media efectiva de jubilación

	Hombres				Mujeres				Cambio de 2000 a 2018	
	1970	1980	2000	2018	1970	1980	2000	2018	Hombres	Mujeres
Estados Unidos	68,4	66,4	64,8	67,9	67,9	66,3	63,7	66,5	3,1	2,8
Unión Europea -27	68,4	65,1	61,5	64,0	65,8	62,9	59,7	62,4	2,5	2,7
Francia	67,9	63,6	59,0	60,8	68,8	63,9	58,6	60,8	1,8	2,2
Alemania	66,5	63,1	61,0	64,0	64,2	60,9	60,3	63,6	3,0	3,3
Italia	64,9	61,9	60,4	63,3	61,8	61,9	58,4	61,5	2,9	3,1
Polonia	73,6	68,0	61,6	62,8	72,2	65,1	59,2	60,6	1,2	1,4
España	69,4	64,8	61,6	62,1	69,0	66,6	61,8	61,3	0,5	−0,5
Suecia	67,9	65,3	63,7	66,4	66,6	64,0	62,4	65,4	2,7	3,0
Reino Unido	67,7	66,0	62,5	64,7	65,7	62,6	60,9	63,6	2,2	2,7
Canadá	66,0	65,1	62,7	65,5	66,3	63,9	60,8	64,0	2,8	3,2
Australia	67,4	64,1	62,0	65,3	65,2	60,0	59,6	64,3	3,3	4,7
Nueva Zelandia	69,6	66,3	64,3	69,8	69,0	63,8	59,9	66,4	5,5	6,5
Brasil	72,1	69,7	66,7	66,6	73,6	73,3	62,8	63,3	−0,1	0,5
México	..	78,6	74,5	71,3	..	78,7	69,6	66,5	−3,2	−3,1
Chile	70,8	69,2	69,9	70,0	65,9	67,0	67,4	66,7	0,1	−0,7
Israel	..	..	66,3	69,4	..	..	64,1	66,0	3,1	1,9
Turquía	68,6	68,3	61,6	66,3	57,4	64,8	57,0	64,9	4,7	7,9
Japón	72,8	71,0	70,1	70,8	68,4	66,6	66,2	69,1	0,7	2,9
Corea del Sur	65,7	68,4	67,0	72,3	63,1	64,4	65,8	72,3	5,3	6,5
China	..	..	66,5		..	..	59,0		..	..
India	..	..	72,0	69,8	..	..	70,6	62,3	−2,2	−8,3

Fuente: OCDE.

Así pues, podemos observar una separación en el mundo. Si bien tanto la duración de la vida como la de la salud siguen aumentando en todos los países, con el tiempo las personas se jubilan más tarde en las regiones más desarrolladas, pero antes en muchos mercados emergentes. La razón tiene poco que ver con las diferencias en el desempeño económico. Más bien, desde principios del siglo XXI, estas tendencias en apariencia dispares están impulsadas por lo que ocurrió en las décadas de 1970 y 1980. Las edades medias de jubilación efectiva cayeron con demasiada rapidez en Europa, Estados Unidos, Canadá, Australia y Nueva Zelanda, y ahora están convergiendo desde abajo con los mercados emergentes. Mientras tanto, varios mercados emergentes lo están haciendo desde arriba con los países desarrollados. Las dos excepciones a este patrón general son Japón y Corea del Sur, donde la edad efectiva de jubilación nunca disminuyó mucho, aunque hoy día está aumentando.

Parece razonable decir que, si las personas ya se están jubilando algo más tarde, existe la oportunidad de aprovechar la situación e idear nuevas formas de garantizar que puedan trabajar todo el tiempo que deseen o necesiten. Como vimos en el capítulo 2, y de forma específica en la tabla 2.1, hay un amplio margen de maniobra para que los trabajadores se jubilen más tarde sin agotar por completo los años que les quedan de salud: unos diez años para los hombres y doce para las mujeres, contando a partir de los sesenta y cinco. De este modo, las personas podrán seguir trabajando más allá de la edad habitual de jubilación y seguir disfrutando de varios años de jubilación con buena salud. Después de todo, posponer la jubilación es beneficioso para la sociedad y la economía, puesto que reduce el conflicto intergeneracional que pueda tener lugar sobre quién paga las pensiones y la atención sanitaria. Además, podríamos aprovechar la creciente edad efectiva de jubilación para abordar la soledad, reestructurar el mercado laboral, hacer la economía más dinámica y crear oportunidades para la colaboración intergeneracional.

Adivina qué grupo de edad representa la mayoría del crecimiento neto de empleo

«El empleo total en Estados Unidos creció -n 11.767.000 puestos, o el 8,5 por ciento, en el período de veinte años que concluyó en diciembre de 2020 —afirmaban desde el Banco de la Reserva Federal de St. Louis en 2021—. Todo ese crecimiento (11.879.000 puestos, o el 101 por ciento del total) se debió al aumento del empleo de las personas de 60 años o más. Mientras tanto, el cambio neto en el empleo durante las últimas dos décadas para las personas de entre 16 y 59 años fue de –112.000.» Aunque hay 2,4 veces más estadounidenses de entre 16 y 59 años que mayores de 60, este último grupo está creciendo ocho veces más rápido. Además, hay menos jóvenes empleados, pero hay más personas mayores de 60 años que continúan empleadas o se jubilan y encuentran trabajo después de la jubilación. «El envejecimiento de la población y las tasas de empleo divergentes entre los grupos de edad dieron como resultado un fuerte sesgo del crecimiento del empleo hacia los trabajadores de mayor edad durante las últimas dos décadas.» El informe de la Reserva Federal de St. Louis asegura que sigue habiendo sin duda dos tendencias: un mayor número de personas mayores de 60 años y una mayor proporción de ellas empleadas.

En la raíz de este crecimiento del empleo hay una nueva concepción de la vida, el trabajo y la edad. El primer paso es crear una nueva mentalidad en torno al envejecimiento. «La visión tradicional de la vida era que alcanzaríamos su punto álgido hacia la mitad de ella, nos jubilaríamos y entraríamos en declive —argumenta Jo Ann Jenkins, directora ejecutiva de AARP, la organización de defensa de los jubilados más grande de Estados Unidos—. La gente está entendiendo la edad como un período de crecimiento continuo.» El problema del sistema de jubilación existente es que hace que se dependa de combinar de alguna manera Seguridad Social, pensiones de los empleadores y ahorros o activos personales en lugar de empoderar a la gente para que controle las últimas dos décadas de sus vidas. «En lugar de ver jubilados dependientes sin más, estamos empezando a ver un nuevo tipo de fuerza laboral experimentada y capacitada. En lugar de ver costes elevados, estamos siendo testigos de un mercado de consumo en expansión que está impulsando nuestra economía. En lugar de ver un grupo creciente de personas dependientes, estamos viendo el crecimiento de comunidades multigeneracionales con nuevas y distintas fortalezas.» Jenkins propone precisamente desdibujar los límites entre educación, trabajo y jubilación. «Un aspecto fundamental de ese modelo de jubilación con el que la mayoría de nosotros hemos crecido es la libertad que da el trabajo. Hoy día, una parte clave de esta mediana edad ampliada es que cuentan con libertad para trabajar.»

Sin embargo, encontrar empleo después de los 60 sigue siendo muy difícil para muchas personas. «Sin duda, un factor que limita las oportunidades laborales de los trabajadores mayores es la discriminación que hacen los empresarios —sostienen Katharine Abraham, de la Universidad de Maryland, y Susan Houseman, del Instituto W. E. Upjohn para la Investigación del Empleo—. En respuesta a una encuesta de AARP realizada en 2017, el 61 por ciento de los trabajadores de 45 años o más dijeron que habían experimentado u observado discriminación por razón de edad en el lugar de trabajo.» Los estudios experimentales en los que los investigadores envían currículos idénticos, salvo por la edad del solicitante, revelan el alcance de esta discriminación. En uno de estos estudios, las tasas de entrevistas fueron más de un 40 por ciento más altas para el grupo de edad de 35 a 45 años que para los de 50 a 62. Este patrón se aplica a diferentes trabajos y ocupaciones, con independencia del nivel de habilidades o requisitos educativos. Entonces, ¿cuáles son las nuevas oportunidades que podrían ayudarnos a superar las limitaciones del modelo secuencial de la vida en lo que respecta a los que solían ser nuestros años de jubilación?

Trabajo posjubilación

Casi uno de cada tres estadounidenses oficialmente jubilados trabaja a cambio de un salario. La proporción es similar en muchos otros países fuera de Europa. En una extensa revisión de investigaciones sobre trabajadores después de la jubilación, Sherry Sullivan y Akram Al Ariss encontraron que las necesidades financieras son el motivo principal para buscar empleo después de jubilarse, pero el nivel de educación también se correlaciona con tasas más altas de trabajo posjubilación. La escasez de determinadas ocupaciones profesionales facilita que esos trabajadores encuentren empleo a tiempo parcial o completo. «De manera significativa, los jubilados con niveles más altos de educación tenían más probabilidades de lograr empleos remunerados después de la jubilación, o combinar el empleo remunerado con el trabajo voluntario no remunerado, que aquellos con menor educación.»

La psicología también desempeña un papel importante. «Quienes veían el trabajo como una actividad que satisface necesidades sociales y personales eran más propensos a desempeñar un trabajo remunerado posterior a la jubilación.» Las consideraciones psicológicas también están detrás de los motivos para realizar un trabajo filantrópico o emprender con un negocio. «Quienes percibían que el trabajo satisfacía sus necesidades de contribución (por ejemplo, la oportunidad de transmitir conocimientos a otros y ayudar a la sociedad) tenían más probabilidades de participar en actividades de voluntariado o de cuidado no remuneradas.» Otros investigadores observaron que los jubilados parciales que están centrados en la independencia y la realización personal tienden a trabajar por cuenta propia, mientras que quienes quieren contribuir a la sociedad o tener algo físico y mental que hacer es más probable que estén empleados por cuenta ajena.

Esta evidencia psicológica sugiere con rotundidad que el trabajo posterior a la jubilación no es sólo el resultado de errores de cálculo financieros o una mala planificación (darse cuenta después de jubilarse de que la pensión y los ahorros pueden no ser suficientes), sino el resultado de la combinación, más compleja, de echar de menos el trabajo e incluso la planificación. Según una investigación basada en el Estudio de Salud y Jubilación de Estados Unidos, más del 80 por ciento de quienes trabajan tras la jubilación esperaban trabajar llegado ese momento. «La información que se conoce antes de la jubilación predice lo que ocurrirá tras ella casi con tanta certeza como las que se conocen antes y después juntas —sostiene Nicole Maestas, economista de la Facultad de Medicina de Harvard—. Para la minoría de no jubilados que se desviaron de sus expectativas previas a la jubilación de no trabajar, hay poca evidencia de que los reveses financieros tuvieran un papel significativo.» Más bien, explica, las personas toman decisiones laborales posteriores a la jubilación después de abandonar la población activa. «En todo caso, los datos apuntan a que tienen lugar *shocks* de preferencias: parece que para algunas personas la jubilación es menos satisfactoria de lo previsto.» Al fin y al cabo, la decisión laboral posterior a la jubilación viene motivada sobre todo por «expectativas laborales incumplidas» y no por «expectativas de ocio incumplidas». En otras palabras, los jubilados que buscan trabajo no están insatisfechos por la parte ociosa de la jubilación, sino por el disgusto de no trabajar.

En cualquier caso, Maestas calculó que casi el 40 por ciento de todos los jubilados, y hasta el 53 por ciento de los que se jubilan por anticipado, al final vuelven a trabajar. El trabajo posterior a la jubilación tiene características diferentes al trabajo previo a ella. Las personas que trabajan después de jubilarse reciben un salario bastante inferior y no es tan habitual que el empleador proporcione un seguro de atención médica. Los trabajadores posjubilados evitan trabajos con altas exigencias físicas y tienden a abandonar la manufactura para buscar oportunidades en el sector servicios.

Quizá el aspecto más interesante de los diferentes tipos de transiciones que atraviesan los trabajadores después de la jubilación tiene que ver con si pasan directos de un trabajo de tiempo completo a estar jubilados —pero trabajando a tiempo parcial— o de un trabajo de tiempo completo a una jubilación total y luego vuelven a algún tipo de empleo. En este segundo caso, el modelo secuencial de la vida se invierte del todo, ya que el trabajador avanza y retrocede entre etapas. Maestas descubrió en su investigación que las personas a las que, en principio, les resulta más fácil encontrar trabajo después de la jubilación prefieren jubilarse de manera parcial. Por el contrario, quienes encuentran más dificultades o necesitan aprender nuevas habilidades primero se jubilan y luego trabajan tras la jubilación. En el futuro, se puede esperar que las personas que se jubilan utilicen el tiempo extra que tienen para volver al modo de aprendizaje a tiempo completo, explorar nuevas ocupaciones y buscar una que se ajuste a sus necesidades y preferencias. De hecho, Maestas también descubrió que «quienes no se jubilan tienen más probabilidades de haber cambiado de ocupación que quienes hicieron la transición directa a la jubilación parcial». Esto significa que dentro de los grupos de mayor edad el modelo secuencial de la vida puede estar dando paso a cambios más complejos: del trabajo a la jubilación, de la jubilación al aprendizaje y del aprendizaje al trabajo.

Trabajo y tecnología para séniors

Pensemos en cómo la tecnología está cambiando las tareas laborales que realizamos como seres humanos. Jane Falkingham, gerontóloga de la Universidad de Southampton, sostiene que el trabajo manual duro lo realizan cada vez más máquinas o robots. «Está cambiando la naturaleza del trabajo, lo que también facilitará que las personas trabajen más tiempo.»

Los defensores de la diversidad de edades y la inclusión en el lugar de trabajo creen que la tecnología elimina las desventajas del envejecimiento y libera el potencial de un lugar de trabajo multigeneracional. «Los empleados de edad más avanzada de tu equipo tienen mucho valor que aportar. Pueden ver las tareas desde una perspectiva diferente a la de los miembros más jóvenes, y también son excelentes mentores para la nueva generación», sostiene Lisa Michaels, escritora, editora y consultora de marketing independiente. Para ella, las soluciones de software basadas en la inteligencia artificial, que son sencillas y fáciles de usar, pueden ayudar a las personas de sesenta y tantos años o más a adaptarse a los cambios tecnológicos que se den en el lugar de trabajo y a reducir los errores en tareas repetitivas, lo que permitirá a esos trabajadores concentrarse en lo que saben hacer mejor. «Conseguir que las máquinas inteligentes se encarguen de realizar las tareas que a los empleados mayores les resultan repetitivas permitirá que dediquen más tiempo a las creativas y relevantes de verdad.» Esta autora sorprende al proponer utilizar el internet de las cosas (el «IoT», todos esos dispositivos y sensores conectados para intercambiar datos) de manera que «un trabajador más joven pueda acceder directamente a la información de un trabajador mayor y con más experiencia. En el *mentoring*, el internet de las cosas puede ayudar a los mentores a ofrecer orientación incluso cuando no están presentes en persona, para así capacitar a los empleados más jóvenes». Habla de situaciones en las que «si algo le sale mal al aprendiz, el empleado sénior podría intervenir y tomar el control de la situación». También propone que el análisis de datos podría ayudar a hacer un seguimiento del impacto de diferentes estilos y perspectivas de trabajo en un entorno laboral multigeneracional.

Pero las oportunidades más tentadoras se encuentran en las nuevas tecnologías para el trabajo y el aprendizaje a distancia. En la medida en que la jubilación supone no contar con un horario fijo, ni tener que desplazarse, el trabajo en remoto bien puede llegar a suponer la mejor oportunidad para que las personas mayores de 60 años trabajen de manera flexible y con buen ánimo, y para que las empresas y la economía se beneficien de su experiencia. Del mismo modo, el aprendizaje en remoto puede ayudar con la transición al trabajo posterior a la jubilación y con el cambio de trabajo y carrera profesional.

La AARP ve en el trabajo en remoto varias oportunidades de interés para los trabajadores mayores. Mientras las empresas reflexionan sobre cómo lograr el equilibrio entre el trabajo en remoto y el de oficina, la expectativa es que el modelo combinado «casi con certeza resultará ser una gran ayuda para millones de empleados mayores en los meses y años venideros». El régimen de trabajo establecido, de cinco días a la semana y ocho horas al día, con el estrés y el cansancio asociados al desplazamiento, es una de las principales razones por las que la gente desea una jubilación anticipada.

El trabajo en remoto tiene la aparente desventaja de acabar con las interacciones sociales en la oficina, pero en realidad elimina un aspecto importante de insatisfacción. Ya antes de la pandemia, las opciones de trabajo flexible se estaban haciendo más populares. En 2019, FlexJobs indicaba que el 75 por ciento de los trabajadores deseaba cambiar a un modelo más flexible que tuviera en cuenta el equilibrio entre el trabajo y la vida personal (75 por ciento), la familia (45 por ciento), el ahorro de tiempo (42 por ciento) y el estrés del trayecto al trabajo (41 por ciento). «El potencial ahorro asociado al aumento del teletrabajo es asombroso —dice Catherine Collinson, directora ejecutiva y presidenta del Centro Transamérica de Estudios sobre la Jubilación—. Lo que más me entusiasma es la inesperada repercusión que tiene en el tiempo que nos ahorramos de ir al trabajo y que podemos reinvertir en nuestra salud, desarrollo en el empleo y planificación de la jubilación.» Phyllis Moen, profesora de sociología de la Universidad de Minnesota, observó que cuando los empleados disponen de opciones de trabajo flexible, se sienten «menos estresados, con más energía y más satisfechos con su trabajo». Y descubrió que también las empresas se benefician, porque los empleados sienten menos agotamiento y tienen menos probabilidades de dimitir o jubilarse.

Resulta que las personas mayores pueden ser las más adecuadas para el trabajo en remoto. Según Chris Farrell, autor de *Purpose and a paycheck: finding meaning, money, and happiness in the second half of life* [Finalidad y sueldo: encontrar sentido, dinero y felicidad en la segunda mitad de la vida], tras décadas de empleo ya han interiorizado una ética del trabajo y son cada vez más adeptos a las tecnologías digitales, sobre todo después de la pandemia. «Nuestros clientes corporativos nos dicen que, debido a la ética laboral y experiencia con la que cuentan, se sienten más cómodos si los trabajadores mayores trabajan en remoto y tienen un acuerdo de trabajo flexible», argumenta Sharon Emek, fundadora de Work At Home Vintage Experts (WAHVE).

La Oficina de Estadísticas Nacionales de Reino Unido publicó en 2021 un informe en el que se esperaba que los trabajadores que realizaban sus trabajos de forma remota se jubilaran más tarde. «Que haya más opciones de trabajo a domicilio aumenta la correspondencia entre las preferencias de los trabajadores mayores y las oportunidades de empleo disponibles —explica Jonathan Boys, economista del trabajo del Chartered Institute of Personnel and Development—. Esto puede hacer que se prolongue la vida laboral y es un resultado positivo del gran experimento del trabajo desde casa.» Ya antes de la pandemia, los empleados mayores de 50 años pedían más flexibilidad, y también trabajar en remoto desde casa.

Si bien el trabajo en remoto ya se ha convertido en una alternativa importante al modelo tradicional, el microtrabajo (*gig work*), una forma de trabajo *freelance* basada en la tecnología, está creciendo con rapidez. En particular, las aplicaciones para compartir archivos y las plataformas en las que se ofrecen pequeños encargos de trabajo digitales han desdibujado la frontera tradicional entre la población activa y pasiva, dando paso a una serie de nuevas categorías híbridas de trabajo autónomo y a tiempo parcial. Algunas estimaciones de Gallup y Statista indican que para uno de cada tres trabajadores estadounidenses esta economía de «trabajillos» es su fuente de ingresos principal o secundaria, y que este modelo de trabajo se está expandiendo tres veces más rápido que la población activa estadounidense. En Reino Unido, uno de cada siete adultos ha ganado dinero con microtrabajos, aunque más de la mitad de ellos tiene un empleo tradicional. Otros estudios estiman que, al menos una vez a la semana, uno de cada diez trabajadores de Reino Unido realiza trabajos de este tipo a través de plataformas.

La economía basada en microtrabajos (*gig economy*) tiene el potencial de transformar por completo la vida de las personas mayores, ya que les permite socializar y ganar algo de dinero sin tener que comprometer su tiempo libre. «En un nuevo estudio, la plataforma de pago independiente Hyperwallet acaba de descubrir que el 12 por ciento de las 2.000 trabajadoras registradas que encuestó tenían entre 51 y 70 años», informa Elaine Pofeldt en un artículo reciente de *Forbes*. Según Michael Ting, director de redes financieras de Hyperwallet, las empresas son reacias a contratar personas mayores debido a los altos salarios que deberían recibir por su amplia experiencia, pero no dudan en contratarlos como autónomos, por esa misma razón.

La cuestión de peso aquí es que las personas mayores podrían convertirse en los microtrabajadores más asiduos. Wonolo, una plataforma donde las empresas encuentran trabajadores temporales, afirma que los *baby boomers* fueron quienes más trabajos realizaron, ganaron más dinero y obtuvieron las reseñas con mejor puntuación. «Creo que, por lo general, la gente piensa que los microtrabajadores son *millennials* —dijo Beatrice Pang, vicepresidenta de estrategia y finanzas de Wonolo—. Pero lo cierto es que siempre supimos que se trataba de un grupo mucho más amplio. Nuestros trabajadores tienen de 18 a más de 80 años.» Los *baby boomers* del área de la bahía de San Francisco que son usuarios de Wonolo ganaban un promedio de 1.003 dólares al mes, en comparación con los 949 de la generación X, los 777 de los *millennials* y los 616 de la generación Z.

«Los *boomers* también hacen algunos de los trabajos más físicos —señala Pang—. Se podría pensar que optan por el trabajo administrativo y de atención al cliente, que no requiere esfuerzo físico, pero en realidad hacen mucho trabajo físico, en puestos de logística en almacenes de pedidos y con su mano de obra en general.» No es más que un mito eso de que sólo los trabajadores que se dedican a las áreas del conocimiento, con altos niveles de educación e ingresos bastante elevados son los que pueden aprovecharse de los microtrabajos. Pero, llegada la jubilación, ¿están todos en igualdad de condiciones? ¿O existen profundas desigualdades en las experiencias y consecuencias de la jubilación?

Desigualdad en la jubilación

El relato de los ricos y los pobres se ha convertido en una narrativa estándar del siglo XXI. Por desgracia, la desigualdad se filtra a lo largo de toda la estructura de edad y alcanza niveles alarmantes durante la jubilación. El modelo secuencial de la vida parece, al final, generar tres tipos principales de personas: quienes pueden permitirse jubilarse sin problemas, quienes se jubilan pero luchan por salir adelante, y quienes no pueden permitirse el lujo de la jubilación. La desigualdad de ingresos tiende a crear disparidades mucho mayores en las riquezas y, por lo tanto, da lugar a posibilidades muy diferentes en lo que respecta a la jubilación. No olvidemos que, en Estados Unidos, alrededor del 80 por ciento del patrimonio neto pertenece a personas mayores de 60 años. En la mayoría del resto del mundo, la proporción oscila entre el 50 y el 60 por ciento. Esta asombrosa concentración de la riqueza no está distribuida de manera uniforme: entre el 20 y el 30 por ciento de las personas mayores representa más del 90 por ciento de la riqueza acumulada.

Las personas de menores ingresos, con menos estudios y sin empleo estable no han pagado impuestos suficientes a la Seguridad Social como para tener derecho a una pensión que les permita gozar de un buen nivel de vida al jubilarse. La mayoría de ellos no tuvieron acceso a un plan de pensiones sufragado por su empresa y no han podido ahorrar lo suficiente. Las mujeres solteras (sobre todo, las madres solteras) y las minorías raciales de recursos limitados se encuentran en condiciones aún más precarias, porque tienen menos probabilidades de ser propietarias de viviendas y, por lo tanto, están privadas de la oportunidad de generar capital. Los afroamericanos y los latinos tienen, de media, un poco menos de la mitad de la riqueza de jubilación que los blancos tradicionales. Y, según indica el Elder Index de la Universidad de Massachusetts Boston, una vez jubilados, los miembros de esos dos grupos cuentan con casi el doble de probabilidades de carecer de ingresos suficientes para cubrir las necesidades básicas.

La pandemia no ha hecho más que agravar estas disparidades. «Quienes tengan buenos empleos, casas caras y muchos ahorros estarán en mejor situación: sus trabajos sobrevivieron, ya no tienen que desplazarse, el valor de su vivienda se ha disparado, sus costes hipotecarios se han desplomado y sus planes de pensiones cubiertos por sus empresas no paran de aumentar», escribía Brett Arends en el sitio web financiero *MarketWatch* a finales de 2021. La nueva era de aumento de precios y tipos de interés que comenzó en 2022 también puede terminar beneficiando a los propietarios de viviendas si se les compara con quienes las alquilan, porque los activos reales son al menos una protección parcial contra la inflación, y las personas en viviendas alquiladas tal vez no puedan pagar una hipoteca y, por lo tanto, tienen que aceptar las crecientes subidas en los precios del alquiler. Las trayectorias de las personas que se acercan a la jubilación y ya jubiladas pueden ser tan diferentes que resulta imposible del todo hablar de las perspectivas de los jubilados, o de la experiencia de la jubilación, sin dejar claro que estamos hablando de ricos y pobres. El modelo secuencial de la vida, construido sobre la premisa de que al final todo el mundo podrá jubilarse con una pensión decente, no ha podido cumplir esa promesa universalista. ¿Cómo puede una sociedad multigeneracional disolver este problema?

La jubilación en la sociedad posgeneracional

Más de un siglo después del surgimiento de la jubilación como etapa vital, las tensiones, fricciones y grietas del sistema se están haciendo evidentes. El aumento de la esperanza de vida está llevando a los sistemas nacionales de Seguridad Social al borde de la quiebra, y las investigaciones sugieren con claridad que los jubilados sufren soledad, aburrimiento e incluso riesgos para la salud. Además, las desigualdades en el acceso a una buena jubilación se han vuelto demasiado obvias y están demasiado extendidas como para ignorarlas. No basta con arreglar la jubilación: es necesario reinventarla.

El enfoque a largo plazo debe incorporar una reorganización de todo el ciclo vital, no sólo de las últimas dos o tres décadas de vida. Por eso tantos países como políticos han fracasado en sus intentos de abordar las cuestiones subyacentes, porque suelen fijarse sólo en la parte final del problema. Esta reorganización debe abarcar la idea de que podemos y debemos participar en el aprendizaje, el trabajo y el ocio a lo largo de nuestras vidas, dentro de un marco más flexible.

Si en lugar de compartimentar el aprendizaje, el trabajo y el ocio por edades permitimos que las personas elijan la combinación de actividades que deseen en cada etapa vital, como sociedad podríamos colaborar para que se alcanzara la seguridad financiera, la satisfacción y la equidad. ¿Por qué no ofrecer becas o financiación para personas de todas las edades que quieran aprender un nuevo oficio o habilidad? ¿Por qué no dejar que haya hombres y mujeres que entren y salgan del mundo laboral en diversos momentos de su vida para que puedan formar una familia, actualizar sus conocimientos o tomarse un descanso en su trabajo? Las empresas necesitan previsibilidad y compromiso por parte de sus empleados, pero a lo mejor podrían ser más flexibles con sus trabajadores y utilizar de manera más eficiente la economía de los microtrabajos para satisfacer sus necesidades de personal.

El enfoque tradicional de gestión laboral y de personal, tal como lo practican numerosos departamentos de recursos humanos —que cuentan, además, con el apoyo de sindicatos y otros grupos con intereses especiales—, puede continuar coexistiendo con nuevas formas de organización laboral que permitan a las personas alternar entre el aprendizaje y el trabajo, y al mismo tiempo disfrutar del ocio. La cuestión aquí no es imponer un nuevo modelo de vida que algunos considerarán impredecible y precario, sino plantear un modelo que se sitúe entre la forma clásica de organizar las relaciones laborales y un formato nuevo, innovador, flexible y basado en la tecnología, en el que las personas en la llamada «edad de jubilación» puedan participar si así lo desean.

A la hora de plantear un sistema más flexible en el que la jubilación no sea necesariamente el destino final, será normal que haya que hacer frente al escepticismo, la resistencia e incluso la hostilidad, pese a que cada vez existan más personas mayores que trabajan después de jubilarse y que anhelan que se les dé la oportunidad de contribuir, comprometerse y seguir activos. Una verdadera sociedad posgeneracional no puede encasillar a cada generación en un papel funcional, desde el patio de recreo y el colegio hasta el lugar de trabajo y el sofá frente al televisor. Esos grilletes deben desaparecer.

En más de un sentido, muchas de las fricciones que amenazan con socavar la armonía intergeneracional tienen que ver con la jubilación, las pensiones públicas y la atención sanitaria financiada mediante impuestos asumidos por los trabajadores más jóvenes. Otra fuente de descontento tiene que ver con lo que sucede con las transferencias intergeneracionales de riqueza cuando las personas fallecen. A medida que la gente viva y trabaje más, ¿qué pasará con las herencias? ¿Estamos avanzando hacia un mundo en el que los jubilados más jóvenes heredarán de los jubilados más viejos? ¿Qué consecuencias tendrá para el nivel general de desigualdad patrimonial? ¿Estos cambios beneficiarán o debilitarán a la sociedad posgeneracional? A continuación, reflexionaré sobre estas preguntas.

7

Heredar a los 100 años

> El señor Podsnap era hombre de buena posición, y el señor Podsnap lo tenía en muy alta estima. Comenzando con una buena herencia, se había casado con una buena herencia, y había prosperado extraordinariamente gracias a los Seguros Marítimos, y se sentía muy satisfecho.
>
> CHARLES DICKENS (1812-1870),
> *Nuestro amigo común*

Brooke Astor, la famosa filántropa y miembro de la alta sociedad, vivió hasta los 105 años. Cuando falleció, en 2007, se desató una feroz batalla por su fortuna, que ascendía a 100 millones de dólares. Tony Marshall, su único hijo (de su primer matrimonio), y el hijo de éste, Philip Cryan Marshall, se habían peleado por la herencia, y el nieto acusaba al padre de aprovecharse del frágil estado mental de su abuela. En uno de los juicios más sensacionalistas de la historia de los litigios familiares de Nueva York, Tony fue condenado en 2009 por dos cargos de hurto mayor. Tenía 89 años y, debido a sus problemas de salud, sólo cumplió ocho semanas de la condena de uno a tres años. Falleció al año siguiente.

«La longevidad es capaz de poner patas arriba la planificación patrimonial», escribe Amy Feldman en *Barron's*, una revista sobre patrimonio y finanzas personales. La sociedad posgeneracional plantea varios retos a las tradiciones en materia de herencias. A lo largo de la historia, la mayoría de los padres fallecían cuando sus hijos tenían 40 o 50 años, pero hoy día la norma es que esto ocurra con 60 o 70. En sólo un par de décadas, será más bien a los 80 o 90. «La gente no ha pensado en esto y va a provocar muchos problemas», señala Adam von Poblitz, director global de servicios de asesoramiento patrimonial de Citi Private Bank.

Heredar en un mundo cada vez más posgeneracional cambiará la vida de millones de estadounidenses, europeos y asiáticos, para quienes la acumulación de riqueza ha avanzado a buen ritmo en las últimas décadas. «Por qué los *millennials* no deberían depender de una herencia» era el título de una entrada de 2020 que se publicó el sitio web del gigante de seguros de vida MassMutual. No hace mucho, los expertos predecían que tendría lugar una «gran transferencia de riqueza» de los *baby boomers* a sus hijos y nietos. Algunas estimaciones llegaban a billones de dólares, sobre todo debido a la concentración de la riqueza en la parte superior de la distribución por edad. Cabe recordar que en Estados Unidos el 80 por ciento del patrimonio neto pertenece a personas mayores de 60 años.

En Europa, la concentración de la riqueza hacia el extremo superior de la distribución por edad ha llevado al gobierno francés a preocuparse por una «creciente brecha de riqueza generacional». Un estudio realizado en Reino Unido observó que «alrededor del 40 por ciento de los nacidos en los años ochenta tenía una vivienda en propiedad a los 30 años, mientras que para los nacidos en los años setenta ese porcentaje se ubicaba casi en el 60 por ciento a la misma edad. Y para los nacidos en las décadas de 1950 y 1960, estaba muy por encima del 60 por ciento». Hay una brecha importante.

En el futuro, el aumento de la longevidad no sólo podría posponer la transmisión de las herencias, sino también reducirlas a medida que las personas agoten sus ahorros de la jubilación. Según la Reserva Federal, la herencia media en Estados Unidos es de 707.000 dólares, pero como las cifras están tan sesgadas debido a las megafortunas, la realidad es que la mayoría son mucho más pequeñas. De hecho, la media es de sólo 69.000 dólares, lo que significa que la mitad de todas las herencias están por debajo de esa suma. Y la mayoría de los estadounidenses no hereda ninguna cantidad significativa, sobre todo las minorías desfavorecidas. Compárense esas cantidades con el coste anual medio de una habitación individual en una residencia de ancianos privada, que superó los 100.000 dólares por primera vez en 2019. Quizá la opción de la vivienda multigeneracional que analizamos en el capítulo 3 se vuelva más atractiva si es que los *millennials* quieren heredar algo. «Hoy día, la mayoría de mis clientes dicen que su objetivo es cuidarse a sí mismos dice —Annalee Leonard, que dirige su propia firma de asesoría de inversiones en Pensacola, Florida—. Y si eso significa que no les sobrará dinero, que así sea.»

La preocupación por que el aumento de la esperanza de vida reducirá las cantidades que se reciban con las herencias debe aliviarse al tener en cuenta que también hay menos herederos, debido a la disminución de la natalidad. Aún se desconoce cómo se equilibrarán finalmente estas dos fuerzas opuestas. ¿Cuáles son las consecuencias de la longevidad y un estilo de vida activo para las transferencias de riqueza intergeneracionales? ¿Tendrán que trabajar más las generaciones más jóvenes para tener una casa propia? ¿Se desacelerará el crecimiento de las desigualdades de patrimonio conforme las propiedades se vuelvan más pequeñas y las personas hereden a una edad más avanzada? ¿O sucederá lo contrario a medida que la acumulación de riqueza siga creciendo y haya menos herederos dada la disminución de la natalidad? ¿Y cómo se verán afectadas las mujeres, ya que ellas viven cinco años más de media que los hombres?

Todo empezó en Babilonia

Las sociedades de cazadores-recolectores eran muy diferentes a la nuestra. Los antropólogos han documentado que heredar pertenencias personales como utensilios o armas era una práctica poco habitual y, en muchos casos, esos instrumentos (e incluso la cabaña) se destruían para distanciarse del espíritu del difunto. Las sociedades asentadas desde la Edad de Piedra seguían la práctica de enterrar las pertenencias junto al cadáver, algo que también se hizo a gran escala en el antiguo Egipto y Mesoamérica. En otras culturas, sobre todo en Norteamérica, éstas se compartían entre familiares o amigos.

Las formas de herencia reconocibles desde la perspectiva actual surgieron de las antiguas tradiciones judaicas y babilónicas, hace entre cinco mil y seis mil años. A partir de entonces, las diferentes culturas fueron adaptando sistemas de herencia que solían favorecer a algunos descendientes sobre otros. Así, encontramos sistemas patrilineales o matrilineales, con preferencia por el primer hijo (primogenitura) o el último (ultimogenitura), en los que se partían las herencias y cada hijo recibía una parte igual.

En el momento en que surgieron los sistemas estatales de educación y pensiones, durante la segunda mitad del siglo XIX, el concepto de familia nuclear como entidad jurídica quedó firmemente afianzado en el derecho civil (véase el capítulo 3) y surgieron varias normas sobre las herencias para reforzar la integridad familiar y la estabilidad financiera en el marco del modelo secuencial de la vida. En una época en la que la mayoría de los padres tenían más de dos hijos, la herencia era relevante a la hora de reproducir patrones de desigualdad, aunque la herencia *per se* no garantizaba del todo mantener el mismo nivel de vida que los padres. Además, los países aplicaron impuestos sobre los bienes y la herencia para aumentar los ingresos y moderar las disparidades patrimoniales.

Expectativas sobre la herencia y resultados

Avanzamos hacia el presente. «La planificación patrimonial y la herencia son temas de conversación sensibles por naturaleza y a menudo incómodos», señala Marcy Keckler, vicepresidenta de estrategia de asesoramiento financiero de Ameriprise Financial, «pero abordarlos sin rodeos como familia puede evitar mucha incertidumbre y tensión en el futuro». Mantener conversaciones periódicas sobre el dinero parece ayudar a hacer una mejor planificación y a tener expectativas realistas sobre las herencias. Según un análisis de la compañía de inversiones Charles Schwab, «de media, los adultos jóvenes esperan jubilarse a los 60 años, siete años antes de cuando se prevé que podrán tener total acceso a los beneficios de la Seguridad Social para su grupo de edad», y «más de la mitad (53 por ciento) creen que sus padres les dejarán herencia, frente al 21 por ciento de media de personas que ya han recibido algún tipo de herencia». El problema del optimismo financiero injustificado es que lleva a la gente a ahorrar menos y a endeudarse más.

En Reino Unido, por ejemplo, los adultos esperan recibir de media una herencia de alrededor de 132.000 libras (lo que a finales de 2022 eran unos 145.000 dólares), si bien, según las estadísticas del gobierno, la cantidad media que los padres legan es de 30.000 libras. Las personas de entre 18 y 34 años son aún más optimistas y valoran su herencia en 151.000 libras. Muchos *millennials* planean usar su herencia para comprar una casa nueva, pero sólo el 7 por ciento lo hace. «La gente vive más que nunca, por lo que depender de una herencia para acceder a la vivienda es una estrategia arriesgada, ya que se puede obtener menos y mucho más tarde de lo previsto —decía John Porteous, de Charles Stanley, la empresa de asesoría que llevó a cabo la encuesta—. En realidad, la mayoría de la gente ahorra e invierte para poder comprarse su primera vivienda.»

Las expectativas demasiado optimistas sobre la herencia parecen ser la norma en todos los países desarrollados. «Contar con ganar la lotería evidencia una planificación financiera desastrosa, pero, cuando miran hacia su futuro, casi la mitad de los canadienses dan por hecho que contarán con otro tipo de ganancia inesperada —escribe Gail Johnson en *The Globe and Mail*—. El 44 por ciento espera recibir una herencia.» Más de cuatro de cada cinco canadienses dicen que no están cumpliendo sus objetivos financieros debido al alto coste de vida, el gasto excesivo y la pesada carga de las deudas. «Expresiones como *mimado*, *privilegiado* o *vago* son sólo algunas de las palabras que escucho a la gente usar para describir a los adultos jóvenes, a menudo *millennials*, que reciben dinero de sus padres —señala Shannon Lee Simmons, planificadora financiera de Toronto—. Por lo general, cuando me topo con alguien cuyos padres le han dado una cantidad de dinero, esa persona siente una culpa tremenda.» Los planificadores financieros canadienses dicen que los padres son quienes hacen toda la planificación, mientras que los hijos continúan tomando decisiones dudosas sobre sus finanzas personales. «Los padres suelen preguntar cómo estructurar dicha donación, cuándo hacerla, cuánto dar y qué hacer con el dinero una vez entregado —dice Carlo Palazzo, otro planificador financiero con sede en Toronto—. Son sobre todo los padres quienes mueven ficha a la hora de hacerse cargo de la planificación de los hijos» y les dicen que la herencia debe destinarse al pago inicial de una vivienda.

«A lo largo del tiempo y en todas las sociedades ha existido la norma comúnmente aceptada de que dejar bienes a los hijos es algo bueno —escribe Mary Tomlinson, investigadora del Instituto Swinburne de Investigación Social en Melbourne (Australia)—. Pero hasta hace poco la perspectiva de heredar no era una expectativa real.» Los *baby boomers* poseen cerca de la mitad del parque de viviendas en la mayoría de los países desarrollados como Australia, y a medida que los precios inmobiliarios se dispararon en muchos mercados, también lo hicieron las expectativas sobre las herencias, infladas aún más por lo inasequible que resulta acceder a una vivienda y el alto endeudamiento entre las generaciones más jóvenes. En la vecina Nueva Zelanda, algunos asesores financieros se diferencian del resto al hablar sin tapujos de que «la vida es demasiado corta para retrasar la diversión», «hay un 50 por ciento de posibilidades de que tus hijos despilfarren tu dinero» y «tus hijos no se acordarán de todo aquello». Joseph Darby, director ejecutivo de Milestone Direct Limited, en Auckland, concluye que «es mejor gastar la herencia antes de que los abogados se queden con todo».

De hecho, entre los *baby boomers* estadounidenses, «aproximadamente la mitad de todo el dinero heredado se ahorra y la otra mitad se gasta o se pierde al invertirlo», concluye Jay Zagorsky, profesor de la Universidad del Estado de Ohio. Estos hallazgos se comparan con un ahorro del 65 por ciento en el caso de los herederos muy ricos y del 15 por ciento en el del ganador promedio de la lotería. Tiene sentido que los herederos ahorren más que quien gana la lotería, dado que al menos pueden planificar un poco antes de recibir esa ganancia inesperada.

Un giro interesante en las expectativas hereditarias es el contrato intergeneracional que prevalece históricamente en Japón, según el cual los hijos tienen derecho legal a la herencia, pero a cambio de cuidar de sus padres. La conocida novela de Minae Mizumura *La herencia de la madre*, publicada en 2017, plantea el tema de la manera más cruda posible. El ficticio Mitsuki Hirayama, profesor y traductor de francés, pregunta sin más: «Madre, ¿cuándo vas a morir?». No puede contar con su hermana o su marido infiel para que la cuiden. «Las mujeres japonesas cada año vivían más y sobrevivían como espectros —dice la autora—. Mitsuki fotografió a mujeres en ciudades y zonas rurales de todo Japón, con los rostros ensombrecidos por el cansancio, anhelando en secreto la muerte de sus madres. Estas mujeres no sólo querían liberarse de sus madres, sino también del trauma de ver de cerca la crueldad de la vejez.» El libro termina con una nota positiva, cuando Mitsuki presiona el botón de reinicio después de la muerte de su madre y usa la herencia para comenzar una nueva vida.

El contrato intergeneracional tradicional japonés ha cambiado desde la década de 1970 por razones legales, económicas y demográficas. La obligación legal de los hijos de velar por el bienestar de sus padres fue abolida en dicha década (aunque sigue existiendo una fuerte norma social); el duradero auge económico de la posguerra y la alta tasa de ahorro han conducido a una rápida acumulación de riqueza, y el número de herederos ha disminuido. «Los niveles de herencia parecen ser más altos entre las cohortes más jóvenes —escribe Misa Izuhara, profesora de la Universidad de Brístol—, lo que refleja quizá un aumento generalizado en la propiedad de viviendas entre la generación de los padres y la disminución de las tasas de natalidad.» Como resultado de estas tendencias, la experiencia de los japoneses durante los últimos años de su vida está viviendo una transición desde aquella situación antigua en la que «la gran mayoría de ellos solían vivir toda su vida con miembros de su familia extensa, y aproximadamente la mitad de las personas mayores todavía viven hoy con sus hijos adultos». En la década de 1990, la acumulación de riqueza en Japón se tradujo en que los padres comenzaron a disponer de opciones basadas en el mercado en lugar de depender de los hijos para su cuidado, pero eso también llegó a su fin con el estancamiento de la economía.

En China, por el contrario, tanto la acumulación de riqueza como la disminución de la natalidad se han acelerado desde principios del siglo XXI, y seguirán así durante al menos otras dos décadas. «Nací en 1980, el año en que China implementó la política del hijo único: no tengo hermanos, y mis compañeros tampoco —escribe Yun Sheng, editor colaborador de *Shanghai Review of Books*—. Somos los bebés gorditos (mimados) que aparecen rodeados de sus padres y abuelos en los carteles y dibujos animados.» Pero los «pequeños emperadores» como Yun fueron mimados en el sentido tradicional, dada la atención y la presión que sufrieron para que tuvieran un buen desempeño en el colegio. «Crecer no fue muy divertido, pero tampoco teníamos mucho de qué quejarnos.» De sus familias, la mayoría de sus compañeros fueron los primeros en ir a la universidad. Los miembros de su generación tienen buenos empleos, pero les resulta difícil comprarse un apartamento o una casa grande. Tienen problemas para ahorrar para el futuro. «Puede que mi generación no tenga tanta riqueza como la anterior, pero somos materialistas y hedonistas. Derrochamos el dinero en todo lo que nos gusta, tal vez como reacción a la presión a la que estamos sometidos.»

La descripción de Yun, sin embargo, sólo es precisa en la medida en que estas personas aún no han heredado. «La política del hijo único también generó un efecto de duplicación de la riqueza, creada durante el crecimiento económico de China o acumulada por los padres, que con el tiempo la hereda su único hijo», escribe Christina Zhou, productora online en el programa de ABC *Asia Pacific Newsroom*, quien nació en China y emigró con sus padres a Australia. «Esto es de grandísima importancia en familias donde la madre y el padre son hijos únicos, y su descendencia se casa con otro hijo también de una familia donde los padres son hijos únicos. Así —continúa—, la siguiente generación acaba heredando toda la riqueza de ambos lados de la familia.»

Dada la diversidad de tradiciones históricas y las tendencias económicas y demográficas transversales, ¿qué debería esperar de las herencias la gente del futuro? ¿Tiene justificación contar con recibir una ganancia inesperada? Hagamos números.

El multiplicador de herencia

Las cifras revelan que, de hecho, las herencias están aumentando, sobre todo en China. Ya hemos visto las dos razones fundamentales. La primera es la acumulación de riqueza, una de las tendencias fundamentales de nuestro tiempo. La cantidad de riqueza per cápita, ajustada a la inflación, nos da una idea de si hay más dinero que heredar. La segunda razón tiene que ver con la caída de la natalidad. Si cada generación sucesiva tiene menos hijos que la anterior, entonces el número de herederos disminuye y la herencia promedio por hermano aumenta.

La tabla 7.1 proporciona la primera aproximación a las tendencias de riqueza y natalidad que multiplicarán muchas veces el valor de las herencias durante las próximas dos o tres décadas. La columna A muestra el multiplicador de herencia de riqueza, que captura cuánto ha crecido la riqueza individual promedio entre 1995 y 2020. Los mercados emergentes (China, la India, Vietnam) encabezan el grupo gracias al rápido crecimiento económico que han vivido, aunque a algunos mercados desarrollados como Suecia también les ha ido bien. Por el contrario, el sur de Europa, América Latina, Estados Unidos y Japón en especial no han experimentado tanto crecimiento en la riqueza individual promedio. En la columna B, encontramos el multiplicador de herencia de natalidad, que es mayor si ésta ya ha disminuido o se espera que lo haga, lo que aumentaría la participación promedio de cada heredero a lo largo de generaciones sucesivas. En este sentido, encontramos las mayores caídas y, por tanto, los mayores multiplicadores, en Corea del Sur, Tailandia, Brasil, México, China y Turquía. En el otro extremo del espectro, en la mayor parte de Europa y Japón, el multiplicador es muy bajo porque durante bastante tiempo la natalidad ha sido mucho más baja que en los mercados emergentes.

La columna C muestra el resultado de multiplicar las cifras de patrimonio y natalidad, que indican aproximadamente cuánto dinero más por cada heredero habrá en el futuro en comparación con el presente. China y Corea del Sur destacan porque tienen grandes multiplicadores de patrimonio y natalidad, seguidos de la India y Vietnam. Por el contrario, los herederos en Japón no son nada afortunados, ya que el país tiene el multiplicador de herencia combinado más bajo del mundo debido a la disminución de la riqueza que ha sufrido desde la década de 1990, además de que, para entonces, la natalidad ya había disminuido.

Sin embargo, el cálculo que se muestra en la columna C es engañoso. El tercer y último aspecto que debemos tener en cuenta es la esperanza de vida. Si los padres viven más tiempo, pueden utilizar una parte mayor de sus ahorros en la jubilación, lo que hará que sus hijos disfruten de una herencia menor. La columna D muestra los cambios en la esperanza de vida de las personas nacidas entre la década de 1950 y la de 2030. Cuanto menor sea el factor de esperanza de vida, mayor será la esperanza de vida con el tiempo, una señal de que las herencias individuales puede que no sean tan cuantiosas de media como parecen sugerir los indicadores de patrimonio y natalidad. Por lo tanto, si multiplicamos la columna C y la columna D, ajustamos el multiplicador de herencia para llegar (¡por fin!) a un número que tenga en cuenta al mismo tiempo los cambios en la riqueza patrimonial, la natalidad y la esperanza de vida. Es evidente que ser heredero en China, Vietnam, Corea del Sur, la India, Tailandia y Canadá estará muy bien durante unos años. Los herederos en

Tabla 7.1. Multiplicadores de herencia para países seleccionados

	A	×	B	=	C	×	D	=	E
País	Multiplicador de herencia patrimonial		Multiplicador de herencia según natalidad		Multiplicador de herencia combinado		Factor esperanza de vida		Multiplicador de herencia ajustado
China	6,9		3,4		23,5		0,5		11,7
Vietnam	3,2		3,0		9,6		0,7		6,7
Corea del Sur	2,6		5,1		13,3		0,5		6,6
India	3,4		2,9		9,9		0,5		4,9
Tailandia	1,9		4,3		8,2		0,6		4,9
Canadá	2,4		2,5		6,0		0,8		4,8
Lituania	3,4		1,5		5,1		0,8		4,1
Suecia	4,2		1,2		5,0		0,8		4,0
Polonia	2,4		2,2		5,3		0,8		4,2
México	1,7		3,6		6,1		0,6		3,7
Nueva Zelanda	2,1		2,1		4,4		0,8		3,5
Turquía	2,1		3,4		7,1		0,5		3,6
Australia	2,0		1,9		3,8		0,8		3,0
Brasil	1,3		3,8		4,9		0,6		3,0
EE. UU.	1,8		1,9		3,4		0,8		2,7
Rusia	2,2		1,5		3,3		0,8		2,6
Sudáfrica	1,3		2,8		3,6		0,7		2,5
España	1,6		1,8		2,9		0,8		2,3
Egipto	2,0		2,3		4,6		0,5		2,3
Francia	1,9		1,5		2,9		0,8		2,3
Rumanía	1,7		1,6		2,7		0,8		2,2
Nigeria	2,2		1,4		3,1		0,6		1,8
Reino Unido	1,6		1,4		2,2		0,8		1,8
Alemania	1,6		1,4		2,2		0,8		1,8
Argentina	1,5		1,5		2,3		0,8		1,8
Italia	1,2		1,8		2,2		0,8		1,7
Japón	0,9		1,7		1,5		0,7		1,1

Fuente: División de población y base de datos de desigualdad mundial de la ONU.

Multiplicador de herencia según natalidad = Ratio de la tasa de natalidad total en 1950-1965 hasta 2020-2040, utilizando la variante media.
Multiplicador de herencia patrimonial = Ratio de riqueza por persona en 2021 con respecto a 1995, ajustada a la inflación.
Multiplicador de herencia combinado = Multiplicador de herencia según natalidad multiplicado por el Multiplicador de herencia patrimonial.
Factor de esperanza de vida = Ratio de esperanza de vida (en años) en 1950-1955 hasta 2035-2040.
Multiplicador de herencia ajustado = Multiplicador de herencia combinado multiplicado por el Factor de esperanza de vida.

Estados Unidos y la mayoría de los países europeos verán una pequeña mejora, pero no algo que les cambie la vida, mientras que los japoneses serán los que estarán en peor situación. En esencia, los estadounidenses heredan más y más tarde. «Las herencias solían usarse más para gastos en el ecuador de la trayectoria profesional, gastos derivados de la mediana edad, como los hijos —dice Lincoln Plews, coautor de un artículo de investigación conducido por Capital One sobre el tema—. Y ahora es probable que se estén invirtiendo más en resolver las preocupaciones de las personas de cincuenta y tantos, que son ahorrar para la jubilación.»

La importancia que está adquiriendo la herencia ha calado en la cultura popular en países como Corea del Sur. *Shining inheritance* [La brillante herencia], *The heirs* [Los herederos], *Great inheritance* [La gran herencia] y *A hundred years' inheritance* [Una herencia de cien años] se encuentran entre los dramas televisivos más populares sobre juicios y conflictos familiares en un país obsesionado con la dinámica intergeneracional. El antiguo reino ermitaño ha sorprendido al mundo por dos razones: ha realizado la transición del tercer mundo al primero en apenas dos generaciones y ha protagonizado la disminución más acusada de la natalidad de cualquier sociedad del mundo, desde un máximo de 6,3 bebés por mujer a finales de los años cincuenta a poco menos de 0,9 en 2022. Combinar la rápida creación y acumulación de riqueza con menos herederos potenciales es una fórmula eficaz para llevar a cabo transferencias intergeneracionales de patrimonio sin precedentes, incluso si los padres viven más y necesitan utilizar más ahorros para sobrevivir a la jubilación.

Herencia, desigualdad e impuestos

«Es nuestro deber y responsabilidad cívica pagar todos los impuestos», afirma en una declaración la familia Samsung, que controla una de las empresas tecnológicas más grandes del mundo, así como también una serie de filiales activas en todas las ramas de la economía surcoreana, desde automóviles, electrodomésticos y ropa hasta construcción, seguros y atención médica. En abril de 2021, esta familia aparecía en los titulares de todo el mundo por la factura del impuesto sobre sucesiones estimado en 11.000 millones de dólares a la que tuvo que hacer frente tras el fallecimiento de Lee Kun-hee, el hijo del fundador del conglomerado. El mayor logro de Lee fue catapultar Samsung Electronics hasta convertirla en el mayor fabricante de smartphones del mundo, superando a Apple y Huawei. La familia fue objeto de polémica, entre otras cuestiones por evasión de impuestos, por llevar a cabo maniobras corporativas dudosas y escándalos de sobornos políticos. La deuda fiscal total, equivalente a la mitad del patrimonio del difunto, era tan grande que puso en peligro la capacidad de la familia para mantener el control de esta conocida empresa y sus otras filiales, y propusieron pagar una parte donando una colección de arte valorada en miles de millones y numerosos recursos a causas benéficas. «La gente de a pie como yo no se puede imaginar cuánto dinero es ése —decía Park Soonmi, una madre y ama de casa de Seúl—. Es bueno que el presidente de una empresa pague tanto en impuestos y haga donaciones tan grandes para la sociedad.» La saga fiscal de Samsung no es el único ejemplo de cómo la riqueza y el funcionamiento de los privilegios de Corea del Sur han cautivado a todo el mundo. La sarcástica y apasionante película *Parásitos* (2019), que ganó cuatro premios Oscar, entre ellos a Mejor Película y Mejor Director, ha sido considerada la mejor película del siglo XXI (de momento). Se centra en el preocupante aumento de la desigualdad en Corea del Sur; y resulta irónico que hiciera ricas a bastantes personas al recaudar 258 millones de dólares en todo el mundo con un presupuesto de apenas 15,5 millones.

Sin embargo, no todos los países del mundo gravan la transmisión intergeneracional de patrimonio. Corea del Sur lo hace al 50 por ciento y, en algunos casos, a una tasa aún mayor. En Estados Unidos, donde tanto el gobierno federal como los estados establecen un impuesto sobre sucesiones, sus detractores lo llaman el «impuesto a la muerte». Según un estudio de la OCDE, el primer impuesto sobre sucesiones se adoptó en Austria en 1759. Francia y otros países europeos siguieron su ejemplo en la década de 1790, Reino Unido en 1894, Estados Unidos en 1916, y Japón y Corea del Sur en 1950. A pesar de lo controvertidos que son, los ingresos que se recaudan por los impuestos sobres sucesiones, patrimonios o donaciones no representan más del 1,5 por ciento de los ingresos fiscales totales en ningún país del mundo. En un momento en que el tamaño de las herencias está creciendo en tantos países y la desigualdad es rampante, ¿tiene sentido gravar las herencias para competir en igualdad de condiciones? ¿Puede tener esto consecuencias no deseadas?

En Europa y Estados Unidos, tras décadas de paz, crecimiento económico e impuestos más bajos, la proporción que representa la herencia patrimonial total ha ido aumentando desde la década de 1980. Esta tendencia está documentada en varios estudios del economista francés Thomas Piketty, autor del superventas *El capital en el siglo XXI* (2013). Si el capital heredado contribuye a que se acumule una mayor proporción de riqueza a medida que pasa el tiempo, y el crecimiento de la riqueza supera al de los ingresos, se aprecia entonces un aumento de la desigualdad, que a su vez crea tensiones económicas, sociales y políticas.

Sin embargo, una investigación muy detallada llevada a cabo por Mikael Elinder y Daniel Waldenström, que se basó en 168.000 propiedades y herencias en Suecia, concluyó que éstas reducen la desigualdades patrimoniales. La razón es muy sencilla. «Aunque los herederos más ricos reciben cantidades más elevadas, la importancia relativa de la herencia es mayor para los herederos menos ricos, que reciben más en relación con su riqueza previa a la herencia —explican—. Esto se debe en parte al hecho de que los herederos no reciben deudas, lo que hace que la distribución de las herencias sea más equitativa que la distribución de la riqueza entre los herederos.» La consecuencia llamativa de verdad es que los impuestos sobre sucesiones aumentan la desigualdad, a menos que los ingresos tributarios se transfieran a los segmentos económicos más desfavorecidos de la sociedad.

Pero es difícil ver cómo las grandes cantidades de dinero que heredarán en los próximos años un número relativamente pequeño de personas pueden conducir a una mejor distribución de la riqueza. «*Forbes* da el dato de 30 billones de dólares a lo largo de “muchos años”, PNC habla de 59 billones de dólares hacia 2061, CNBC menciona 68 billones de dólares en veinticinco años, y *The New York Times* confirma la variedad de estas estimaciones, pero las sitúa en unos 15 billones de dólares en la próxima década», escribe Meredith Haggerty, editora sénior de *Vox*. Algunas estimaciones indican que el 1 por ciento más rico recibirá un tercio de la riqueza heredada, y eso después de haber asistido a los mejores colegios, las mejores universidades y de tener acceso a las oportunidades más lucrativas del mercado laboral. Con todo, Edward Wolff, profesor de la Universidad de Nueva York y autor de *Inherited wealth in America* [Riqueza heredada en América], también defiende que las herencias tienen un efecto igualador, y se hace eco del argumento de los investigadores suecos de que las transmisiones patrimoniales entre generaciones son proporcionalmente más determinantes para las personas con ingresos medios y bajos. No obstante, Estados Unidos no es Suecia, y sólo uno de cada cinco hogares recibe una herencia. Aun así, escribe Haggerty, «la transmisión patrimonial, en tramos de 20.000 o 30.000 dólares, por primera vez tiene el potencial de estabilizar a unos pocos elegidos, de conseguir que algunas personas logren asentarse en la cada vez más reducida isla de la clase media». El análisis de Capital One sobre el tema corrobora esta visión al estimar que la mayoría de las propiedades que se legarán en Estados Unidos durante las próximas décadas beneficiará a los hogares de clase media y de bajos ingresos.

Para los *millennials*, la «gran transmisión patrimonial» puede hacer que algunos superen el hecho de no llegar a la media de acumulación de riqueza en comparación con las generaciones anteriores. Según el Banco de la Reserva Federal de St. Louis, «la típica familia *millenial* mayor era un 34 por ciento más pobre de lo esperado», debido sobre todo a las menores tasas de vivienda en propiedad. Poco menos de la mitad de los *millennials* estadounidenses son propietarios de su casa y, por lo tanto, la otra mitad no participa del reciente aumento de los precios de la vivienda y la acumulación de riqueza asociada. Se produce un efecto similar porque la participación en el mercado de valores no está extendida entre las generaciones más jóvenes. Como resultado, a los *millennials* con un alto nivel educativo les irá mejor que a los *millennials* de clase trabajadora, excepto a aquellos que tengan altos niveles de deuda estudiantil.

Mientras el debate se recrudece, hay una cosa clara. No todos los *millennials* pueden contar con recibir una gran herencia o ni siquiera una pequeña. Por eso Piketty propone que el gobierno proporcione una «herencia para todos» de 120.000 euros a los 25 años. «La desigualdad en cuanto a tener una vivienda en propiedad crea una enorme desigualdad de oportunidades en la vida. Hay quien tiene que pagar un alquiler toda su vida y quien, gracias a que tiene un alquiler, percibe una renta toda su vida —argumentaba en una entrevista—. Hay quien puede crear una empresa o heredar la empresa familiar. Hay quien nunca podrá crear una empresa porque, para empezar, ni siquiera cuenta con un pequeño capital.» Los detractores del «impuesto a la muerte» defienden justo lo opuesto, y señalan que el impuesto sobre sucesiones perjudica a las empresas familiares, el espíritu empresarial y la creación de empleo. Y así la polémica continúa.

Volver a casarse altera las herencias

El incremento de la esperanza de vida también está aumentando las posibilidades de que las personas casadas se divorcien o enviuden. Esa dinámica como tal no tiene por qué afectar a las herencias; pero, si la gente se vuelve a casar, puede acarrear consecuencias importantes y desconcertantes. Alrededor del 21 por ciento de los matrimonios en Estados Unidos son entre personas que ya estuvieron casadas y se divorciaron o enviudaron, y en el 20 por ciento de los matrimonios uno de los cónyuges ya había estado casado antes. Las proporciones son mayores en personas mayores de 55 años. «Sólo el 29 por ciento de los adultos de 18 a 24 años casados con anterioridad (un grupo bastante pequeño) se había vuelto a casar en 2013, en comparación con el 67 por ciento de los de 55 a 64 años —escribe Gretchen Livingston en un estudio del Pew Research Center—. Pero la probabilidad de haberse casado de nuevo ha disminuido de forma drástica entre los menores de 35 años», y sólo el 42 por ciento de ellos se volvió a casar en 2013, en comparación con el 72 por ciento de 1960. «Algunos sugieren que la esperanza de vida más larga ha contribuido a aumentar el divorcio a edades más avanzadas, a medida que la gente se ha dado cuenta de que le quedan muchos años de vida y quieren sentirse satisfechos en ese tiempo extra. El mismo factor puede estar contribuyendo al aumento de los nuevos matrimonios entre adultos mayores.»

Además, solía ocurrir que los hombres divorciados intentaban volver a casarse a un ritmo que duplicaba el de las mujeres divorciadas. Pero ahora la diferencia por género se ha reducido a más de la mitad, impulsada sobre todo por las decisiones de las mujeres blancas. En otras palabras, estamos pasando de una sociedad en la que las personas mayores de 60 años solían ser viudas a otra en el que los miembros de ese grupo demográfico se divorcian y se vuelven a casar.

Las herencias se verán afectadas por la combinación de tres tendencias: la mayor esperanza de vida, la acumulación de riqueza en edades avanzadas y los matrimonios en segundas nupcias. «Cuanto mayor sea uno al volver a casarse, más probable será que aporte activos al matrimonio: ahorros para la jubilación, pólizas de seguro de vida, cuentas de inversiones, propiedades y cosas similares», señala Sarah O'Brien, reportera de CNBC especialista en finanzas personales. Eso es así si la gente decide volver a casarse. «Una razón común por la que las parejas mayores prefieren seguir solteras es que quieren dejar sus propiedades a sus hijos —dice Lina Guillén, abogada y escritora (sin parentesco con el autor)—. Los hijos pueden esperar recibir una herencia en el futuro, y la situación puede ponerse delicada con la llegada de un nuevo cónyuge.»

Tomemos como ejemplo a los Anastasio, a quienes entrevistó Tammy La Gorce para un artículo de *The New York Times* de 2018 sobre volver a casarse a edades avanzadas. Intercambiaron votos a los ochenta y cuatro (él) y setenta y siete (ella). La hija menor de ella le preguntó: «Si te mueres, ¿quién se quedará con tu casa?». Él no pensó que esas preocupaciones debieran disuadirlos de casarse. «Siempre nos han tratado como a una pareja casada —relata—. Y empezamos a pensar que la única razón por la que no lo estábamos era para tener tranquila a su hija [de ella].» Para evitar problemas, muchas parejas que se vuelven a casar firman acuerdos prenupciales y testamentos que garantizan que sus hijos recibirán la herencia que esperaban. «Desde el principio, a nuestros hijos les dijimos: "Lo que estamos haciendo es motivo de alegría, y no queremos sonar bruscos, pero vuestra herencia no se verá afectada"», decía otro recién casado entrevistado para el mismo reportaje.

Uno de los casos más conocidos sobre problemas de herencia por volver a casarse tuvo como protagonista a la duquesa de Alba, quien volvió a contraer matrimonio en 2011, a los 85 años. Cayetana se casó con Alfonso Díez, funcionario y empresario 24 años menor que ella, tras negar durante años que fueran a convertirse en marido y mujer. En ese momento ostentaba tantos títulos (siete ducados, un condado-ducado, veinte marquesados, veintidós condados, un vizcondado y un señorío) que estaba por delante de la reina Isabel II en el orden jerárquico de la nobleza. También era pariente lejana de Winston Churchill. Los recién casados firmaron una serie de documentos para proteger la herencia de sus hijos. Sin embargo, a su muerte en 2014, libraron una rencorosa batalla por varios bienes de su patrimonio, que tuvo como resultado que Díez aceptara un pago en efectivo de apenas un millón de euros y algunos objetos de valor sentimental, excluyendo así palacios, joyas y obras de arte.

En la sociedad posgeneracional, cabe esperar que se den situaciones de herencia desconcertantes a medida que la esperanza de vida se dispara, las segundas nupcias a edades avanzadas se vuelven más frecuentes y la acumulación de riqueza avanza a un ritmo rápido, aunque las cantidades implicadas no se acerquen a las de la duquesa de Alba.

Mujeres, riqueza y herencia

«Las mujeres se están haciendo más ricas —se lee en la primera frase de un informe sobre riqueza de Barclays—. Las mujeres controlan ahora el 32 por ciento de la riqueza mundial, según el Boston Consulting Group.» «Las mujeres protagonizarán la próxima ola de crecimiento en la gestión patrimonial de Estados Unidos» es el título de un artículo recientemente publicado por McKinsey. «Cómo las mujeres están redefiniendo la riqueza, las donaciones y la planificación del patrimonio», explica RBC Wealth Management. Éstos son algunos de los innumerables titulares de estudios recientes sobre un proceso fundamental de nuestro tiempo: las mujeres están acumulando riqueza más rápido que los hombres. El acceso de las mujeres a la educación (y, por ende, a buenos empleos) se ha ampliado en muchas partes del mundo. Si bien persiste la discriminación en los ascensos y en los salarios, la situación económica de las mujeres en general está mejorando. Pero eso no quiere decir que todas se estén haciendo ricas: algunas de ellas sufren graves dificultades y reveses en la vida, como las madres adolescentes, las madres solteras, las mujeres divorciadas y las mujeres con educación inferior a la secundaria.

Otra razón por la que las mujeres están acumulando riqueza más rápido que los hombres en tantos países es que viven más tiempo y, por tanto, tienden a heredar de sus cónyuges o parejas. Hay en el mundo 1,3 mujeres por cada hombre mayor de 60 años, 1,6 entre los mayores de 70 y 2,3 entre los mayores de 80. Y las proporciones cuentan con un mayor sesgo en partes del mundo con poblaciones de mayor edad, como Asia oriental, Europa y América (véase la tabla 7.1). En países como Rusia, Lituania, Corea del Sur, Sudáfrica, Turquía, Argentina y Japón, hay más de tres mujeres por cada hombre mayor de 80 años. Esto se debe a una combinación de razones, como las altas tasas de mortalidad masculina a partir de los 40 años y, en casos como el de Corea del Sur, una esperanza de vida extraordinariamente alta entre las mujeres. En el otro extremo del espectro, en la India y Nigeria, la proporción es de sólo 1,3 entre las personas de 80 años o más. En muchos países ricos (Canadá, Suecia, Estados Unidos, Reino Unido, Australia y Nueva Zelanda) la diferencia es más bien baja a partir de los 60 años, pero aumenta enseguida a más de dos mujeres por cada hombre a los 80 años o más. Francia, Italia,

Alemania y España tienen ratios un poco más desequilibradas. En definitiva, el desequilibrio de género en edades avanzadas facilita que las mujeres representen una mayor proporción de la riqueza (al menos durante el resto de sus vidas) si heredan la parte de su otra mitad.

Los derechos de las mujeres a la propiedad y la herencia han fluctuado en el tiempo y el espacio. Hasta hace muy poco (en algunos países hasta hace apenas cuarenta años) a las mujeres no se les permitía gestionar el dinero con independencia de sus maridos, hermanos o padres. Y en algunas partes del mundo las mujeres todavía no disfrutan de los mismos derechos económicos y contractuales que los hombres. Sin embargo, no siempre fue así en todas las culturas y civilizaciones. Quizá deberíamos aprender del antiguo Egipto. «Desde los primeros registros conservados en el Reino Antiguo, el estatus legal formal de las mujeres egipcias (ya fueran solteras, casadas, divorciadas o viudas) era casi idéntico al de los hombres —escribe Janet H. Johnson, profesora de la Universidad de Chicago—. Las mujeres podían adquirir y poseer bienes (tanto reales como personales) a su nombre, y disponer de ellos. Podían firmar contratos a título personal. Si bien la ley judía durante la era bíblica privilegiaba a los hijos sobre las hijas, en ausencia de los primeros, las mujeres disfrutaban de plenos derechos de herencia. Los derechos de propiedad y herencia de las mujeres eran más limitados en el hinduismo antiguo y la Grecia clásica, pero los romanos otorgaron derechos económicos a las mujeres nacidas libres. Al contrario de lo que se puede pensar por los estereotipos, la ley islámica consagraba el derecho de las mujeres a la propiedad y a la herencia, aunque privilegiaba a los hijos sobre las hijas.

Al comienzo de la Edad Media, las mujeres podían tener posesiones y heredar (como ocurría en las leyes y tradiciones anglosajonas y nórdicas), pero con el tiempo se las privó de los derechos económicos más básicos, a no ser que fueran viudas. Con apenas unas pocas excepciones aisladas en Europa y Norteamérica, las mujeres tuvieron que esperar hasta la Revolución francesa y el período siguiente para disfrutar de los mismos derechos hereditarios, aunque la alegría terminó con la restauración de la monarquía. En 1850, Islandia se convertía en el primer país en consagrar de forma legal la igualdad de derechos hereditarios durante la época contemporánea. Estados Unidos y Reino Unido no dieron este paso hasta 1922. Aún faltaban cuatro décadas para percibir el mismo salario por realizar el mismo trabajo, y la no discriminación real sigue siendo un proceso en marcha. Según el Banco Mundial, en 2021 las mujeres no disfrutaban de los mismos derechos de propiedad y herencia que los hombres en 41 países, ubicados sobre todo en África, Oriente Próximo y Asia. En los 149 que garantizan esa igualdad de derechos, la pregunta clave es con qué velocidad están acumulando riqueza las mujeres y qué probabilidad hay de que leguen sus bienes.

Según la Encuesta de Finanzas del Consumidor, las mujeres estadounidenses poseen un tercio del total de los activos financieros familiares; y, para 2030, podrían poseer una cantidad mayor que los hombres. En comparación con ellos, cuando se trata de administrar su dinero, es más probable que las mujeres busquen asesoramiento profesional, se preocupen por la supervivencia de sus activos, se centren en objetivos de la vida real como la salud y el bienestar, y eviten riesgos al invertir. Pero si bien buscan más asesoramiento que los hombres en cuestiones financieras en general, las encuestas en Reino Unido indican que no planifican la herencia que dejarán, lo que se traduce en unos tipos impositivos más altos para cantidades similares de activos. «Entre quienes están obligados a pagar el impuesto sobre sucesiones, los patrimonios netos de las mujeres valen 1.300 millones de libras más que los de los hombres —señala Dawn Mealing, jefa de políticas de asesoramiento y desarrollo de Fidelity International—. Sin embargo, casi la mitad no ha llevado a cabo una planificación financiera que asegure que ese patrimonio se entregue como les gustaría.» Esto puede ser muy preocupante, ya que las mujeres se enfrentan a decisiones cada vez más trascendentales con respecto a la herencia, porque muchas de ellas «son responsables tanto de sus deseos como de los de su pareja».

En el contexto de la sociedad posgeneracional, es importante considerar cómo la acumulación de riqueza de las mujeres puede cambiar las prácticas hereditarias. Ellas se preocupan más por mantener a los demás, sobre todo en términos de educación, bienestar y atención médica; y también son más propensas a hacerse un seguro a todo riesgo. Dadas estas preferencias, las mujeres que viven hasta edades avanzadas, ¿se saltarán la generación de los hijos en sus testamentos, porque ya tendrán su vida establecida, para legar sus bienes a los nietos, que podrían necesitarlos más?

«A la hora de legar el dinero de generación en generación, desde hace mucho tiempo ocurre que cuando las generaciones mayores mueren, los hijos reciben lo que queda —observa Tanita Jamil, consultora de St. James's Place Wealth Management—. Pero, como se espera que las generaciones mayores vivan cada vez más, hasta los 80 e incluso 90, en los últimos años ha habido un cambio, uno que plantea un verdadero reto para las mujeres de la llamada "generación sándwich".» Se refiere a las madres que están criando a sus hijos y al mismo tiempo cuidan de sus padres ancianos. En Reino Unido, más de seis de cada diez miembros de la generación sándwich son mujeres. Según la Oficina de Estadísticas Nacionales, el grupo de edad promedio que hereda es el de 55 a 64 años. Si la herencia llega justo cuando la gente se prepara para la jubilación, la pregunta es ¿quién la necesita más, los hijos o los nietos? Entre 2015 y 2019, los nietos británicos heredaron alrededor de 19.000 millones de libras, en comparación con los 23.000 millones que recibieron los hijos. Además, más de la mitad de las personas que heredaron a partir de los 50 años optaron por donar el dinero a sus hijos y nietos. Es probable que esta tendencia vaya a más a medida que las mujeres representen una mayor proporción de la riqueza, sobre todo por encima de los 60 años.

Sin embargo, que las mujeres tengan estas mejores perspectivas económicas y de riqueza ¿se traduce en que su situación es mejor? No necesariamente. De hecho, las mujeres de todas las edades asumen una responsabilidad —mayor o menor— en el cuidado de los demás que no es proporcional a la forma en que son recompensadas. Suelen asignar más tiempo, ingresos y dinero a la educación y la salud de los miembros de la familia, y se las sigue discriminando en el trabajo. En otras palabras, resulta un tanto engañoso asociar la acumulación de riqueza con la equidad y el bienestar. Al fin y al cabo, las mujeres continúan teniendo todo en contra en muchos ámbitos de la vida. ¿Puede una reestructuración fundamental del modelo secuencial de la vida comportar mejores perspectivas para las mujeres? De eso trata el siguiente capítulo.

8

Un punto de inflexión para las mujeres

> Liberarse era una cosa; reclamar la propiedad de ese yo liberado era otra.
>
> Toni Morrison (1931-2019)

«Pospuse la búsqueda de un hijo hasta que tuve la sensación de que estaba en el momento adecuado de mi carrera para hacer un parón de un año —escribe la periodista canadiense Carley Fortune, editora ejecutiva del sitio web para mujeres *Refinery29*, quien había trabajado antes para algunos de los periódicos más importantes de su país. «Mi trabajo lo era todo para mí: mi principal motivo de orgullo y el vehículo para dar salida a mi creatividad; me dio mi identidad y algunas de mis relaciones más valiosas. No quería dejar pasar lo de tener un hijo, y tampoco quería perder las oportunidades buenas (y mejor pagadas) que surgieran cuando estuviese de baja por maternidad.» Solía cambiar de trabajo con frecuencia, lo que empeoraba las cosas, porque tuvo que dejar a un lado el resto de los ámbitos de su vida para poder impresionar cada vez a su nuevo jefe. «Nunca pensé que podría hacer un alto en mi carrera. Hasta que al final lo hice.»

¿Por qué ponemos a las mujeres en situaciones como ésta?

¿Por qué les pedimos que elijan entre un bebé y una carrera profesional? ¿Existe una manera mejor de organizar la vida y la trayectoria profesional? ¿Pueden las mujeres encontrar la forma de que se las trate con justicia en lo que atañe a su relación con el mercado laboral? ¿Podría ser útil utilizar un enfoque posgeneracional?

Detrás del estrés y la desigualdad que sufren tantas mujeres en el mercado laboral y en la estructura empresarial se encuentra la presión que la sociedad ejerce sobre ellas para que se decidan por el trabajo o la familia. En 1978, el columnista de *The Washington Post* Richard Cohen escribió un famoso artículo de opinión en el que acuñó el término «reloj biológico», en referencia a las vicisitudes que tenían que afrontar las mujeres trabajadoras en edad reproductiva. «Una mujer ficticia (en realidad, son varias en diferentes momentos vitales) viene a almorzar. Ahí está, entrando en el restaurante. Es la guapa. Pelo oscuro. Estatura media. Bien vestida. Ahora se está quitando el abrigo. Tiene buen tipo. —Tras esta introducción tan misógina, el artículo llegaba al meollo del asunto—. Es maravilloso tener esa edad, entre los 27 y los 35 —continúa—, y la cuestión, por si te la estabas preguntando, es que hay un nuevo hombre en su vida.» Ella baja la mirada, y él le pregunta qué le pasa. «¿Sin que salga de aquí?» Ella duda un momento y luego lo suelta. «Quiero tener un bebé.» Con independencia del estado civil, «la sensación que hay siempre es de que el tiempo pasa. Habrá que tomar una decisión. Una que perdurará para siempre». Lo que está en juego para los dos seres humanos que mantienen esta conversación difiere radicalmente. Hay muchas cosas de las que el hombre no necesita preocuparse nunca. «Como el tictac del reloj biológico.»

«El problema es que las imágenes del reloj pueden usarse para reforzar concepciones sexistas», escribe Moira Weigel, profesora de comunicación en la Universidad Northeastern. A finales de la década de 1970, a raíz de la segunda ola feminista, la píldora y la legalización del aborto, «la avalancha de historias sobre el reloj biológico se centró en los individuos, no en las organizaciones —explica—. Los medios de comunicación ensalzaron a las profesionales que decidieron tener hijos mientras mantenían sus exigentes carreras, y advirtieron a las que pospusieran tener hijos de que más tarde se arrepentirían de su falta de determinación». También añade que la posibilidad de que las mujeres no deseen ser madres es algo que rara vez se considera.

Está claro que el fenómeno creciente de las mujeres que deciden apostar por su carrera profesional chocaba con el modelo secuencial de la vida. El concepto determinista del reloj biológico era un doble rasero según el cual la responsabilidad de criar una familia recaía casi por completo en la mujer, y que efectivamente reforzaba las nociones del patriarcado y generaba en ella un sentimiento de culpa si no sacaba tiempo para tener hijos e incluso si posponía hacerlo. Y no se hizo ninguna mención en su momento al reloj masculino, puesto que existía el mito de que los hombres siempre pueden tener hijos, aunque la mitad de las parejas que emprenden tratamientos de fertilidad lo hagan a causa de ellos. «La función del reloj biológico ha sido hacer que parezca natural (de hecho, inevitable) que el peso de la reproducción recaiga casi por completo en las mujeres —concluye Weigel—. Esta idea tiene consecuencias tanto morales como prácticas: si no planificas tu vida bien, te mereces acabar sola y desesperada.»

Por mucho que la retórica del reloj biológico pueda disuadir a las mujeres de tomar las decisiones que quieran y que se conviertan en quienes deseen, el reloj en sí se superpone casi a la perfección con el período de la vida prescrito por el modelo secuencial, por el que se supone que las personas deben destacar en sus estudios y trabajo si quieren salir adelante en lo profesional. El esquema juego-estudio-trabajo-jubilación, al que se le asignaron unos tiempos precisos e inflexibles, se diseñó hace más de cien años para los hombres. En ese momento, sólo ellos (unos pocos) podían aspirar a estudiar más allá de la educación básica, tener un trabajo con prestaciones fuera del hogar y cobrar una pensión al jubilarse (las mujeres podían acceder a la de viudedad, pero no a la de trabajadoras). El modelo funcionó durante muchas décadas, gracias a que a la mayoría de las mujeres se les negaron oportunidades educativas y se las disuadió de trabajar fuera de casa. Cuando cada vez más pudieron aprender una profesión y tener una carrera, pudimos vislumbrar hasta qué punto el modelo secuencial estaba desconectado de las aspiraciones y realidades de las mujeres.

Al igual que en los años sesenta las mujeres libraron una batalla crucial para conquistar sus derechos individuales, en una larga lucha por la equidad y la paridad, la abolición del modelo secuencial de la vida podría suponer otro punto de inflexión. Ojalá pudiéramos conseguirlo.

Históricamente, el modelo secuencial ha beneficiado a los hombres porque ellos no tienen que interrumpir sus carreras para formar una familia. Por el contrario, muchas mujeres tienen que lidiar con el hecho de que el esquema juego-estudio-trabajo-jubilación está reñido con sus anhelos y preferencias, ya que la mayoría de los ascensos en las empresas o dentro de la administración pública ocurren cuando los empleados tienen entre 30 y cuarenta y tantos años, justo cuando muchas mujeres trabajadoras quieren tener hijos. Y, lo que es peor, en un mundo desigual en el que las madres asumen una parte desproporcionada de las tareas domésticas, también cuando trabajan fuera del hogar, los hombres pueden centrarse en sus carreras profesionales mientras ellas atraviesan dificultades para salir adelante o, peor aún, no ven más opción que cogerse una baja para atender a sus hijos. No sorprende que cuando las escuelas cerraron durante la pandemia del coronavirus, nada menos que 2,5 millones de mujeres estadounidenses renunciaron a sus trabajos para ocuparse de las tareas del hogar y ayudar a sus hijos con las clases online.

«El modelo laboral tradicional de educación, trabajo a tiempo completo y jubilación se basa en la vida laboral típica de los hombres —escribía en 2001 Sharon Mavin, de la Escuela de Negocios de la Universidad de Newcastle—. No existe un único modelo laboral que pueda aplicarse a las mujeres de ahora —explicaba—. Está claro que, si bien los modelos de carrera masculinos perduran y las mujeres son las que se desvían del camino para cumplir con las responsabilidades familiares, ellas seguirán estando en desventaja competitiva en el desarrollo profesional.» Es así de sencillo (e irrefutable).

Según una meticulosa investigación longitudinal realizada

por los demógrafos Patrick Ishizuka y Kelly Musick, «las mujeres estadounidenses que antes de ser madres ocupan puestos de trabajo con jornadas de cuarenta horas o más y reciben primas salariales más altas por jornadas laborales más largas tienen significativamente menos probabilidades de seguir trabajando después de dar a luz». Entre las ocupaciones menos flexibles encontramos los puestos directivos de nivel medio y alto en empresas o agencias de servicios profesionales (consultoría, auditoría, etcétera), en los que «estar ahí» y mantener las relaciones personales es algo fundamental para el buen desempeño, conseguir ascensos y una buena remuneración. Aunque algunas otras ocupaciones ofrecen a las madres trabajadoras cierta flexibilidad, el patrón general establece que el modelo tradicional (masculino) de desarrollo profesional describe una trayectoria ininterrumpida, con ascensos que tienen lugar en momentos predecibles. La negociación colectiva, el cambio tecnológico y el trabajo en remoto pueden crear en el futuro muchas carreras profesionales alternativas, pero veremos más adelante que no está claro si las mujeres se beneficiarán de esas oportunidades tanto como los hombres. Mientras, ellas siguen siendo las más perjudicadas, porque son quienes hacen concesiones en su vida familiar, padecen altos niveles de estrés, sufren interrupciones en su carrera y renuncian a oportunidades de ascenso y desarrollo profesional. Sencillamente, el sistema funciona mejor para los hombres que para las mujeres. Y mucho mejor, la verdad.

Posponer la llegada del primer hijo

Quizá las consecuencias más evidentes de las dificultades que las mujeres deben sortear cuando persiguen sus sueños profesionales y familiares sean de tipo demográfico. El mayor acceso de las mujeres a oportunidades educativas y laborales ha provocado el aplazamiento de la maternidad y una disminución en el número de hijos. Son dos cuestiones que guardan una estrecha relación. En la mayoría de los países desarrollados, la edad media de la madre en el momento de tener su primer hijo subió entre tres y cinco años desde 1970. En la actualidad, en Corea del Sur, Italia, España, Japón y Países Bajos las madres tienen algo más de 30 años cuando nace su primer hijo. En el resto de Europa se superan los 29 años; y, en Estados Unidos, la cifra se sitúa en los 27 (véase la tabla 8.1).

Tabla 8.1. Edad media de la madre al tener el primer hijo

País	1990	2000	2010	2020
Corea del Sur	..	27,7	30,1	32,3
Italia	26,9	..	..	31,4
España	26,8	29,1	29,8	31,2
Japón	27,0	28,0	29,9	30,7
Países Bajos	..	28,6	29,2	30,2
Alemania	..	..	28,9	29,9
Dinamarca	26,4	27,8	..	29,8
Suecia	26,3	27,9	28,9	29,7
Reino Unido	25,5	26,5	27,7	29,1
Francia	..	27,8	..	28,9
Polonia	..	24,5	26,5	27,9
Israel	..	25,7	27,2	27,7
EE. UU.	24,2	24,9	25,4	27,1
Rumanía	..	23,6	25,5	27,1
Canadá	25,9	27,1	28,4	..

Fuente: Base de datos sobre la familia de la OCDE.

Sin embargo, estas cifras ocultan grandes diferencias según la educación y el lugar de residencia. Para las mujeres estadounidenses con un alto nivel educativo que viven en zonas urbanas, y sobre todo a lo largo de las dos costas, la edad media está en los treinta y tantos años; pero para aquellas que no tienen estudios de secundaria y que viven en zonas rurales, la edad media puede bajar hasta los veinte. Son dos mundos totalmente diferentes. Según Heather Rackin, socióloga de la Universidad del Estado de Luisiana, «las personas de estatus socioeconómico bajo pueden no incurrir en tantos costes de oportunidad, y la maternidad comporta también unos beneficios de satisfacción emocional y estatus en la comunidad, y forma parte del camino a seguir para convertirse en una mujer adulta».

Entre las mujeres con educación superior a la secundaria, hay muchos factores detrás del aumento de edad a la que se tiene el primer hijo. Las investigaciones al respecto han identificado «el aumento de la anticoncepción efectiva, las mejoras en la educación de las mujeres y la participación en el mercado laboral, los cambios de valores, la igualdad de género, los cambios en las parejas, las condiciones de vivienda, la incertidumbre económica y la ausencia de políticas familiares de apoyo». Pero la clave está en que estos factores se refuerzan entre sí. Los cambios culturales han propiciado el acceso de las mujeres a la educación y al trabajo remunerado, lo que a su vez ha aumentado la aceptación y el uso de anticonceptivos y producido nuevos cambios en el estilo de vida y modalidades de vida no tradicionales. La incertidumbre y el aumento del coste de la vida no han hecho más que acelerar esta tendencia. Más adelante en este capítulo analizaremos qué políticas podrían mejorar esta situación. Pero antes examinemos cómo este torbellino de cambios afecta a las mujeres que trabajan y tienen una familia.

Estrés a la carta

«Las mujeres con hijos saben mucho de la tensión que existe entre ser una madre que se implica y lidiar con un trabajo exigente —dice la doctora Judith Mohring, del Priory Wellbeing Centre de Londres—. Pero no sólo las madres tienen la sensación de no estar a la altura del imaginario del ideal femenino. Hay muchos ámbitos donde podemos competir: nuestra apariencia, la calidad de nuestras amistades y, por supuesto, el trabajo que producimos.» Ése es el caldo de cultivo en el que crecen el estrés y el agotamiento. «A veces puede parecer que hay muchas maneras de fracasar. Y ahí es cuando las dudas, la baja autoestima y la autocrítica hacen acto de aparición.»

Una forma de visualizar el problema es formularlo en términos de presión temporal. Las mujeres con un trabajo de día también realizan el «turno de noche» en casa, donde dedican de media el doble de tiempo a las tareas domésticas que los hombres. Y la situación en el trabajo suele ser más estresante para las mujeres que para los hombres. Un extenso estudio canadiense concluyó que las mujeres sufren más estrés en el trabajo porque tienen menos libertad de decisión, suelen estar sobrecualificadas y tienen menos probabilidades de obtener un ascenso. Estos tres aspectos se refuerzan entre sí para generar el estrés.

Para las mujeres, conciliar el trabajo y la familia durante la pandemia no fue tarea fácil. En su caso, el trabajo en remoto ha sido un arma de doble filo. Cuidar a los niños en casa todo el día y tener las clases del colegio también en casa dio pie a la tormenta perfecta, según Marianne Cooper. Una encuesta de McKinsey/Lean In mostraba que una de cada cuatro mujeres consideró bajar el ritmo en su carrera o dejar de trabajar. La presión sobre las madres trabajadoras se duplicó. «También me preocupa que se juzgue mi desempeño porque estoy cuidando a mis hijos —dijo una mujer entrevistada para el estudio—. Si me alejo del ordenador del trabajo y me pierdo una llamada, se preguntarán dónde estoy. Tengo la sensación de que tengo que estar siempre disponible y preparada para responder al momento ante cualquier cosa que surja. Y si no es así, mi desempeño se verá negativamente afectado.» Los estudios han descubierto que, durante la pandemia, las mujeres tuvieron mucho menos tiempo de trabajo ininterrumpido en casa que los hombres. Para empeorar las cosas, una encuesta de Qualtrics/theBoardlist realizada en julio de 2020 halló que, durante este período en el que se implantó el teletrabajo de forma generalizada, los hombres ascendieron a un ritmo tres veces mayor que las mujeres.

El verdadero problema, claro está, no fue la pandemia, sino la división desigual del trabajo en el hogar. «En lugar de decirles a las mujeres que tienen que volver a la oficina, debemos preguntarnos por qué este trabajo no remunerado no se comparte de manera más equitativa con los hombres», dice la doctora Mary-Ann Stephenson, directora del Women's Budget Group en Reino Unido. Con pandemia o sin ella, hombres y mujeres sufren los efectos de la paternidad en sus trabajos de maneras marcadamente dispares. Cuantificar esa diferencia resulta impactante.

La maternidad penaliza y la paternidad bonifica

«Estaba pendiente que me ascendieran, y aquello se estancó del todo en cuanto anuncié que estaba embarazada —recuerda Allison (nombre inventado) en una entrevista con la revista *New York*—. Al final me dieron el trabajo y responsabilidades adicionales, pero postergaron cambiar el nombre del cargo y el aumento asociado.» Sus problemas comenzaron incluso antes de dar a luz. «Estando embarazada me dejaron de llevar a muchas reuniones externas y actos en los que representaba a la organización. Creo que los hombres de más edad de la plantilla no se sentían cómodos con que una mujer embarazada fuera la imagen de la organización.» Como era de esperar, las madres se esfuerzan en demostrar que son muy trabajadoras. «También me enteré de que desde la dirección se vigilaban muy de cerca las ausencias o retrasos de las madres, por lo que siempre iba con cuidado para llegar temprano y quedarme hasta tarde.» A la luz de estos hechos, sólo hay una conclusión posible. «Tenemos un verdadero problema con la forma en que tratamos y valoramos la maternidad.»

El Modern Family Index, que publica cada año Bright Horizons, muestra que dos tercios de los estadounidenses creen que es más probable que dejen de lado a las madres que a los padres en una oferta de trabajo, y que las oportunidades profesionales con frecuencia recaen en empleados menos calificados en lugar de en madres trabajadoras. Es sorprendente (o tal vez no) que las madres trabajadoras sufran un recorte salarial del 4 por ciento por cada hijo que tienen, mientras que los padres disfruten de un aumento medio del 6 por ciento, que en gran parte tiene que ver con los diferentes índices de promoción que atraviesan a lo largo del tiempo, según indica un estudio de la socióloga Michelle Budig. «Los empleadores consideran que los padres son trabajadores más estables y que están más comprometidos con su trabajo;

tienen una familia que mantener, por lo que es menos probable que fallen —observa—. Esto es lo contrario de cómo interpretan los empleadores la maternidad.» La forma en que hemos utilizado la edad para organizar y programar las carreras y ascensos refleja un sesgo patriarcal que está profundamente arraigado en el modelo secuencial de la vida y el concepto de familia nuclear.

Después de tomar en consideración la edad, la experiencia y la educación, «la mayor parte de la desigualdad de género que sigue habiendo en los ingresos se debe a los niños», concluyó un equipo de tres economistas de Princeton tras analizar una amplia muestra de datos sobre salarios y carreras en Dinamarca. «La llegada de los niños crea una brecha de género en los ingresos de alrededor del 20 por ciento a largo plazo, que se ve afectada en proporciones casi iguales por la participación en el mundo laboral, las horas de trabajo y los salarios.» La realidad del asunto es que la mayoría de las mujeres cambian sus patrones laborales después de dar a luz, cosa que rara vez ocurre en el caso de los hombres y, de hacerlo, sólo llevan a cabo cambios menores. Algunas partes de Europa presentan un marcado contraste con Estados Unidos. La penalización por ser madre se convierte en un beneficio, ya que los sistemas de pensiones estatales compensan que se produzcan interrupciones en la carrera profesional. Pero esto sólo ocurre en Europa del Este y Escandinavia. En el resto de Europa, el hecho de ser madre se sigue viendo penalizado. «La penalización que la maternidad supone en los ingresos de jubilación es significativamente menor si en un país existen prestaciones de jubilación universales, que garantizan un ingreso independiente de la vida laboral del individuo», concluye Katja Möhring, investigadora de la Universidad de Mannheim (Alemania). Aun así, en la mitad de los países europeos la brecha de género en las pensiones alcanza entre el 30 y el 50 por ciento del nivel de los hombres; también en las cinco economías más grandes (Alemania, Francia, Reino Unido, Italia y España), y entre el 10 y el 30 por ciento en la mayoría de los demás países.

En términos más generales, la brecha de género en los ingresos mensuales después de tener en cuenta las horas trabajadas y las características de los trabajadores es aún mayor en Brasil, Indonesia, México, Portugal y Corea del Sur; y estos cinco países son también los peores en términos de salario por hora. En los 28 países de la OCDE incluidos en el estudio, las diferencias de género en materia de remuneración que siguen resultando «inexplicables» (en su mayoría atribuibles a la discriminación) son mayores que las que pueden explicarse atendiendo a las horas trabajadas y las características del trabajador/a. La brecha de género aumenta con la edad y después de que las mujeres tengan hijos. Sin embargo, las investigaciones han encontrado que, al cumplir 50 años, las mujeres con hijos reducen la mayor parte de la brecha en relación con las que no los tienen. «La maternidad resulta "costosa" para las carreras de las mujeres —concluyeron Joan Kahn y sus colegas. Los hijos reducen la participación de las mujeres en la mano de obra, pero este efecto se acentúa cuando las mujeres son más jóvenes, y desaparece entre los 40 y los 50 años. Se advierte que las madres logran recuperar terreno en términos de estatus ocupacional», y la penalización salarial persiste sólo para las que tienen tres o más hijos. Así, las madres trabajadoras se recuperan en relación con las mujeres sin hijos, pero no terminan con la brecha que existe con respecto a los hombres. Muchas vuelven a trabajar porque necesitan el dinero, mientras que otras lo hacen por la culpabilidad que sienten al no haber proporcionado a sus hijas un modelo que seguir. «De verdad que pretendo volver a trabajar —decía una ama de casa entrevistada para *The Atlantic*—. Tengo la sensación de que estoy decepcionando a mis hijas por no hacerlo.» Ésa es otra presión más que soportan las madres trabajadoras.

La polémica con la vía de las madres

«En Big Law, las mujeres pueden tomar dos caminos: no tener familia, o tener una familia y también cuidadoras y que te ayuden en todo, un horario laboral de locos y privarte de ver a tus seres queridos; o trabajar siguiendo la vía de las madres, lo que implica tener proyectos menos interesantes y trabajar a tiempo parcial —señala Sally (un seudónimo)—. Trabajar a tiempo parcial significa afrontar un recorte salarial importante por la pequeñísima reducción de horas que se espera que trabajes. No es en absoluto proporcional a la reducción del esfuerzo real.» Otro problema es lo que sucede una vez que te sales de esa vía de las madres. «Cuando volví de mi baja de maternidad, en apariencia todos me apoyaron, pero me costó mucho recuperar mi carga de trabajo de antes», recuerda Sally.

El concepto de «vía de las madres» (*mommy track* en inglés) ha sido controvertido desde que Felice Schwartz, presidenta de la organización sin ánimo de lucro Catalyst, lo utilizó por primera vez en 1989. «El coste de contratar mujeres en puestos directivos es mayor que el de contratar hombres», así reza la primera línea de su comentadísimo artículo en *Harvard Business Review*. «Es una afirmación polémica, en parte porque es cierta, pero sobre todo porque es algo de lo que la gente se muestra reacia a hablar.» Como prueba de este «hecho», puso de ejemplo a las mujeres que se cogen una baja de maternidad y no vuelven a trabajar nunca más, o que deciden hacer una pausa en su carrera por otros motivos. Instó a las empresas a dejar de centrarse en los hombres para así garantizar que el capital humano de las mujeres talentosas no se desperdiciara, y a reconocer que las había de dos tipos: las de «la carrera es lo primero» y las de «carrera y familia». Para las primeras, recomendaba «eliminar las barreras artificiales que se encuentran durante su ascenso a la cima», mientras que para las segundas (según ella, la mayoría) proponía unos «índices de ascenso y remuneración que habrán de ser más bajos» a cambio de «flexibilidad». Aconsejó a las empresas que realizaran «un análisis de coste-beneficio sobre el retorno que genera la inversión en mujeres con alto desempeño laboral... Si el valor de las mujeres en la empresa es mayor que el coste de contratarlas, formarlas y promover su desarrollo (y, sin duda, creo que lo será), entonces deberían hacer todo lo posible por retenerlas». Así nació lo que se conoce como *mommy track*, un concepto al que siguió una amarga polémica.

Los partidarios de la idea básica de Schwartz aplaudieron su realismo y practicidad, mientras que sus detractores se indignaron por la propuesta que hacía de relegar a las mujeres a carreras profesionales más lentas y con salarios más bajos. «Es problemática porque refuerza la idea, tan arraigada en nuestro país, de que si eres mujer puedes tener una familia o una carrera, pero no las dos cosas —se lamentaba Patricia Schroeder, congresista demócrata de Colorado—. Por supuesto que a los empresarios les encanta, porque ellos no se atreven a decirlo y ahora ha aparecido una mujer que habla por ellos.» Schwartz insistía argumentando que «la realidad es que en este momento las mujeres asumen una mayor parte de la responsabilidad de la crianza de los hijos». A Fran Rodgers, presidente de Work/Family Directions, le parecía «inquietante» ver cómo Schwartz intentaba encajar «a las mujeres en la cultura laboral existente, en lugar de encontrar formas de cambiar esa cultura. Y esta idea de dividirlas en dos grupos, pero ignorando por completo la diversidad entre los hombres, es terrible». Richard Heckert, director de DuPont y de la organización Catalyst que Schwartz preside, indicó que ésta «parece decir que la familia sigue siendo un problema de las mujeres y que la forma de solucionarlo es encontrar mujeres que no tengan hijos».

Treinta años después, algunas empresas han retomado la idea con resultados que han parecido ser buenos. En 2015, Vodafone anunció que ofrecería dieciséis semanas de permiso de maternidad remunerada y una opción de trabajar treinta horas semanales con salario completo durante seis meses. Mientras tanto, IBM ofreció a sus empleadas una jornada laboral reducida con un rango salarial que se prorratearía hasta cinco años. Los economistas señalan que el problema de ofrecer contratos flexibles, tanto a hombres como a mujeres, envía una señal al empresario de que el trabajador no está dispuesto a sacrificarlo todo en aras del desempeño laboral y el desarrollo profesional. El problema radica en que este «juego de señales» puede convertirse en un criterio explícito para no conceder ascensos y aumentos salariales o, peor aún, en un sesgo implícito e inconsciente. Lo más importante es que no hay pruebas de que las mujeres que cogen la baja de maternidad estén menos comprometidas con el trabajo o menos dispuestas a priorizarlo. Exigir que todas las madres y padres se cojan la baja eliminaría en principio el valor de la señal, aunque el contraste entre padres y trabajadores sin hijos seguiría siendo notable. Si bien la mayoría de los países del mundo tienen una política nacional de bajas de maternidad remuneradas (Estados Unidos es una de las excepciones), en menos de la mitad también existe para los padres. En la práctica, muchas más madres que padres cogen la baja, y por eso los economistas proponen dar incentivos económicos muy fuertes para que ambos progenitores se beneficien del permiso remunerado.

El problema fundamental del *mommy track*, las bajas de maternidad y paternidad, y otras fórmulas de flexibilidad es que, si bien son efectivas para rebajar la edad a la que la madre tiene el primer hijo y facilitar su vuelta al mundo laboral, están dirigidas a resolver el problema y no a disolverlo. En la economía basada en el conocimiento, las exigencias educativas han aumentado. Muchos hombres y mujeres no acaban los estudios hasta los veintitantos, y después de eso necesitan varios años para establecerse profesionalmente, conseguir un ascenso y hacerse un hueco en la escala corporativa. Es el modelo secuencial de la vida el que crea el problema, porque tanto hombres como mujeres preferirían formar una familia pronto, y no posponerlo para perseguir sus sueños profesionales. Y, sin embargo, a pesar de lo complicado que se ha vuelto abrirse camino en la secuencia de etapas en circunstancias normales, el problema palidece en comparación con la situación de las mujeres que tienen un bebé en la adolescencia o que crían a sus hijos sin ayuda de nadie.

Los apuros innecesarios que atraviesan las madres adolescentes y solteras

«Era la comidilla de todo el instituto. Fue el momento más vergonzoso de toda mi vida —recuerda Stassi—. Me señalaban mucho, cuchicheaban sin parar cuando iba por el pasillo, imagínate: "Ésa es la chica que está embarazada de gemelos, ésa es la de los gemelos", y escuché a alguien decir: "Ay, su vida ya ha terminado".» Ella perseveró, terminó el instituto, la aceptaron en una universidad para estudiar una especialidad en investigación y obtener un título en trabajo social, pero dio a luz en agosto, justo antes de que comenzara el semestre, y acabó estudiando en un centro de formación superior. Abandonó los estudios antes de graduarse y recibió una ayuda social. Con ese dinero pagó una guardería y pudo asistir a una escuela de oficios, donde entre las estudiantes y profesoras había otras madres adolescentes.

Eso es lo que yo lo llamaría descarrilar, una historia de terror sobre cómo el modelo secuencial de la vida ofrece pocas alternativas, si es que ofrece alguna. Las madres adolescentes son el grupo de mujeres a las que con más claridad no les funciona la secuencia juego-estudio-trabajo-jubilación. Dada la estructura del sistema educativo y del mercado laboral, tener un hijo en la adolescencia puede acarrear consecuencias devastadoras. Aunque en Estados Unidos los nacimientos entre las madres adolescentes se han reducido a más de la mitad desde principios de los años noventa, cada año alrededor de 160.000 mujeres de entre 15 y 19 años dan a luz a un bebé, la cifra más alta entre países ricos similares. Casi el 3 por ciento de las mujeres afroamericanas, indias americanas, nativas hawaianas y latinas dan a luz en la adolescencia. Entre las mujeres blancas no hispanas, la tasa es del 1 por ciento. El problema no radica en tener un bebé, que puede ser una experiencia satisfactoria, sino en que sólo la mitad de las madres adolescentes terminan la escuela secundaria, en comparación con el 90 por ciento del resto de las mujeres. Para empeorar las cosas, sus hijos «tienen más probabilidades de mostrar un peor rendimiento escolar y abandonar la secundaria, tener más problemas de salud, ir a la cárcel en algún momento de la adolescencia, tener un hijo en la adolescencia y enfrentarse al desempleo cuando sean adultos jóvenes», indican desde los Centros para el Control y la Prevención de Enfermedades.

Hay madres adolescentes que logran salir adelante. Erica Alfaro se quedó embarazada con 15 años. Su novio la dejó. Trabajó en los campos recogiendo tomates con su madre. Dejó el instituto y se matriculó en un programa de educación a distancia. Le llevó más tiempo de lo habitual, pero el esfuerzo al final le permitió plantearse estudiar una carrera universitaria. Tenía 27 años cuando se graduó en la Universidad del Estado de California en

San Marcos, y una licenciatura en Psicología. Llevaba un cartel que decía: «¡Lo logramos, Luisito! 2 %», en referencia a su hijo y al hecho de que sólo el 2 por ciento de las madres adolescentes se gradúan en la universidad antes de los 30 años, lo que significa que casi todas renuncian a la prima salarial media del 85 por ciento de la que disfrutan en Estados Unidos los graduados universitarios del mercado laboral, en contraste con los que sólo tienen estudios de secundaria.

¿Cómo puede una sociedad rica y tecnológicamente avanzada tolerar una tasa de graduación universitaria tan baja entre las madres adolescentes? Si queremos que éstas tengan éxito en la economía del conocimiento, necesitamos un modelo de vida más flexible que les permita terminar la secundaria y continuar estudiando algún tipo de educación posterior (si quieren) más adelante, junto con otras generaciones más jóvenes que no se desmoronaron cuando sus planes educativos se vieron interrumpidos o pospuestos, o bien fracasaron. Sólo necesitan disfrutar de unos tiempos y ritmos diferentes para aprovechar las oportunidades que les ofrece la vida. Y eso es justo lo que el modelo secuencial les niega con demasiada frecuencia; otro ejemplo más de la desigualdad de oportunidades.

Si bien la proporción de madres adolescentes ha disminuido en más del 60 por ciento en Estados Unidos, sigue siendo muy alta en los países en desarrollo. «A nivel mundial, se estima que el 15 por ciento de las mujeres jóvenes dan a luz antes de los 18 años», señala un estudio de Unicef, la agencia de las Naciones Unidas para la infancia; algo que «puede desbaratar el desarrollo saludable de las niñas hasta la edad adulta y tener impactos negativos en su educación, en sus formas de ganarse la vida y en su salud». El problema es que esta proporción puede llegar al 30 o 40 por ciento entre las mujeres adolescentes que viven en zonas rurales. La diferencia con las madres adolescentes que viven en países en vías de desarrollo es que «muchas niñas que están embarazadas se ven presionadas u obligadas a abandonar la escuela, lo que puede afectar a sus perspectivas y oportunidades educativas y laborales». Otras consecuencias más graves pueden ser que su «estatus en el hogar y la comunidad se vea perjudicado, y que sufran estigmatización, rechazo y violencia por parte de miembros de la familia, compañeros y parejas, así como matrimonios precoces y forzados». Además, entre las principales secuelas para la salud destacan las «fístulas obstétricas, eclampsia, endometritis puerperal e infecciones sistémicas». Igual que en el mundo desarrollado, aquí las tasas de embarazo adolescente han disminuido, aunque mucho más despacio.

La pobreza suele ser el desencadenante de los embarazos adolescentes. «Hay momentos en los que necesitas algo de dinero, pero cuando tus padres no pueden conseguirlo, aparece un chico que se ocupa de todo —dice una madre adolescente de Uganda—. Y cuando quiere que se lo devuelvas, si no tienes trabajo, ¿qué puedes hacer para pagarle, más allá de acostarte con él?» Una joven de 17 años de Ghana recuerda que «estaba en la escuela y tenía que pagar las tasas de un examen. Necesitaba dinero. Y entonces un chico se interesó por mí. Me ayudó más de dos veces, y me quedé embarazada». Los docentes y directores de los colegios de toda el África subsahariana dicen que, además de ofrecerles buenos consejos y hablarles claro sobre cuestiones relacionadas con la sexualidad, mantener a las niñas en la escuela con un coste reducido o gratuito y enseñarles habilidades útiles, como la fabricación de joyas o contabilidad, las ayudaría a ser más independientes.

Si bien los países en vías de desarrollo lideran los índices de maternidad adolescente, Estados Unidos ocupa lo más alto del podio cuando se trata de niños que viven con un solo progenitor, por lo general con la madre. Casi un tercio de los ocho millones de hogares estadounidenses gestionados por madres solteras viven en la pobreza; ellas no trabajan en todo el año y tienen que hacer frente a problemas de inseguridad alimentaria. Alrededor de la mitad de las madres solteras estadounidenses nunca se han casado, casi un tercio están divorciadas y el 20 por ciento están separadas o son viudas. La brecha salarial con respecto a los hombres en una situación comparable es mucho mayor para las madres solteras, sobre todo si son negras o latinas. El ingreso medio de las familias encabezadas por madres solteras fue de 48.000 dólares en 2019, en comparación con los 102.000 dólares (más del doble) de las parejas casadas. Esto se debe sobre todo a que a las madres solteras, después de asignar más de la mitad de sus ingresos a la vivienda y un tercio al cuidado de los niños, les queda poco para los gastos educativos. También es menos probable que sean propietarias de una vivienda. En pocas palabras, las madres solteras están en peor situación porque no siguieron el camino tradicional, ese que va de la educación hasta el ascenso laboral y la acumulación del capital suficiente para comprar una vivienda y contar con ahorros para la jubilación. Perdieron varios trenes en la vida y se quedaron sin opciones de volver a subirse a alguno que las llevara a buen puerto.

Liberar a las mujeres de la tiranía del modelo secuencial

La forma en que hemos organizado la crianza y las carreras laborales ha generado una letanía de problemas en apariencia intratables. La tiranía del concepto de reloj biológico, ya sea por su uso abusivo para perpetuar el patriarcado o no, en la práctica afecta a las decisiones que toman muchas mujeres. Entretanto, posponer tener hijos hasta que se alcancen ciertas metas profesionales ha contribuido a la caída precipitada de la natalidad y a la crisis de las pensiones. Y no deberíamos echar la culpa a las mujeres, sino más bien al sistema educativo compartimentado por edades, al funcionamiento del mercado laboral y a la escalera de ascenso en las empresas. Cuando las madres no trabajan fuera del hogar, se sienten culpables por no brindarles a sus hijos un modelo «correcto» a seguir. Y si siguen trabajando, o vuelven a trabajar, sufren estrés y también la culpa de no dedicar suficiente tiempo al cuidado de sus hijos. Las mujeres siguen teniendo que soportar una penalización por ser madres, además de otras formas de discriminación laboral, y la humillación y el trauma (o algo peor) asociados al acoso sexual. Los parches que las madres aplican al problema, a no ser que se coloquen con mucho cuidado, pueden llevar a hacer frente a unas carreras profesionales ralentizadas y salarios más bajos. Si bien la educación permite a las mujeres tener una carrera profesional, su ausencia puede limitar seriamente las oportunidades laborales disponibles para las madres adolescentes. Y la lista deja fuera la violencia machista, que es más probable que persista con el paso del tiempo y tenga consecuencias más graves si las mujeres se sienten atrapadas en una relación o carecen de alternativas.

El modelo secuencial parece dejar atrás —o a un lado— a muchas madres a las que les gustaría disfrutar de su vida laboral en la misma medida en que lo hacen otros hombres y mujeres. Dejar el instituto por un embarazo en la adolescencia, ser madre soltera después de un divorcio o separación, o simplemente no seguir los pasos habituales del modelo secuencial las coloca en una posición de desventaja en relación con otras mujeres y con muchos hombres. La secuencia de juego-estudio-trabajo-jubilación permite muy poco margen de maniobra para que las mujeres puedan compaginar la maternidad con una carrera profesional. Si tienen hijos demasiado pronto, se ven penalizadas o se quedan muy rezagadas en cuanto a educación y oportunidades profesionales. Cualquier percance en el camino (un embarazo prematuro, una separación, un divorcio, un hijo/a con graves problemas de salud o de aprendizaje, una pandemia que obligue a que los niños se queden en casa) puede suponer enormes dificultades y hacer que las madres partan con desventaja en el mercado laboral, vean ralentizados sus ascensos en el trabajo o bien tengan que dejar del todo su puesto.

Tener (menos) hijos a una edad más avanzada tiene algunos beneficios, como una mayor estabilidad financiera y emocional. El descenso de la natalidad que genera este aplazamiento ha llevado a los gobiernos a implementar una serie de políticas para revertir la tendencia. Una medida común es conceder a los padres bonificaciones en efectivo por cada bebé o asignaciones familiares. En una revisión sistemática de las investigaciones sobre la efectividad de estas políticas, los académicos encuentran resultados contradictorios y se muestran reacios a afirmar que el número de hijos que tienen los padres tenga algún efecto positivo. Lo mismo ocurre con las concesiones indirectas, como por ejemplo los créditos por hijos, el acceso a la atención médica, las políticas de vivienda y similares. Dado que acciones como autorizar permisos de paternidad y ofrecer servicios de guardería en el lugar de trabajo o ayudas son eficaces para facilitar el regreso de la madre a su puesto de trabajo y reducir la edad a la que tiene lugar el primer parto, otra potencial vía sería tomar medidas adicionales para flexibilizar las modalidades de trabajo.

Nadie me creería si dijera que abandonar el modelo secuencial de la vida resolvería todos los problemas que las mujeres viven cuando son madres y trabajadoras, ya sea en el caso de profesionales con mucha formación que tienen hijos a los 30 años o de aquellas que afrontan la maternidad en la adolescencia. No obstante, deberíamos ser muy conscientes de que resolver los problemas no es óbice para disolverlos, sobre todo cuando para muchas mujeres implica elegir entre interrumpir sus carreras y posponer o renunciar a diferentes oportunidades educativas.

En una sociedad posgeneracional, deberíamos facilitar que las personas de diferentes edades avancen en su educación y sus carreras a la vez. Si las mujeres tuvieran más opciones sobre cuándo estudiar, trabajar, buscar un ascenso y tener los hijos que quieren tener, estarían en una posición mucho mejor para sortear las limitaciones que les imponen la biología, la vida moderna y el nefasto historial de los hombres en lo que a contribuir con las tareas del hogar se refiere; y también podríamos ofrecer una nueva gama de oportunidades a las madres adolescentes y solteras. Pero para eso habría que disponer de los recursos necesarios para poder diseñar una secuencia de las etapas vitales que estuviera personalizada, y que permitiera aparcar y retomar tanto el estudio como el trabajo en muchas ocasiones.

El hecho de que, de media, las mujeres vivan más que los hombres (unos cinco años en Estados Unidos y en todo el mundo, con una diferencia de entre tres y siete, según el país) multiplica las ventajas que éstas podrían obtener si se abandonara el modelo de etapas basado en la edad. Las mujeres ganarían más que los hombres si la sociedad implementara lugares de trabajo multigeneracionales en donde los ascensos fueran igual de probables a los 50 o 55 años que a los 30 o 40. Una vida más larga presenta más oportunidades para desarrollar diferentes trabajos y carreras. Además, las mujeres mantienen una buena forma física y mental mucho más tiempo que los hombres. Si pudieran ascender laboralmente a un ritmo similar al de los hombres (no sólo entre los 30 y los 40 años, sino también entre los 50 e incluso los 60), gran parte de la penalización que sufren por ser madres podría desaparecer.

Sin embargo, sin la colaboración de los empresarios o sin unas regulaciones y leyes laborales que conduzcan a optar por múltiples trayectorias profesionales, las mujeres no pueden cambiar por su cuenta la manera en que se plantean los empleos, las carreras y los ascensos. Para que se produzca un progreso hacia la paridad de género, para que las mujeres puedan liberarse de las cadenas impuestas por el modelo secuencial de la vida, podría ser necesaria una tercera ola del movimiento por los derechos de las mujeres, una que cambie de forma radical el sistema educativo y cómo se distribuye la mano de obra en diversos trabajos y posiciones.

Uno puede vislumbrar la mejor manera de disolver el problema observando los esfuerzos de muchas mujeres por seguir y modificar sus carreras después de convertirse en madres. Los sociólogos Andrew Hostetler, Stephen Sweet y Phyllis Moen descubrieron que las que afrontan mayores exigencias laborales y familiares tienen más probabilidades de volver a estudiar, tal vez debido a la necesidad de ganar dinero junto con una mayor resiliencia. Las investigaciones en países tan diversos como Estados Unidos, Reino Unido, Jamaica y Sudáfrica muestran que muchas madres adolescentes están ansiosas por continuar sus estudios o por regresar al instituto después de tener a sus bebés, pero las limitaciones financieras y la falta de apoyo institucional y familiar suelen frustrar sus intentos. «Decidí volver al instituto porque me di cuenta de que sin estudios no eres nada —señala Sue, una madre adolescente sudafricana—. Quiero que mi hijo y yo tengamos un futuro mejor.» El deseo de tener éxito en la vida está ahí, pero la cultura de los logros vitales ordenados de forma secuencial se interpone en el camino.

«Muchas veces me gustaría ser una adolescente normal y seguir yendo al instituto —dice una madre de 15 años que vive en

Texas—. Pero, en mi caso, hay muchas cosas con las que no cuento y que me gustaría poder disfrutar. Ya no es sólo cuestión de desear una adolescencia normal, sino una diferente.» Si la sociedad y la cultura siguen definiendo como «normales» todas aquellas cosas que todo el mundo debería hacer a una determinada edad (como ya demuestra la expresión «adecuado para su edad»), será complicado para muchas mujeres superar incluso las más pequeñas desviaciones de ese camino lineal hacia el juego y el estudio para pasar a trabajar y jubilarse. La sociedad posgeneracional debe construirse sobre múltiples vías, sobre diferentes maneras de ser adolescente, adulto, estudiante, trabajador o jubilado.

Las mujeres lucharon y consiguieron la igualdad de derechos políticos a principios del siglo XX y la igualdad de derechos civiles y económicos durante la década de 1960. Pero ninguno de esos logros acabó con la tiranía que representa para ellas el modelo secuencial de la vida. El mundo futuro ideal será aquel en el que tanto hombres como mujeres puedan hacer tantos parones laborales para criar a sus hijos o estudiar como sea necesario, sin que ello perjudique a su desarrollo profesional. Es una tarea difícil, pero es la manera de conseguir que las prácticas laborales cambien y no sólo por cuestiones de igualdad, sino también por el aumento de la esperanza de vida, el cambio tecnológico y la escasez de trabajadores. Este último problema, que en un principio se desencadenó con la retirada del mercado laboral de un gran número de hombres y sobre todo de mujeres por la pandemia, puede ayudar a reducir la subrepresentación de los grupos minoritarios y de las mujeres a medida que los empresarios cubran esos puestos vacantes. La parte positiva de todo esto es que un enfoque posgeneracional de las carreras profesionales también sería beneficioso para las empresas, sobre todo a la hora de atraer y retener talento en el mercado laboral, y también en su afán por participar más en los mercados de consumo, como veremos a continuación.

9

El mercado de consumo posgeneracional

> El marketing es una batalla de percepciones, no de productos.
>
> Al Ries (1926-2022)

«Mis tres hijos, que nacieron después de 2001, entran en el grupo de edad de la "generación Z" —escribe la australiana Jane Hillsdon, especialista en marketing—. Tienen 9, 12 y 14 años, y todos usan las redes sociales. Y, aunque sólo se llevan un par de años entre ellos, las utilizan de forma muy diferente.» La observación de Jane puede parecer el tema de conversación favorito de todos los padres: hablar sobre las diferencias entre los hijos. Pero su comentario hace hincapié en que, desde una edad muy temprana, seguimos caminos divergentes. «Es de una gran importancia que, como especialistas en marketing, comprendamos y empaticemos en profundidad con los matices presentes dentro de cada generación —explica—. Si asumimos que dos personas responderán al mismo contenido o que se las puede contactar por el mismo canal por el hecho de pertenecer a una determinada generación, la acción de marketing no funcionará.» Es como si en un momento dado los especialistas en marketing dejaran de sentir curiosidad por sus sujetos de estudio y prefiriesen centrarse en atributos tales como la edad o el género, que a menudo desembocan en estereotipos y prejuicios. «No hay que dar por hecha información genérica sobre una generación en particular», advierte. Hay que averiguar qué valores tienen, qué canales utilizan y por qué lo hacen. ¿Qué es importante para ellos, quién los influye, qué frustraciones tienen?

Cuando en el capítulo 5 imaginábamos el lugar de trabajo posgeneracional del futuro, concluimos que el pensamiento generacional puede llevarnos por mal camino. Dar por hecho que las personas son mejores en esto o aquello porque pertenecen a un determinado grupo de edad no es equivalente a entender el potencial de cada ser humano. El peligro de crear estereotipos en función de la edad es al menos igual de grave en el caso del mercado de consumo, sobre todo en un momento en que los conceptos de «joven» y «viejo» se rechazan cada vez más por considerarlos parciales, discriminatorios o falaces. Al fin y al cabo, vender productos a los consumidores requiere hacer algunas suposiciones sobre sus necesidades, deseos y estilos de vida. Desde que el marketing se convirtió en una disciplina académica, hace casi un siglo, los especialistas en estas cuestiones han debatido sobre cuál es la mejor manera de dirigir sus esfuerzos con el uso de una técnica llamada «segmentación». La forma más fácil de segmentar el mercado es por región geográfica, lo que en esencia implicaba en su día distinguir entre mercados rurales y urbanos. Las características demográficas también fueron esenciales para la segmentación desde el principio, sobre todo la edad, el género, la educación, el tamaño de la familia, los ingresos, etcétera. Había otro enfoque en apariencia más sofisticado, que conllevaba centrarse en los rasgos de personalidad y el estilo de vida, y se hizo muy popular en el mundo empresarial tras la Segunda Guerra Mundial, cuando se utilizaron pruebas psicológicas de forma masiva. Poco después, los departamentos de marketing comenzaron a centrarse en aspectos del comportamiento como la compra, el uso y la lealtad a una marca. Y luego vino la revolución del marketing digital impulsada por las redes sociales y la inteligencia artificial, que permitió orientar mejor los mensajes gracias a los algoritmos, aunque éstos siguen basándose en sesgos y estereotipos.

A lo largo de estas fases, un enfoque de marketing que resulta peligroso y muchas veces errado ha sobrevivido. Se trata de la idea de que las generaciones son relevantes, de que nacer durante un período concreto (a menudo una década o dos) ejerce un efecto duradero en la trayectoria vital y el estilo de vida de las personas. A primera vista parece lógico. No es lo mismo ser un adolescente en un suburbio de Nueva York en los años cincuenta que en 2020. Pero ¿eso quiere decir que hay algo que podemos llamar «la generación del *baby boom*» y «la generación Z»? ¿Podemos dar por sentado que todos los *boomers* compartieron experiencias similares y, por tanto, se comportaron básicamente de la misma manera con personas de otras generaciones? ¿Las personas evolucionan o incluso cambian de forma drástica a lo largo del ciclo vital, con independencia del contexto en el que nacieron?

Sin embargo, por muy importante que pueda ser el debate sobre la utilidad del concepto de *generación*, hay otro aspecto controvertido que se hace aún más relevante a raíz del surgimiento del mercado posgeneracional. Durante las últimas décadas, los especialistas en marketing solían dar por hecho que deben centrarse en los consumidores «jóvenes» de entre 20 y 30 años, por razones muy buenas y diversas. En primer lugar, era el segmento de mercado más grande desde el punto de vista puramente numérico, puesto que la natalidad era mayor y la esperanza de vida media era menor que en la actualidad. En segundo lugar, en un contexto de nivel educativo en aumento, expansión de la clase media y mayores ingresos, los consumidores más jóvenes también tenían un poder adquisitivo total alto, si no el más alto. Y, en tercer lugar, los jóvenes eran por lo general los consumidores más sofisticados, perspicaces y exigentes, siempre detrás de la última moda y la experiencia más estimulante. Los consumidores jóvenes se convirtieron así en el criterio para medir el potencial futuro de los nuevos productos y servicios, en especial después de que internet, los smartphones y las redes sociales conquistaran el mundo. Los expertos en marketing aceptaron de manera casi unánime la idea de que era esencial que las marcas entusiasmaran a los jóvenes, ya que no sólo eran la vanguardia, sino también los consumidores con el mayor «valor de por vida», dado que tenían varias décadas de gasto por delante.

Esta visión del mundo se está viniendo abajo por el cambio demográfico y tecnológico. El centro de gravedad del consumo se está desplazando sin parar hacia el grupo de personas mayores de 60 años debido a su mayor número, ahorro y poder adquisitivo en comparación con otras generaciones. Además, su estilo de vida ya no es el de una persona «mayor», porque pueden estar en buena forma física y mental durante más tiempo (véase el capítulo 2). En el pasado, los expertos en marketing se obsesionaban con cada nueva generación de consumidores durante diez años más o menos, y luego se centraban en la siguiente. «Durante muchos años, saber cómo dirigirse a los consumidores *millennials* era el tema estrella para la mayoría de los expertos en marketing —escribe Sonya Matejko en *Forbes*—. Hoy día, los anunciantes están pensando en cómo llegar a sus homólogos más jóvenes, la generación Z.» Se ha dado por sentado que los adolescentes de hoy son los que marcan las tendencias del mañana. ¿Cómo podría cambiar esta dinámica un mercado posgeneracional de verdad? ¿Estamos a punto de presenciar una revolución del marketing?

La cuestión clave que hay que entender es que la gente se resiste cada vez más a aceptar las etiquetas generacionales. Los hogares monoparentales y multigeneracionales son cada vez más frecuentes y la familia nuclear ya no es la norma. Los padres están disfrutando los permisos de paternidad. Cada año hay más personas que vuelven a estudiar para ponerse al día, actualizarse o cambiar de carrera. La pandemia ha animado a todos a incorporar el uso de la tecnología, sin importar la edad o la educación. Los cursos online son cada vez más populares y accesibles. Los jubilados están volviendo a trabajar... «Estas diferencias entre generaciones crean un desafío para los expertos en marketing —advierte Matejko—. ¿Cómo se puede comercializar un producto para grupos de pares cambiantes?» Algunos de los efectos colaterales de esta aparente incapacidad para adaptarse a los tiempos que afrontan quienes se dedican al marketing son las acusaciones de generar estereotipos, prejuicios y discriminación por edad. Y es que algo huele a podrido en el marketing.

Estereotipos generacionales, sesgos y falta de claridad

¿De dónde viene el estereotipo *millenial* de la tostada con aguacate? Muchos miembros de esa generación se preguntan por qué han sido etiquetados como amantes del fruto de la *Persea americana.* El cliché está tan extendido y se utiliza con tal ligereza que casi nadie que lo utiliza tiene idea de su origen. Para resumir, todo se debe a una frase que se pronunció en una entrevista de 2017 en la televisión australiana, y que se hizo viral de la forma más *millennial* posible. El entrevistado, el multimillonario Tim Gurner, declaró: «Cuando estaba intentando comprar mi primera casa, no estaba gastándome el dinero en un aguacate machacado de 19 dólares y cuatro cafés de 4 dólares cada uno». Desde entonces, la expresión se ha utilizado para acusar a los *millennials* de ser vagos, egocéntricos, autoritarios y derrochadores.

Los humanos no podemos resistirnos a la tentación de establecer categorías, y con éstas vienen los estereotipos, en el mejor de los casos, y los prejuicios, en el peor. En una charla pronunciada en una conferencia de marketing para *millennials* en 2016, el comediante Adam Conover explicó que «las generaciones no existen. Nos las inventamos. La idea en sí es poco científica, condescendiente y estúpida... Dejemos de lado la demagogia y los generalismos y tratemos a la gente como personas». Observó que los expertos, especialistas, periodistas y gente del marketing reciclan los mismos clichés una y otra vez y los aplican a la generación más joven, siguiendo un patrón que se repite de manera interminable.

Así, una portada de *Life* de 1968 arremetía contra los *baby boomers* por vivir en la abundancia. Ocho años después, la revista *New York* publicó un artículo mordaz, escrito por nada menos que Tom Wolfe, sobre la nueva era que los *baby boomers* adultos habían iniciado. «Ahora estamos —en la Década del Yo— viendo el avance (y ni de lejos la cúspide) de la tercera gran ola religiosa en la historia de Estados Unidos, una que los historiadores muy probablemente denominarán el Tercer Gran Despertar —escribió—. Como el resto, ha comenzado en medio de una avalancha de éxtasis, y se ha logrado por medio del LSD y otros psicodélicos, orgías, danzas (el nuevo sufí y el Hare Krishna), meditación y frenesí psíquico (el encuentro maratónico).» Para Wolfe, todo se va al carajo con el «"Hablemos de mí"... Con la más deleitosa mirada hacia dentro; en resumen, con un narcisismo considerable», lo que lógicamente lleva al pensamiento de «sólo se vive una vez», potenciado por el «desarrollo estadounidense sin precedentes posterior a la Segunda Guerra Mundial: el lujo, disfrutado por tantos millones de personas de clase media, de vivir en uno mismo». Wolfe terminó el ensayo con «ese ritmo con base de Yo... Yo... Yo... Yo...».

De manera similar, un artículo que en 1985 apareció en portada en la revista *Newsweek* se refería a la generación X como la generación «que se cree con privilegios», no dispuesta a «trabajar para ganarse la vida» y «relajada, lenta o simplemente perdida». Y, en 2013, *Time* argumentaba de forma infame que «en Estados Unidos, los *millennials* son los hijos de los *baby boomers*, que también son conocidos como la generación del Yo, que luego produjo la generación del Yo Yo Yo», una panda de vagos que se cree con privilegios, narcisistas y materialistas que todavía viven con sus padres, se hacen selfis, tienen miles de seguidores pero sólo unos pocos amigos y les encantan las tostadas con aguacate.

¡Es justo la misma acusación de egoísmo y privilegio, otra vez más, que se ha impuesto a todas y cada una de las generaciones posteriores a la Segunda Guerra Mundial!

Por desgracia, es un patrón muy conocido. Los psicólogos Stéphane Francioli y Michael North han creado pruebas sistemáticas para analizar el menosprecio que sufren las generaciones más jóvenes por parte de las anteriores, por su falta de valores, motivación y ahorros. Ya sea por edad o generación, los malentendidos y la discriminación siguen siendo rampantes. Se trata de estereotipos que generan una situación injusta, infundada e inútil. Y sirve de cruel recordatorio de que las generaciones no pueden tomarse demasiado en serio como constructos, en especial en cuestiones de marketing. Es una metedura de pata tremenda.

Para empezar, comparar las actitudes y comportamientos de diferentes generaciones es complicado. El Pew Research Center, reconoce que los investigadores a menudo confunden los efectos que producen la edad, el período y la cohorte. La edad no es más que la posición de cada individuo en el ciclo vital; el «efecto período» implica sucesos que cambian a todas las generaciones por igual, y el «efecto cohorte» son sucesos o tendencias que afectan a una generación de manera diferente a otra. Algunos investigadores han señalado «la imposibilidad de separar los efectos de edad, período y cohorte». Y, como si el problema no fuera ya intratable, hay otras complicaciones que arruinan los análisis de generaciones y que hacen que la tarea sea casi inviable en la práctica. Entre los factores más relevantes se encuentran la creciente diversidad étnica de las generaciones más jóvenes en Europa y Norteamérica, el aplazamiento del matrimonio y el aumento de la esperanza de vida. Dado que el matrimonio cambia el perfil de consumo de las personas, esta tendencia tiene consecuencias directas para el marketing. En términos más generales, el aplazamiento del matrimonio y la mayor esperanza de vida en esencia modifican por completo la dimensión de la escala de la edad, y, además, los acontecimientos vitales tienen lugar en puntos cronológicos de la vida de las personas diferentes a los del pasado.

El otro problema obvio del análisis generacional es dónde se traza la línea entre generaciones. Los *baby boomers* estadounidenses pueden ser quienes nacieron entre 1946 y 1964, pero, en otros países, el pico de natalidad tuvo lugar a finales de los años sesenta o setenta. ¿Y por qué la generación *millennial* suele definirse como quienes nacieron entre 1981 y 1997? Utilizando datos sobre estudiantes estadounidenses del último curso de secundaria cada año entre 1976 y 2014, los sociólogos Stacy Campbell, Jean Twenge y W. Keith Campbell documentaron que las diferencias generacionales en los valores y preferencias laborales cambian de manera gradual con la edad, y no de forma abrupta entre generaciones. Por lo tanto, no hay puntos de corte obvios por el año de nacimiento que se puedan utilizar para delimitar las generaciones. Por ejemplo, «los primeros miembros de la generación X tienen valores sociales más elevados que los de las últimas generaciones, y para los últimos de la generación X y los primeros *millennials* son bastante similares». En otras palabras, poco o nada cambia de golpe en el límite entre dos generaciones. No hay rupturas estructurales que las separen. «Las generaciones podrían conceptualizarse mejor como construcciones sociales difusas», concluyeron los investigadores. Difusas en el sentido de que son categorías sobregeneralizadas, inexactas y engañosas. Se han de utilizar con fines de marketing (o cualquier otro) bajo la propia responsabilidad.

Dados los problemas y complejidades asociados al concepto y la medición de generaciones, ¿por qué tantas empresas y organizaciones siguen utilizándolos? Cort Rudolph, Rachel Rauvola y Hannes Zacher sostienen que «la práctica basada en generaciones se construye sobre los cimientos —bastante inestables— de esta ciencia, poniendo a las organizaciones y a sus integrantes en riesgo no sólo de desperdiciar dinero, recursos y tiempo, sino también de propagar ideas fuera de lugar, basadas en evidencia débil y posiblemente inexistente». El concepto, señalan, se ha vuelto útil como herramienta para dar una explicación, por imperfecta que sea. Al igual que todos los demás, los expertos en marketing quedaron atónitos ante algunas de las primeras diferencias que los *millennials* mostraron en sus preferencias y comportamientos, no sólo con respecto al consumo, sino también al trabajo y el ocio. No había entonces mejor manera de explicarlos que creando una nueva categoría generacional. Por lo tanto, las generaciones existen como «construcciones sociales», como invenciones que se nos ocurren cuando no podemos explicar algo nuevo. Como tales, éstas tienen efectos reales, porque cuando la gente «define una situación como real, es real en sus consecuencias», como dijo una vez el famoso sociólogo Robert K. Merton. Los psicólogos coinciden con los sociólogos en que «una estrategia eficiente, aunque a menudo defectuosa, que se utiliza para dar sentido es la construcción y adopción de estereotipos, entendidos en términos de sobregeneralización de los demás». En resumen, el uso de una categoría generacional está plagado de peligros, puede generar sesgos y es intrínsecamente engañoso y defectuoso.

Del edadismo al consumidor sin edad

«Entré en Everlane, la *concept store*, para prepararme para una reunión que tendría pronto en su oficina corporativa —recuerda Tamar Miller, fundadora y directora ejecutiva de Bells & Becks, una marca de calzado de lujo para mujeres—. Mientras miraba a mi alrededor buscando un conjunto, me invadió una sensación de distanciamiento. Empezando por el desenfadado dependiente de veintitantos que me había mirado con recelo al entrar hasta la variedad de prendas andróginas, anodinas, de corte cuadrado, como si fueran cajas, estaba claro que ése no era mi sitio.» En 2010 se fundó Everlane en San Francisco, una tienda de ropa sobre todo online; por lo tanto, no es una marca tradicional y obsoleta, sino más bien una capaz de alterar el modelo de industria existente. Las marcas de consumo, ya sean las establecidas o las nuevas, se comportan como si fueran alérgicas al concepto de edad. «A menos que las marcas estén hechas específicamente para el grupo de mayor edad —argumenta Carolyn Odgers, directora comercial de Carat Ireland, una agencia de medios y marketing—, no quieren que se las asocie con personas mayores, porque eso podría significar que los más jóvenes, que perciben un valor de vida más largo, pero que no son tan leales a la marca, pierden interés por el producto porque alguien con pelo gris lo compre.»

La discriminación por edad es un problema endémico en el marketing. Los estereotipos y la discriminación descarada basada en la edad no son una consecuencia inocente de la segmentación, sino un elemento central de ésta. «El concepto de edad en el mundo de las relaciones públicas, la publicidad y el marketing no sólo produce mensajes sesgados, sino que también es malo para el negocio —dice Patti Temple Rocks, exmiembro de ICF Next, una agencia de marketing en Fairfax, Virginia (Estados Unidos)—. En esta industria estamos obsesionados con los jóvenes. A menudo asociamos "joven" con niveles más altos de creatividad y aptitud tecnológica, mientras que "mayor" equivale a tecnológicamente inepto, fuera del alcance y, como muchos anuncios dan a entender, "casi muerto".» El diagnóstico es compartido en gran medida por los expertos. «Lo que hemos hecho hasta ahora es asociar frescura, vitalidad, novedad y cambio a la juventud —dice Vicki Maguire, directora creativa de Havas, una firma francesa de publicidad y relaciones públicas—. La verdad es que eso es una tontería, pero somos una industria muy miope y que tiende a mirarse el ombligo, y eso nos perjudica», una evaluación que es sólo levemente exagerada.

Parte del problema reside en que en Estados Unidos más de la mitad de los empleados en publicidad, relaciones públicas y marketing tienen menos de 40 años, y el 80 por ciento son menores de 55. El ansia que tanto agencias como empresas tienen por contratar jóvenes talentos que tengan experiencia con las redes sociales no ha hecho más que empeorar las cosas. Rocks recuerda una reunión que tuvo con un cliente para planificar el lanzamiento de un medicamento para la menopausia. «Miré a mi alrededor y pensé: "Si no están todos conversando largo y tendido con sus madres, aquí nadie tiene ni idea de cómo va esto".» Según se informa, las personas mayores de 55 años representan más de la mitad de las ventas de automóviles nuevos. «Cierra los ojos y piensa en el último anuncio de coches que has visto —dice—. ¿El protagonista tenía 55 años o más?»

Pocas marcas se han dado cuenta ya de que la categoría de «consumidores sin edad» (definidos como aquellos que ya no actúan según su edad, en el sentido de que ya no se ajustan a los estereotipos de «viejo» y «joven») está creciendo a pasos agigantados. Las empresas que venden productos de belleza y cuidado personal de lujo han sido de las primeras en darse cuenta de su potencial. L'Oréal, el grupo de belleza francés, «quiere demostrar al mundo que la edad no es un problema y que las mujeres son hermosas en cada etapa de sus vidas —escribe Georganna Simpson en *Campaign*, una revista publicitaria—. Quiere cuestionar los estereotipos y moldear de forma positiva nuestra percepción de la edad, fomentando una comunidad donde todos acepten envejecer.» En 2019, L'Oréal se asoció con la edición británica de *Vogue* para lanzar su campaña «Non-Issue», con Jane Fonda, Helen Mirren, Isabelle Adjani y Val Garland, entre otras famosas por las que no pasan los años. Las mujeres «se sienten abandonadas por la industria de la belleza y de la moda por su edad —escribió Edward Enninful, editor de la *Vogue* británica—. Es nuestro momento para desafiar juntas a la industria». La campaña corrió como la pólvora por las redes sociales. «Fue un privilegio trabajar con estas marcas icónicas —dice Ginevra Capece Galeota, ejecutiva de cuentas globales de Facebook—. Pudimos fusionar los medios tradicionales con nuestra innovadora tecnología para así mostrar con contenido de calidad que la edad no es un problema.» Así debería ser.

La empresa Estée Lauder, pionera en esta tendencia de no prestar atención a la edad, anunció en 2021 que iban a implantar el puesto de director ejecutivo de innovación a todas las edades, para «permitir que las marcas y la I+D creen mayor valor con el consumidor, sea de la edad que sea, basándose en la inteligencia demográfica/cultural, la tecnología identificada, la subcategoría a la que pertenezca, el producto y las oportunidades de ejecución». Su objetivo es difundir en toda la organización y en sus distintas marcas la idea de que la edad ya no es un factor determinante para el marketing.

Pero las empresas no pertenecientes al sector de la belleza están muy rezagadas. Durante décadas, la mayor parte de la industria de la moda ha ignorado a las mujeres mayores de 30 años. «La mayoría de las mujeres de más de 40 años con las que hemos hablado no se sienten incluidas ni representadas por el marketing de la moda que ven en las redes sociales», argumenta Miller. Según las investigaciones de mercado que se han llevado a cabo, las marcas de moda han considerado por lo general que tener personas «mayores» deambulando dentro de sus tiendas empañaría su imagen de marca entre los consumidores «jóvenes». Es una manera de pensar horrible.

El diseño y el marketing de productos modernos surgieron en un momento en el que cada generación de personas era más numerosa que la anterior. El *baby boom* de la década de 1950 transformó la sociedad y las empresas estadounidenses. La clase media se convirtió en la columna vertebral de la economía. Todo parecía girar en torno a los consumidores «jóvenes» y «de mediana edad» de la generación del *baby boom*, porque ellos eran quienes constituían el segmento más grande del mercado en términos de poder adquisitivo. Según el Boston Consulting Group, para 2030, alrededor del 40 por ciento del crecimiento del gasto de los consumidores corresponderá a personas mayores de 60 años. La proporción es aún mayor en Japón (60 por ciento) y Alemania (70 por ciento), ya que su distribución por edades está más distorsionada. Dado que las personas mayores de esa edad permanecen en buena forma física y mental por más tiempo (véase el capítulo 2), el consumidor sin edad es sólo una de las muchas transformaciones que atravesarán el mundo del marketing y las marcas.

La concentración de la riqueza en la parte superior de la distribución por edades que vimos en el capítulo 7 hará que el consumidor sin edad sea el segmento más atractivo del mercado en el futuro. Por lo tanto, Everlane y otros minoristas de ropa no sólo tendrán que dar la bienvenida y atraer clientes de todas las generaciones, sino también reconocer que necesitan personas mayores que compren sus productos y servicios. La tendencia demográfica no podría ser más clara: empezando por Japón y China, y poco después por Europa y Estados Unidos, el segmento más grande del mercado de consumidores en 2030 será el de las personas en la sesentena o mayores. De los 370 millones de habitantes mayores de 60 años que China tenía en 2022, en 2030 tendrá 105 millones más; la India, 45 millones, y Estados Unidos, 13 millones. Incluso países pobres como Bangladesh e Indonesia verán cómo ese grupo demográfico aumenta en un 50 por ciento o más. El reto para las empresas y las marcas será atender las necesidades y preferencias no sólo de dos o tres, sino de siete u ocho generaciones diferentes. Aun así, muchos expertos en marketing tienen una imagen distorsionada del gasto por grupo de edad. Jeff Weiss, fundador de Age of Majority, realizó una encuesta entre consultores de marketing. «Descubrimos que los especialistas en marketing, de media, pensaban que los *millennials* representan el 39 por ciento del gasto total de los consumidores, cuando en realidad es sólo el 18 por ciento.» Los conceptos erróneos y los errores evidentes están tan generalizados que parece como si la mayoría de los expertos en marketing hubiera perdido el norte al meterse de lleno en el mundo de los estereotipos y los prejuicios.

«La etapa vital y la edad se han ido desvinculando durante la última generación, e hitos como la educación, el matrimonio, los hijos, la carrera y la jubilación se han independizado de las limitaciones tradicionales de la edad», escribe Jeff Beer en *Fast Company*. Con todo, sus jefes les dicen a los consultores de marketing y gestores de cuentas que atraigan a nuevos clientes, y éstos suelen ser jóvenes, con independencia de su situación vital. Según Dipanjan Chatterjee, analista de Forrester, existe la «mentalidad entre muchas marcas de que a los de marketing se los premia por atraer clientes, y que después acaba en otra parte de la organización». Por eso, los incentivos dentro de las empresas deben estar alineados con la idea del consumidor atemporal. Según una investigación de AARP, muchas agencias de publicidad no tienen experiencia alguna con los consumidores mayores.

Por otro lado, en lo que al edadismo se refiere, a la academia no le va mejor que a las agencias y las marcas que éstas promocionan. En una revisión de 128 estudios revisados por pares que se publicaron entre 1980 y 2014 sobre el comportamiento de los «viejos» consumidores, Robert Zniva y Wolfgang Weitzl vieron que la investigación «todavía está dominada por estudios que utilizan la edad cronológica», sin tener apenas en cuenta cómo envejecen las personas ni si su estilo de vida cambia en algún momento. De hecho, encontraron sólo un estudio que no utilizaba la edad cronológica como principal variable explicativa, y sólo un tercio utilizaba una medida alternativa a la edad para comprobar si los resultados podrían verse afectados por la elección del indicador. Lo más importante es que descubrieron que la mayoría de las investigaciones no utilizan datos longitudinales recopilados a lo largo del tiempo, a medida que las personas envejecen, sobre todo porque implicaba que la investigación demandara «tiempo y dinero».

Influencia intergeneracional

«Yo era el iPhone de mi época», afirma Lydia Riera (interpretada por la leyenda de *West Side Story*, Rita Moreno), y le aconseja a su nieta Elena que use «su teléfono y "tiktokee" a alguien» para que le encuentre un buen acompañante para su fiesta de quinceañera. En todos los episodios de *Día a día*, el éxito de Netflix, la abuela demuestra ser una persona influyente en las decisiones de este hogar multigeneracional, en especial cuando se trata de relaciones personales y de gastar dinero. Otras comedias de situación nos enseñan que la persona más influyente en un entorno multigeneracional puede ser una madre de mediana edad, como en *Reunión familiar*, también de Netflix; o un padre, como en *Black-ish*, de ABC.

Una de las tendencias más importantes para el futuro guarda relación con la influencia intergeneracional. «Desde Facebook hasta YouTube y TikTok, últimamente hemos visto muchos más *boomers* e *influencers* de la generación X en las plataformas de redes sociales», argumenta Nicla Bartoli, cofundadora de Influencer Marketing Factory. Se los llama los *granfluencers* (de *grandparents*, 'abuelos' en inglés, e *influencers*). Durante la campaña navideña de 2021, algunas grandes empresas como Amazon, Nike y Lululemon, junto con algunos prometedores diseñadores de moda como Altuzarra, Fenty, Jacquemus y Rachel Comey, utilizaron *influencers* de alto nivel para hacer crecer sus marcas. «Al igual que los *influencers* típicos, los *granfluencers* cubren una amplia gama de temas, suelen dominar un nicho específico, participan en campañas pagadas y comparten sus vidas abiertamente en internet con miles, incluso millones de seguidores», escribe un *blogger* en *Social Standard*, una publicación comercial online. Animan a sus seguidores a celebrar la diversidad de edades y a evitar los prejuicios y las conclusiones que se sacan sin justificación. «Las marcas que se lanzaron y comenzaron a utilizar *granfluencers* en sus estrategias de marketing están sumando sabiduría, realidad y experiencia de vida a su imagen de marca.» Y, lo más importante, involucran a los más jóvenes de manera muy efectiva, sirviendo de excelente ejemplo del encanto de lo multigeneracional.

«Robándote al marido desde 1928» es la frase más memorable y extendida de Helen Ruth Elam (nació ese año). Más conocida como Baddiewinkle, se convirtió en una sensación de Instagram a los 85 años, después de que la estrella de la música Rihanna comenzara a seguirla. Ha alcanzado los 2,5 millones de seguidores. Las agencias han utilizado su imagen para lanzar sus sitios web y ha promocionado numerosos programas, series de Netflix y otros productos. Existen muchos *rankings* con los diez mejores *granfluencers* del mundo. Entre éstos están Hamako Mori (90 años), una mujer japonesa que juega a los videojuegos desde los 50 y es conocida como la «abuela *gamer*». Su canal de YouTube tiene casi medio millón de suscriptores. «Parecía muy divertido, y pensé: no es justo que sólo jueguen los niños.» Guinness la reconoció como la «YouTuber de videojuegos más vieja del mundo». Park Mak-rye (73 años), de Corea del Sur, propietario de un pequeño restaurante desde hace mucho tiempo, se convirtió en una sensación de YouTube e Instagram a los 69, y cuenta con casi dos millones de seguidores en las redes sociales. Sus publicaciones tratan temas de alimentación, cosmética y viajes. El difunto Narayana Reddy fue apodado «Grandpa Kitchen» ('abuelo cocinillas' en inglés). Publicó su primer vídeo de cocina en YouTube a los 71 años y tenía 6,1 millones de suscriptores cuando falleció, dos años después. En la actualidad, el canal tiene más de nueve millones. En los vídeos salía cocinando grandes cantidades de comida que resulte asequible para su comunidad, en el sur de la India. Doña Ángela es una cocinera mexicana que prepara recetas tradicionales para una audiencia de 3,4 millones de suscriptores en YouTube y cinco millones en Facebook.

Y fijémonos también en la tendencia de decoración *grandmillennial* que ha surgido en los últimos años y que incluye a consumidores de la generación *millennial* quienes, según House Beautiful, «tienen afinidad por las tendencias de diseño consideradas por la cultura *mainstream* como "recargadas" o "anticuadas", como el papel pintado, los volantes y el mimbre», escribe Kait Shea en *Event Marketer*, una revista online. La cuestión es que los *granfluencers* están marcando tendencia en las generaciones más jóvenes. El fenómeno es especialmente fuerte en China. A sus 90 años, Jiang Minci tiene millones de seguidores, en su mayoría *millennials*. Compartió varios episodios de su vida en vídeo, como su matrimonio concertado, su huida de casa y su trabajo como ingeniera ferroviaria. En pocas palabras, los *granfluencers* se han convertido en iconos de estilo de vida.

TikTok, una plataforma pensada para adolescentes y jóvenes, ha empezado a fomentar la interacción entre nietos y abuelos para promover el entendimiento intergeneracional. Por ejemplo, Joe Allington, conocido como @grandadjoe1933, un hombre de 87 años que tiene dos millones de seguidores, comenzó a publicar contenido después de hacerse popular en los vídeos de su nieta. «Me sorprendió muchísimo la cantidad de gente de todos los rincones del mundo que me ven en TikTok —comentó—. Pero no lo hago por la fama. Lo hago por lo mucho que me divierto con mi nieta.» Jenny Krupa, de 88 años, y su nieto, Skylar Krupa, de 20, hacen juntos vídeos de TikTok en una granja de Alberta, Canadá. «Tengo 88 años y es muy probable que tenga más seguidores que tú», se jacta. (Tiene más de un millón, lo que la sitúa en el 1 por ciento superior.)

Además de los *granfluencers* y su enorme potencial futuro, los departamentos de marketing se esfuerzan por comprender quién es el *influencer* clave (la persona que toma las decisiones de compra o influye en ellas) en un momento en el que tantas generaciones interactúan entre sí. No parece haber una respuesta fácil, ya que los roles de abuelos y nietos, por ejemplo, varían de manera radical según la clase social, la raza, y el origen étnico y religioso.

«Gracias a lo sencillo que es acceder a la información, un padre de la generación X de 50 años tiene las mismas probabilidades de influir en su hijo de 20 de la generación Z que el hijo de influir en su padre —cuenta Vic Drabicky, fundador y director ejecutivo de la consultora January Digital—. Por lo tanto, las marcas deben tener en cuenta de qué forma entran en esta dinámica sus estrategias de marketing.» El problema que plantea no es baladí y requiere un enfoque de marketing sofisticado. «Para lograr un marketing generacional eficaz y construir un instrumento con el que los consumidores de todas las edades se sientan representados, las marcas necesitan encontrar las similitudes entre las generaciones.» Las comedias de situación pueden dar alguna pista de esto. «En la mayoría de los casos, hay un sentido del humor común o una actitud emotiva compartida», argumenta. Karla Martin, directora general de Deloitte, opina del mismo modo. «Aunque no todas las tendencias son para todos, se ve a más mujeres jóvenes cogiendo prendas del armario de sus madres, y también a madres que recurren a las generaciones más jóvenes para elegir ropa que renueve su aspecto.» No se trata sólo de la influencia intergeneracional, sino también de su propósito.

Algunas marcas han tomado nota de estas tendencias y ahora están desarrollando ideas para aumentar este tipo de publicaciones multigeneracionales. «Queremos que los abuelos disfruten de TikTok con sus nietos», afirma un ejecutivo de la empresa. En las cuentas de la plataforma, cada vez hay más abuelos y nietos que hacen vídeos juntos, una tendencia que comenzó durante el confinamiento por la pandemia. Estas experiencias digitales multigeneracionales ayudan a mitigar la soledad y crear vínculos, y generan recuerdos que «quedarán para las generaciones venideras», según explica Rebekah Miller, que hace vídeos con su abuelo y tiene casi medio millón de seguidores. «La verdad es que me sorprendió, nunca pensé que esto podría ocurrir.» Uno de ellos tuvo más de un millón de visitas. «Ostras, son muchas personas», dijo su abuelo.

Además, el aumento del número de «hogares multigeneracionales desequilibrará las decisiones de compra de marcas», sostiene Scott McKenzie, jefe global de la unidad de inteligencia de Nielsen, una parte de la firma de investigación de mercado a nivel mundial, ya que sesenta millones de estadounidenses conviven con personas de tres o más generaciones. «Ahora más que nunca, los niños están expuestos a los hábitos de compra de los cuidadores mayores, lo que podría tener efectos a largo plazo en su propia mentalidad como consumidores», sostiene Sharon Vinderine, fundadora de Parent Tested Parent Approved, en Canadá. «En consecuencia, la lealtad a la marca, la sensibilidad al precio y la percepción del valor pueden cambiar a medida que los niños observen e imiten los hábitos de este nuevo grupo de personas que les influyen directamente.» Cada vez más, el comportamiento de consumo de niños y adultos jóvenes viene dirigido tanto por sus padres como por sus abuelos, quienes ahora viven más tiempo. Y en realidad esto sucede tanto si todos viven en la misma vivienda como si no.

Otra dinámica multigeneracional reciente hace referencia al tipo de «consumo colaborativo» que se oferta en plataformas como Uber y Airbnb. En una época en la que la mayoría de los activos (casas, automóviles) pertenecen a personas mayores de 45 años, pero la mayoría de los usuarios de estos servicios de transporte y alojamiento compartido tienen menos de esa edad, las plataformas bilaterales crean oportunidades únicas para la interacción multigeneracional. Y la lista continúa.

Los *perennials* y el marketing posgeneracional

«Cada vez más expertos en marketing hablan de consumidores *perennials*, cuyo comportamiento no viene tan determinado por su edad como por sus creencias —sostiene Martin, de Deloitte. (Recordemos que fue la emprendedora Gina Pell quien acuñó el término *perennials*, como ya vimos en el capítulo 5.) Lo importante aquí es que las dinámicas posgeneracionales están marcando nuevas tendencias—. Estos consumidores *perennials* están probando cosas nuevas y, como resultado, se suelen preocupar menos por lo que "se supone" que deben usar. En cambio, intentan encontrar una apariencia que les resulte auténtica.» En la era posgeneracional, los *perennials* reemplazarán el concepto confuso y estereotipado de generación. «Tory Burch no fundó su empresa y dijo: "Estoy creando una marca para mujeres de 18 a 70 años; y, ahora, pongámonos con el diseño" —dice Drabicky—. En vez de eso, se centraron en un diseño impecable y atemporal, en productos de calidad, en escuchar a las clientas y en ser fieles a sí mismos, en lugar de intentar adaptarse para valerle a todas.» Esta marca minorista con sede en Nueva York tiene más de trescientas tiendas en todo el mundo y sitios web de comercio electrónico en siete idiomas. Su fundadora recomienda buscar una «conexión emocional con la marca con independencia de la edad, y una mayor disposición a asumir riesgos y probar nuevos productos, plataformas, diseños, etcétera». Martin coincide en que, como suele suceder con los negocios, «no existe una solución única para el éxito posgeneracional».

Las marcas están empezando a pillar cómo funciona el marketing posgeneracional. En 2015, Céline contrató a Joan Didion como modelo. En 2016, Nike lanzó una nueva entrega de su campaña «Unlimited Youth», protagonizada por la Iron Nun ('monja de hierro' en inglés), la hermana Madonna Buder, triatleta *ironman* de 86 años. «He tenido que pensar muchas veces en los fracasos y en no poder lograr las metas que me había propuesto —dice en el vídeo—. Entonces me di cuenta de que el verdadero fracaso es no intentarlo, porque el esfuerzo en sí mismo ya es un éxito.» *Advertising Week* lo escogió Anuncio del Día.

Según los expertos de la industria, Nike logró lo imposible al juntar lo humorístico con un mensaje alentador sobre un tema delicado. Los dos anuncios tocaban sin duda una fibra sensible, «con grandes dosis de palabras que reflejan admiración, así como otras con cierto humor, llegando a los corazones y manteniendo la atención». Ace Metrix confirmaba que el anuncio tuvo eco entre una amplia gama de espectadores y obtuvo una puntuación muy alta en los índices de simpatía y atención. «Me encanta la monja y el mensaje de que nunca se es demasiado viejo», dijo un espectador *millennial*. «Me encantó la conversación entre la monja y el locutor. Parecía que fuera parte de la vida real, y no un anuncio», señaló otro. «Me encanta la forma en que se filma y se muestra al personaje principal. Puedo identificarme del todo», comentó un tercer *millennial*. «Me esfuerzo por ser una persona muy activa y por seguir siéndolo cuando sea mayor. Las zapatillas de Nike son las más cómodas para correr que he tenido.» El anuncio también cautivó a los espectadores un poco más jóvenes. «¡Este anuncio es buenísimo! Me encanta la monja y su determinación... Tiene mucha más energía que yo, ¡ja, ja, ja!» La generación Z también sucumbió a los encantos de esta campaña. «El mensaje de la Iron Nun motiva y es divertido.»

Un año más tarde, en 2017, Mercedes-Benz lanzaba la campaña «Crece», que trataba temas como conseguir trabajo y ser un buen padre. El objetivo era atraer a los *millennials* sin sacrificar la posición que la marca tiene con respecto a las generaciones anteriores. Hacía hincapié en el diseño y la tecnología, pero sin cuestionar la calidad, la confianza ni la seguridad. «El encargo era crear una campaña para los coches compactos de Mercedes-Benz basada en contenidos. En lugar de comercializar estos cinco coches en campañas separadas, decidimos juntarlos por primera vez bajo una nueva plataforma de marca —dice Veit Moeller, director creativo de Antoni, una agencia de publicidad alemana—. También fue la primera vez que vimos que podíamos dirigirnos a un grupo demográfico más joven, ya que los coches compactos son en muchos sentidos la puerta de entrada a la marca.» Su enfoque fue definir «una visión universal que fuera fiel no sólo al legado de la marca, sino también a la próxima generación de conductores de Mercedes-Benz». En cierto modo, encontraron una fórmula para ampliar su base de clientes potenciales.

También en 2017, CoverGirl presentó «I Am What I Make Up» ('soy lo que me maquillo' en inglés), una campaña protagonizada por Issa Rae (que entonces tenía 32 años) y Maye Musk (69), entre otras personalidades, para presentar nuevas líneas de productos, como una base de maquillaje que venía en cuarenta tonos distintos y que, por lo tanto, era adecuada para diferentes tonos de piel. «Fue muy emocionante trabajar en esta campaña de CoverGirl, ya que es un reflejo del ambiente cultural de hoy día: positivo, inclusivo y que empodera a las mujeres para expresar sus propias ideas sobre la belleza», dijo Sam Caine, del estudio de MPC, en Nueva York. La campaña tenía como objetivo «celebrar y dar rienda suelta a la diversidad de la belleza —señaló Laurent Kleitman, presidente de Coty Consumer Beauty—. La belleza debería hacer feliz a la gente; defendemos la individualidad y la autoexpresión».

Estos ejemplos ilustran los diversos caminos que las marcas pueden tomar para llegar al mercado posgeneracional. «Veo dos estrategias: o te vuelves más inclusivo; no defines por edad sino que prestas atención a los valores y las similitudes entre tu público, ya que hay muchas cosas que un *boomer* y un *millennial* tienen en común —señala Sarah Rabia, directora global de estrategia cultural en la división estadounidense de la agencia de publicidad TBWA Worldwide—. O te concentras en un público, pero con un tono optimista, moderno y progresista.» Los especialistas en marketing cuentan con frecuencia que cuando se le pide a la gente que describa cómo le gustaría envejecer, suele decir que en un entorno posgeneracional, disfrutando de la coexistencia y la diversidad de los diferentes grupos de edad.

«También es importante señalar que, en la mayoría de los casos, la gente no se propone ser posgeneracional», observa Drabicky, quien añade que «sucedió de forma orgánica». Los departamentos de marketing se encuentran en un momento providencial porque los cambios demográficos están coincidiendo con la revolución algorítmica del sector. Los consumidores «esperan tener un diálogo continuo con la marca, sentir que aportan algo al producto y saberse parte de una comunidad —argumenta Martin—. Desde la perspectiva del marketing de marca, quiere decir que es necesario tener muchos puntos de interacción con los consumidores, y deben percibirse como puntos personalizados para cada grupo demográfico». El producto es, en muchos casos, el mismo, pero el mensaje debe adaptarse. «Si bien es fundamental que el mensaje general de la marca parta del conjunto de beneficios emotivos y funcionales que la hacen diferente, es posible articularlo con distintos matices, dependiendo de las diferentes generaciones —dice Pierre Dupreelle, socio del Boston Consulting Group—. Gracias al marketing digital sofisticado y personalizado que permite la microfocalización, las marcas pueden poner el foco en los perfiles clave que tienen credibilidad entre los consumidores más jóvenes, a través de medios o canales que llegarán a éstos, pero sin apartar a las generaciones más anteriores.» McCann, la agencia global de publicidad, recomienda segmentar por actitud para así identificar grupos tales como aventureros de todas las edades, cuidadores comunitarios, adultos realistas, personas que viven en una eterna juventud y aquellas temerosas del futuro, entre otros. «Ahora tenemos detalles íntimos y fácilmente disponibles sobre la vida de los consumidores, como sus *hobbies*, amigos, intereses laborales y planes de vacaciones —señala Jessica Kriegel, consultora de desarrollo organizacional de Oracle—. Las empresas pueden dirigirse a los consumidores basándose en información mucho más específica y precisa, en lugar de usar estereotipos obsoletos y sin fundamento... Las generaciones son categorías demasiado amplias.» De hecho, no sólo es una categoría amplia, sino también confusa y que puede llevar a engaño.

Llevar a cabo la estrategia opuesta a la segmentación y la focalización algorítmicas en detalle (un enfoque más inclusivo) también puede funcionar, si viene respaldada asimismo por el marketing digital. «Hace poco estuve charlando con la dueña de una tienda de *bagels* de mi barrio y me dijo que su hija le había enseñado los sujetadores de Third-Love —relata Heidi Zak, cofundadora y codirectora ejecutiva de esa marca de moda femenina—. Y luego ella misma me dijo que su madre también acababa de comprarse unos. Eso son tres generaciones utilizándolos, y escuchar esto de una clienta es muy interesante.» Para ella, el truco consiste en ignorar la edad y centrarse en cómo el producto puede atraer al grupo más amplio posible de clientes. «Queríamos ofrecer un sostén que sirviese a todas las mujeres y, si bien eso incluía sin duda a todas las edades, en ese momento estábamos más preocupados por incluir tallas... Comercializar un producto para varias generaciones no requiere múltiples estrategias.»

De hecho, aunque una gran proporción de sus clientas más fieles tenían más de 40 años, Zak no cayó en la cuenta de que estaban usando modelos jóvenes en sus anuncios hasta que una de ellas le llamó la atención. «No es necesario perseguir sin parar a un grupo demográfico de mayor edad, utilizando mensajes específicos diseñados sólo para ellos. Se trata más bien de crear una marca que en general se centre en la inclusión y la diversidad.» Los *feeds* de Instagram y Facebook de ThirdLove incluyen ahora imágenes de mujeres de distintas edades y complexiones. «Las publicaciones de nuestras modelos mayores en las redes sociales promueven una gran participación, y no proviene en exclusiva de esas generaciones. Las mujeres más jóvenes suelen comentar o enviar mensajes a nuestro equipo de atención al cliente para contarnos lo mucho que les gusta ver ese tipo de contenido. El objetivo, según Zak, es construir marcas auténticas e inclusivas, para así convertirse en «una marca con un mensaje universal que puedan respaldar personas de todas las edades». Y ésa es una buena fórmula para cualquier negocio.

Un creciente número de agencias están incorporando la diversidad para superar la discriminación por edad que existe en el marketing. «Junta a tus empleados más abiertos y dispuestos, jóvenes y mayores, y observa lo que sucede —dice Ollie Scott, fundador de Unknown, una consultora de selección de personal—. La diversidad cognitiva es nuestra especial forma de mantenernos vivos, y produce resultados que demuestran que lo que se debe eliminar es la discriminación por edad en el negocio del marketing.» Duncan Tickell, director de ingresos de Immediate Media, está de acuerdo. «Cuando se trata del marketing de marca, hace tiempo que defendemos el valor de nuestras audiencias maduras; nuestra investigación ha demostrado que las personas mayores de 40 años saben manejar la tecnología... Los llamamos la "generación de la Riqueza", y reconocemos que muchas marcas los han pasado por alto durante demasiado tiempo y que se equivocan al priorizar a las generaciones más jóvenes.» Por su parte, Annalie Killian, vicepresidenta de alianzas estratégicas de Sparks & Honey, observa que «más del 500 por ciento de los presupuestos están dirigidos a los *millennials*; sin embargo, los consumidores mayores de 55 años gastan más del doble que los de 18 a 34». Propone «reemplazar esta obsesión por la juventud por una estrategia basada en conocimientos culturales para, en primer lugar, humanizar del todo el valor y los valores de los consumidores de todas las edades; y, en segundo, reflejar la intersección entre las múltiples generaciones que viven, trabajan y juegan codo con codo». Y eso implica, en esencia, abandonar las arraigadas creencias sobre la segmentación del mercado basada en la edad.

Sea el marketing analógico o digital, la clave es encontrar y explotar los puntos de conexión entre generaciones. «Para lograr que el marketing generacional sea efectivo (y para construir un gran manto bajo el que todas las personas se sientan cubiertas), los directores de marca deben encontrar los diversos hilos que unen a las generaciones —argumenta Matthew Schwartz en el blog de la Asociación de Anunciantes Nacionales—. De lo contrario, la mayoría de los expertos en marketing se devanarán los sesos para intentar llegar todos los grupos de edad y malgastarán mucho dinero en el proceso.» Progressive Insurance, por ejemplo, presentó en 2017 una campaña llamada «Parentmorphosis», que atrajo a gente de todas las edades. En resumen, con un sano toque de humor, venía a recordar que todos acabamos convirtiéndonos en nuestros padres. Uno de los anuncios mostraba a una joven esposa transformándose en su padre, incorporando todos sus gestos varoniles y hasta el interés por el golf. «¿Te crees que tenemos acciones de la compañía de la luz?», dice mientras apaga con vehemencia una lámpara. Cada anuncio termina con la frase: «En Progressive no podemos evitar que te conviertas en tus padres, pero podemos proteger tu hogar y tu coche».

«En materia de preferencias de marketing, la cantidad de puntos en común que existen entre generaciones puede resultar sorprendente —afirma Stacia Goddard, vicepresidenta sénior de estrategia y consultoría de Data Axle—. En general, los consumidores quieren que las marcas con las que tienen relación y a las que son leales se comuniquen con ellos y les ofrezcan una experiencia personalizada.» Descubrieron que entre el 77 y el 88 por ciento de los *baby boomers*, los *millennials*, la generación Z y la generación X compartían este deseo. Incluso, cuando se trata de preferencias de canales, el solapamiento que se produce es sorprendente. Todo el mundo menciona el correo electrónico como la forma preferida de comunicarse con las empresas, con la única excepción de la generación Z, que prefiere las redes sociales. La única gran diferencia tiene que ver con los *influencers*, que son los preferidos por la gente más joven. «Si bien en general los hábitos de compra, las preferencias de medios y el deseo de interactuar con las marcas de cada generación varían, es importante señalar que las generaciones no son segmentos, y que hasta éstos son demasiado amplios hoy día.»

Los departamentos de marketing tienen un largo camino por recorrer antes de adoptar del todo un enfoque posgeneracional en sus empresas. Es sólo un ejemplo más de hasta qué punto nuestra mentalidad necesita cambiar para encarar transformaciones trascendentales como el aumento de la duración de la vida y de la salud, la vuelta al trabajo de muchos jubilados, los modelos familiares alternativos, los nuevos roles y realidades de las mujeres en la sociedad y la disponibilidad de novedosas herramientas para el marketing digital. Ya no estamos en un mundo compartimentado en el que las personas de cierta edad viven, estudian, trabajan, juegan y compran sólo con personas de su misma edad, siguiendo patrones de influencia y comportamiento específicos de ésta. En ese contexto, ¿cómo serían una sociedad y una economía posgeneracionales de verdad?

10

Hacia una sociedad posgeneracional de *perennials*

La dificultad radica no tanto en desarrollar nuevas ideas, sino en escapar de las antiguas.

JOHN MAYNARD KEYNES (1883-1946)

En 2013, Yuichiro Miura, un japonés de 80 años que se había sometido a cuatro cirugías cardiacas y se había recuperado de una fractura de pelvis, alcanzó la cima del Everest por tercera vez en su vida. Llamó a su hija desde la cumbre del mundo usando un teléfono conectado por vía satélite para decirle: «Nunca imaginé que podría llegar a lo más alto del Everest a los 80 años. Es la mejor sensación del mundo, aunque estoy agotadísimo». Había planeado con todo detalle su tercer ascenso. «Me decía a mí mismo que no me iba a rendir —recuerda—. Cuando en algún momento quise tirar la toalla o dudé en el camino, siempre me lo quitaba de la cabeza y seguía subiendo.» Su hazaña cuestionaba las ideas existentes sobre la edad y la resiliencia. En la cima del Everest, donde el aire es tres veces menos denso que al nivel del mar, sólo se puede estar durante una media hora y con la ayuda de oxígeno suplementario. «Sin embargo —recuerda Miura—, me quedé una hora para admirar y fotografiar el paisaje. Poder pasar una hora en el Everest, el punto más alto de la Tierra, fue la experiencia más extravagante que he vivido jamás.»

Sólo un puñado de alpinistas de élite han escalado el Everest en solitario. Dada su edad, la hazaña de Miura fue el resultado del esfuerzo multigeneracional llevado a cabo por un gran equipo, incluido su hijo Gota. Se podría argumentar que escalar el Everest requiere la energía y la resistencia de personas de 30 años, la experiencia de escalada y el buen juicio de quienes tienen 40, y la fortaleza mental de personas de 50 o más. El equipo de Miura contaba con un jefe de escalada japonés de poco más de 50 años; el hijo de Miura, de 43; un cámara de unos treinta; trece sherpas escaladores con edades comprendidas entre los 26 y los 44 años; cinco japoneses de apoyo en el campamento base, de cuyas edades no se informó, y cinco sherpas encargados de la cocina, con edades comprendidas entre los 14 y los 18 años. Existen límites para lo que los seres humanos pueden lograr, pero las limitaciones son menos desalentadoras si las generaciones colaboran entre sí; cuando aúnan fuerzas mientras el equipo intenta superar los diversos obstáculos que se encuentran en el camino, desde las cascadas de hielo sobre el campamento base hasta las peligrosas avalanchas a más de seis mil metros de altitud y los traicioneros últimos pasos cerca ya de la cumbre. Además, las generaciones en esta expedición desempeñaron diferentes roles, aprendiendo unas de otras y preparándose para futuros ascensos.

Miura es un espléndido ejemplo de *perennial*. Su inspiradora hazaña no significa que todos debamos emprender actividades de alto riesgo, como escalar montañas heladas y azotadas por el viento. Sus muchos logros sirven para cuestionar la forma en que se suele entender el curso de la vida. Sin embargo, quizá la conclusión más perspicaz sea que, en marcado contraste con la expedición de Miura al Everest, el modelo secuencial de la vida dicta que vivir, aprender, trabajar y consumir tienen lugar principalmente entre miembros de la misma generación (o dos como máximo). La crisis de esta concepción de la vida lleva mucho tiempo gestándose. «Es del todo falso y de una arbitrariedad cruel asignar todo el juego y el aprendizaje a la infancia, todo el trabajo a la mediana edad y todos los arrepentimientos a la vejez», observó Margaret Mead, antropóloga cultural y autora del superventas *Adolescencia, sexo y cultura en Samoa*, publicado en 1928. Cuatro décadas después, a principios de los setenta, uno de los consultores de gestión más visionarios de todos los tiempos, Peter Drucker, proclamaba con optimismo que «ahora aceptamos el hecho de que el aprendizaje es un proceso que dura toda la vida y se mantiene al día de los cambios». Medio siglo después de esta idea de Drucker, seguimos esperando que lo que aprendemos en el colegio o la universidad nos dure para siempre, ganarnos la vida con un único tipo de trabajo y disfrutar de una jubilación prolongada. Dado lo mucho que vivimos ahora y el ritmo acelerado del cambio tecnológico, resulta necesario revisar el modelo de educación-trabajo-jubilación.

Durante más de un siglo, una generación jugaba mientras la otra estudiaba, una o dos trabajaron bajo la dirección de otra, y dos generaciones están jubiladas. ¿Es ésa la mejor manera de organizar la vida? ¿Genera esto prosperidad y bienestar? Grandes segmentos de la sociedad se han visto afectados por una larga lista de problemas, y todos ellos surgieron, al menos en parte, por el encorsetamiento que provoca el modelo secuencial. En capítulos anteriores hemos cubierto muchos temas, como el estrés durante la adolescencia, el retraso en la edad adulta, la maternidad adolescente, la disminución de la natalidad, la falta de equilibrio entre el trabajo y la familia, las crisis de la mediana edad, las carreras profesionales sin futuro, los conflictos intergeneracionales, los déficits de las pensiones, la soledad de los jubilados, la discriminación por género, la desigualdad económica y el descontento de los consumidores. Estas cuestiones nos están desgastando a nivel personal y exponen a comunidades y naciones enteras a niveles de tensión insoportables. En lugar de recurrir a políticas fragmentadas, podemos hacer que cada uno de esos problemas desaparezca si reorganizamos la forma en que vivimos nuestras vidas, si los disolvemos en lugar de sólo resolverlos. Necesitamos superar las rigideces del modelo secuencial bismarckiano, dejando de definirnos a nosotros y lo que hacemos únicamente en términos de edad, y adoptar una mentalidad *perennial*.

La mentalidad *perennial* como método

Mencioné en la introducción que este libro no ofrecería una solución específica para cada uno de los enormes problemas que ha alimentado el modelo secuencial de la vida. Como escribí en los capítulos anteriores, la revolución posgeneracional y el consiguiente ascenso de los *perennials* (impulsado por las transformaciones demográficas y tecnológicas) es una invitación a evaluar quién se beneficia de nuestro sistema actual y quién no. Es un llamamiento a reflexionar sobre si se trata de una forma de vivir que precisa de una revisión para así liberar el potencial de las personas a través de una verdadera igualdad de oportunidades. Me interesa cuestionar algunas de las suposiciones que se dan por sentadas sobre los conceptos de *juego*, *aprendizaje*, *trabajo* y *consumo*, y tú también deberías hacerlo. Necesitamos romper los esquemas que hemos heredado de épocas pasadas. La realidad que nos rodea ya ha ido más allá del modelo de vida estricto y secuencial, pero los problemas persisten y algunos de ellos están empeorando. Es hora de utilizar esta metodología *perennial* y el enfoque posgeneracional de la vida para comenzar a disolver, en lugar de limitarse a resolver, los problemas; para cambiar de forma gradual el sistema que guía nuestras vidas, de modo que tengamos acceso a nuevas oportunidades.

Para empezar, el método inspirado en la noción de una sociedad posgeneracional de *perennials* permite que se compita en igualdad de condiciones al eliminar los estigmas asociados al hecho de no avanzar a través de las etapas de la vida a un ritmo adecuado. Por ejemplo, aquellos que no tuvieron claro su plan de carrera cuando eran adolescentes o que sufrieron varios reveses en la vida tendrán más posibilidades de encontrar su camino cuando diferentes generaciones vivan, estudien, trabajen y consuman juntas. Ya no destacarán entre el resto por inadaptados.

Además, el pensamiento *perennial* ofrece mejores resultados en otros ámbitos, y también para las personas que no han sufrido crisis o tragedias que les hayan cambiado la vida. Por ejemplo, la gente se está reinventando cada vez más, pero la forma en que se estructuran las carreras profesionales no está siendo de ayuda.

El lugar de trabajo acoge a varias generaciones, pero aún no nos hemos aprovechado de los beneficios que ofrece complementar las habilidades, los conocimientos y la experiencia que poseen las diferentes generaciones. La tecnología sigue haciendo que el conocimiento se quede obsoleto, pero todavía no contamos con una forma de que las personas alternen estudio y trabajo a lo largo de toda la vida de una manera fluida. Y la mayoría de los expertos en marketing parecen aferrados a la noción de que las marcas de estilo de vida son cosa de los jóvenes, sin tener en cuenta la forma en que las diferentes generaciones se influyen entre sí dentro y fuera de los hogares.

Imaginar una sociedad posgeneracional de *perennials*

«A siete de cada diez trabajadores les gusta trabajar con generaciones distintas a la suya, y la mayoría está de acuerdo en que tanto los más jóvenes como los mayores aportan una serie de beneficios que mejoran el entorno laboral —concluyó un estudio de AARP realizado en 2019—. En particular, los trabajadores valoran el intercambio en un entorno de trabajo multigeneracional.» Los beneficios potenciales del lugar de trabajo multigeneracional son múltiples, según Debra Whitman, directora de políticas públicas de AARP. «Los equipos que incorporan trabajadores de varias generaciones tienen un desempeño mejor que los que no. La mano de obra multigeneracional mejora la continuidad, la estabilidad y la retención del capital intelectual. Además, una fuerza de trabajo con edades diversas ofrece a las empresas una mayor comprensión del mercado, pues incluye el vasto segmento de consumidores mayores.» Esas ventajas clave ya las identificamos en capítulos anteriores.

No obstante, los beneficios se extienden mucho más allá de los negocios y la economía. La edad es al mismo tiempo una realidad biológica y una construcción social y política. La medicina y la tecnología están redefiniendo la duración de la vida y la salud, invitándonos a reconsiderar supuestos, percepciones y expectativas sociales y políticas arraigadas desde hace mucho sobre lo que las personas pueden y no pueden hacer a diferentes edades. Ahora necesitamos reinventar la forma en que vivimos nuestras vidas.

Así sería una verdadera sociedad posgeneracional de *perennials*: una que invita a la reconfiguración de la forma en que vivimos, aprendemos, trabajamos y consumimos. Implica que existan generaciones que interactúen entre ellas gracias a que los límites entre el colegio y el trabajo se han hecho más permeables, debido sobre todo al modelo combinado que aprovecha la tecnología para que tenga lugar el aprendizaje híbrido en remoto y presencial. Ofrece a los adolescentes un camino menos estresante para hacerse un hueco, uno en el que puedan redirigir sus carreras profesionales volviendo a estudiar varias veces, librándolos así de tener que tomar decisiones fatídicas y duraderas sin estar preparados para hacerlo y soportando, además, la presión de sus padres. Permite a los padres (sobre todo a las madres jóvenes) compaginar su trabajo y sus obligaciones familiares, reduciendo la probabilidad de tener que elegir entre la familia y la carrera al hacer más fácil la transición entre el estudio, el trabajo y la familia a diferentes edades, y sin seguir horarios estrictos. Promete oportunidades para quienes, de otro modo, se quedarían rezagados, y también para quienes abandonan los estudios o se enfrentan a situaciones sin salida profesional debido al cambio tecnológico o la reestructuración económica. Y proporciona las condiciones necesarias para poder disfrutar de una jubilación total o parcial más satisfactoria y segura en términos financieros.

Resumamos los beneficios potenciales de la sociedad posgeneracional de los *perennials* antes de pasar a evaluar qué tipos de cambios culturales, organizativos y políticos deben darse para avanzar. Replantear el modelo secuencial de la vida o alejarse de él ayudaría a:

- Reducir el estrés que muchas personas padecen al pasar de una etapa a otra, ofreciendo flexibilidad temporal y más formas de desarrollo.
- Permitir que aquellos que se quedaron rezagados se recuperen de las rachas de mala suerte o decisiones cuestiona-

bles, planteando vías alternativas —y puede que sinuosas— que conduzcan a una vida satisfactoria.

- Liberar todo el potencial creativo de los trabajadores de todas las edades mediante nuevas prácticas en el lugar de trabajo que armonicen la capacidad cognitiva y la experiencia laboral.
- Facilitar el aprendizaje permanente de las personas para reinventarse o para hacer frente a un cambio tecnológico que puede descolocarlas, haciendo que la educación y el conocimiento estén más ampliamente disponibles.
- Fomentar la igualdad de oportunidades para los padres en el mundo empresarial y el mercado laboral a través de trayectorias profesionales más flexibles.
- Evitar algunas de las consecuencias negativas de la jubilación —como la soledad— mediante planes que ayuden a los jubilados a trabajar a tiempo parcial si así lo desean.
- Lograr un equilibrio funcional entre las pensiones de jubilación, obtenidas con tanto esfuerzo, y las aspiraciones de las generaciones más jóvenes, reformando los sistemas de pensiones y facilitando el empleo a tiempo parcial o el autoempleo para los jubilados.
- Reducir los prejuicios y la discriminación relacionados con la edad, haciendo ver las fortalezas y debilidades inherentes a cada uno de nosotros sin estereotipar a los grupos de forma injusta.
- Construir un mercado de consumo donde todas las generaciones se sientan cómodas mediante la adopción de enfoques inclusivos en el marketing.

Éstas son algunas posibilidades que deberíamos proponernos alcanzar en serio, pero no lograremos progreso alguno si no se producen cambios culturales, organizativos y políticos. No tienen por qué ser grandes cambios ni revolucionarios de por sí; pueden ser mesurados y graduales. Podemos tomarnos nuestro tiempo, ir probando y adaptarnos. Cada paso que demos hacia la sociedad *perennial* cuenta.

Cambio cultural

«El mundo entero es un gran teatro», dice el inicio del famoso soliloquio de *Como gustéis*, de William Shakespeare. «Y todos los hombres y mujeres, actores.» Jacques, abrumado por la melancolía, relata «sus salidas y entradas» a lo largo de las «siete edades», describiendo la situación del niño «que llora y vomita», el colegial «quejoso», el amante que «suspira», el soldado «barbudo como un felino», el juez «de hermoso vientre orondo», la «sexta edad..., con lentes en la napia y bolsa al costado» y, por último, la «segunda infancia..., sin dientes, sin ojos, sin gusto, sin nada».

Sólo Shakespeare podría expresarlo de una manera tan vívida y directa.

El modelo secuencial de la vida está profundamente arraigado en la cultura, como así lo revelan tantas obras de teatro, novelas, poemas, películas y programas de televisión sobre las diversas etapas vitales, que ponen al descubierto las vicisitudes que implica la cadena de cambios vitales a lo largo de la infancia, la niñez, la adolescencia, la edad adulta, la jubilación, etcétera. El imaginario popular está repleto de representaciones icónicas de estas etapas y de los ritos de paso entre ellas, así como de las consecuencias de no recorrer cada una de manera secuencial y en el momento oportuno, como vimos en los capítulos 2, 3 y 4.

Como primer paso, la llegada de la sociedad posgeneracional de los *perennials* requiere un cambio de mentalidad. Las escuelas, universidades, empresas y agencias gubernamentales, así como toda la economía, se organizan en torno a la clasificación de las personas en grupos de edad establecidos. Este sistema ha sido de utilidad durante más de un siglo, pero ahora está mostrando signos de envejecimiento. A medida que la longevidad, la aptitud física y la tecnología continúan ejerciendo presión sobre las organizaciones y la sociedad, debemos encontrar nuevos modelos para que las personas de diferentes generaciones puedan disfrutar al máximo de sus vidas más largas y saludables. El futuro depara cada vez más formas posgeneracionales de jugar, vivir, aprender, trabajar y consumir.

La cultura tiene que ver con las categorías; y resulta muy necesario abandonar ciertas categorías que definen lo que es «apropiado para la edad», porque limitan lo que las personas pueden y no pueden hacer. Las categorías son especialmente dañinas si se convierten en un sistema de clasificación exclusivo y exhaustivo, lo que significa que todos y cada uno de los individuos están en una —y sólo una— categoría en un momento dado. El modelo secuencial clasificaba a las personas en categorías generacionales según la edad y la actividad, trazando un camino lineal de la cuna hasta la tumba para quienes querían triunfar en la vida. Se convirtió en la base de cómo las organizaciones de todo tipo gestionarían a las personas, entre ellas las guarderías, escuelas, universidades, hospitales, agencias gubernamentales, empresas, etcétera.

Eliminar las categorías puede ser difícil, pero tal vez podamos superar los prejuicios basados en clasificar a las personas por su edad y generación. Por ejemplo, entre 2010 y 2014, la Encuesta Mundial de Valores preguntó a más de ochenta mil personas de 57 países si consideraban adecuado que nombraran jefe a una persona de 30 años y a otra de 70. Otra pregunta fue si la mayoría de la gente de su país veía a las personas mayores de 70 años como «simpáticas», «competentes» y «que merezcan respeto». La encuesta incluía algunas preguntas más sobre si «las personas mayores son una carga para la sociedad», «las personas mayores reciben del Estado más de lo que les corresponde», «las personas mayores tienen demasiada influencia política» y, lo más importante para nuestros propósitos, si «las empresas que emplean a jóvenes obtienen mejores resultados que aquellas que emplean a personas de diferentes edades».

En general, más de la mitad dijo que se sentiría a gusto con un jefe de 30 años o de 70. Lo realmente interesante es que la gente prefiere tener uno más joven en Latinoamérica, Rusia, las antiguas repúblicas soviéticas y algunos países de Europa occidental como Países Bajos, España y Suecia. Por el contrario, en China, Alemania y Japón, la gente tenía una ligera preferencia por el jefe de 70 años. En Estados Unidos y Corea del Sur, la gente casi no veía diferencia.

Lo bueno es que, según un análisis estadístico exhaustivo, «tener menos formación, ser más joven y ser hombre aumenta significativamente las probabilidades de que un individuo discrimine mucho por edad». Y creo que es una buena noticia porque, como educador, identifico una senda que recorrer para lograr un cambio cultural; es decir, se puede educar a las mentes jóvenes, sobre todo a los hombres, sobre los beneficios de la sociedad posgeneracional. Los prejuicios generacionales y por edad son más pronunciados en los países de bajos ingresos del sur de Asia, Oriente Próximo y África, justo en las regiones del mundo donde las poblaciones son más jóvenes y la escolarización puede beneficiar a un mayor número de personas en el futuro. Por tanto, sigo siendo optimista. Sin embargo, el cambio cultural puede verse reprimido por las reglas y procedimientos organizativos. Y esto también debe cambiar.

Cambio organizativo

«Tengo 69 años, y eso significa que no puedo encontrar trabajo —dice Diane Huth, residente en San Antonio, Texas (Estados Unidos)—. Trabajé en el sector empresarial estadounidense más de cuarenta años, con empresas de renombre en el ámbito de la creación de marcas», al igual que multitud de hombres y mujeres. «Pero no puedo conseguir trabajo, el mismo que tenía hace quince años. Ni siquiera puedo conseguir una entrevista para ese trabajo por culpa de todos esos procesos de selección. Soy demasiado mayor. A mi edad, nadie me tiene en cuenta para un trabajo, ni siquiera en cosas en las que había destacado.» En el otro extremo del espectro de edad, los jóvenes se quejan de que no se les da suficiente responsabilidad en el trabajo, que no está lo suficientemente bien pagado como para comprarse una casa o que ni siquiera pueden conseguir un puesto estable.

Como en el caso del cambio cultural, estamos atrapados en el debate sobre la edad y la discriminación generacional, intentando resolver el problema en lugar de disolverlo. Sin duda, debemos abordar todas las formas de discriminación manifiesta e implícita a través de las herramientas legales, culturales y organizativas. Pero también debemos asegurarnos de beneficiarnos del aprendizaje, el trabajo y el ocio multigeneracionales en todos los entornos organizativos, incluidas las instituciones educativas, las empresas y el gobierno. De lo contrario no seremos capaces de minimizar los problemas de la depresión adolescente, las crisis de la mediana edad, las carreras sin futuro, la crisis de las pensiones, etcétera.

El sector educativo cuenta con el mayor potencial para resultar clave en una sociedad posgeneracional de *perennials*. Puede ayudar a superar los prejuicios culturales y crear nuevas oportunidades para que las personas alternen entre la escuela y el trabajo. «Los analfabetos del siglo XXI no serán quienes no sepan leer ni escribir —sostiene el autor y consultor Alvin Toffler—, sino quienes no puedan aprender, desaprender y reaprender.» Las transformaciones demográficas, económicas y tecnológicas nos obligarán a pasar por ese ciclo varias veces a lo largo de nuestra vida. Aprender una nueva habilidad se está volviendo cada vez más común, no sólo a través de la educación formal después de los 25 años (en Estados Unidos, más de uno de cada tres estudiantes universitarios supera esa edad), sino gracias a la increíble variedad de opciones digitales que existen para adquirir una nueva habilidad, como, por ejemplo, analizar datos, hablar en público o dibujar. Desaprender hábitos, procedimientos y mentalidades es esencial para triunfar en un nuevo puesto dentro de la misma organización, y no digamos para empezar en otra empresa o en un tipo de ocupación completamente nueva. Los banqueros que se pasan al activismo necesitan recordarse todo el tiempo que no existe una tasa interna de rentabilidad que pueda calcularse con facilidad en una organización comunitaria. Y reaprender a menudo implica actualizar viejos aprendizajes. Muchos de mis antiguos alumnos dicen que mientras estaban en la escuela de negocios no se dieron cuenta de lo importantes que son las habilidades de liderazgo hasta años más tarde, cuando se encontraron al mando de una organización después de haber pasado años trabajando en puestos más técnicos.

Permitir que las personas tengan trayectorias profesionales

múltiples y no lineales, facilitadas por el aprendizaje, desaprendizaje y reaprendizaje, requiere no sólo de nuevas oportunidades educativas, sino también de empresarios dispuestos a revisar sus formas habituales de seleccionar, atraer, recompensar y retener el talento. Y se trata de una tarea muy difícil, porque las prácticas de recursos humanos están altamente burocratizadas, tanto en las empresas como en la administración pública. Flexibilizar las escalas de ascenso laboral sería un buen primer paso. Seguir los ejemplos de empresas que han creado en sus fábricas y departamentos de marketing (por nombrar dos áreas dentro de la empresa) un lugar de trabajo posgeneracional sería el enfoque ideal para superar las deficiencias del modelo secuencial de la vida. «Con tantos cambios en todas partes, las empresas se enfrentan a problemas complicados que tienen que resolver para impulsar el crecimiento —dice Gary Kopervas, vicepresidente sénior de estrategia de marca, *story design* e innovación en 20nine, una agencia de marca de los suburbios de Filadelfia—. Descubrimos que reunir a los *boomers*, la generación X, los *millennials* y la generación Z en un entorno creativo da lugar a un espectro más rico y amplio de soluciones... Si el objetivo es la creatividad, generar un entorno multigeneracional puede ayudar a impulsar mejores soluciones.»

Una fuerza de trabajo posgeneracional de verdad provocará que más empresas de todos los tamaños acepten títulos de educación online a la hora de contratar y ascender a sus trabajadores. De lo contrario, los empresarios descuidarán las habilidades de un número cada vez mayor de estudiantes competentes. Por ejemplo, en el primer semestre del curso 2019/2020 (es decir, justo antes de la pandemia), había 3,4 millones de estudiantes universitarios en Estados Unidos que estudiaban exclusivamente online; esto supone alrededor del 17,5 por ciento del total. El porcentaje fue sólo del 13 por ciento en las universidades públicas, pero el 21,4 por ciento correspondió a los colegios y universidades privadas sin ánimo de lucro, y un enorme 62,8 por ciento a las privadas con fines de lucro. Por tanto, también necesitamos que las universidades públicas se suban al carro e innoven.

Algunas empresas ya se están dando cuenta del potencial del

marketing y el lugar de trabajo posgeneracionales, como hemos visto en capítulos anteriores. Pero todavía son pocas y les queda mucho camino por recorrer. Quizá sólo haga falta que se sumen unas pocas grandes empresas para crear así una tendencia hacia un lugar de trabajo verdaderamente posgeneracional. Sin embargo, es posible que se necesiten estímulos, leyes y nuevas iniciativas políticas para lograr que un mayor número de empresas de todos los tamaños se suban a ese carro.

Cambio de políticas

«Creo que es importante que toda la sociedad y el gobierno en particular se centren en crear un entendimiento mutuo entre los jóvenes y los mayores», decía Olipcia, una mujer haitiana de 74 años entrevistada para el Informe global sobre la discriminación por edad de las Naciones Unidas. Sin embargo, los propios responsables de las políticas públicas también deben aprender a superar sus prejuicios discriminatorios por razones de edad, que se suelen traducir en medidas que estereotipan, prejuzgan y discriminan a las personas por los años que tienen en ámbitos como la educación, el trabajo, la vivienda y la atención médica, entre otras áreas políticas. Los responsables que ocupan los niveles superiores de la burocracia administrativa suelen ser de «mediana edad», ni jóvenes ni jubilados, aunque los políticos elegidos y no elegidos tienden a ser de mayor edad.

La transición a la sociedad *perennial* sin duda requerirá ajustes legales para abordar la discriminación que sufren los adultos jóvenes y las personas mayores de 60 años en el empleo, el acceso a la vivienda y la atención médica, así como en los procedimientos legales. En el informe de las Naciones Unidas, se indicaba que esta discriminación que afecta a los dos extremos del rango de edad está muy extendida tanto en los países desarrollados como en los que aún están en vías de desarrollo. Pero el cambio necesario para avanzar hacia una sociedad posgeneracional de verdad tendrá que trascender lo legal para incluir los aspectos culturales, organizativos y políticos; y también tendrá que ir mucho más allá de superar el edadismo para organizar de otra forma la vida, de manera que la interacción entre diferentes generaciones aumente. De hecho, el contacto y la colaboración posgeneracionales también pueden ser la mejor manera de superar los estereotipos, los prejuicios y el edadismo.

Además de erradicar la discriminación, la mentalidad *perennial* posgeneracional puede promoverse mediante políticas que mejoren el acceso a la educación, tanto en términos de cambio de actitud como de trayectorias profesionales más flexibles. Los gobiernos también podrían plantearse reasignar recursos para mejorar la esperanza de vida saludable, ya que la esperanza de vida sigue creciendo. Para aprovecharse de los beneficios que ofrecen las aulas y el lugar de trabajo posgeneracionales, se podría dar un valiente paso adelante y agregar la dimensión generacional a las políticas de igualdad, diversidad e inclusión, echando mano, por ejemplo, de la discriminación positiva, tal y como sugiere el economista David Neumark en un artículo que escribió para el *think tank* Brookings Institution. Si la prioridad es que el progreso sea rápido, quizá se podrían plantear establecer cuotas. ¿Qué pasaría si todas las grandes empresas tuvieran que reservar una cierta proporción de sus puestos de trabajo para quienes dejaron el instituto o para las personas con hijos o nietos a cargo? Se me ocurren varias razones por las que las cuotas podrían resultar contraproducentes e injustas, pero también podría dar otras tantas por las que podrían ser positivas. En ciertos casos, creo que el sistema actual necesitaría sufrir un *shock*, volver a empezar; y quizá sólo las cuotas puedan provocar ese comienzo de cero. Hemos visto que funcionó en los equipos directivos de las empresas, donde, de no ser por tales medidas, las mujeres y las minorías seguirían en gran parte excluidas de la dirección de las empresas. ¿Por qué no podemos intentarlo en un mundo organizativo más amplio?

Los gobiernos crean estímulos e incentivos para todo tipo de comportamientos, como ahorrar para la jubilación, ahorrar en el uso de la energía, tener hijos, etcétera. Dados sus muchos beneficios potenciales, ha llegado el momento de que las políticas promuevan también la interacción generacional. ¿Por qué no ofrecer a las escuelas, universidades y empresas incentivos para facilitar que las personas sigan trayectorias no lineales que les permitan adaptarse a los cambios de la economía y el mercado laboral? ¿O aprovechar al máximo las posibilidades que plantea la interacción y colaboración entre generaciones en el lugar de trabajo? ¿Y si se garantizara la viabilidad futura de los sistemas de pensiones haciendo posible que las personas disfruten de una combinación de trabajo y descanso durante la mayor parte de su vida? Sin duda, hace falta una gran dosis de imaginación para pasar del modelo secuencial lineal a una gran variedad de caminos que permitan a las personas encontrar su propia trayectoria de vida. Y si bien la tecnología ha provocado que esta flexibilidad sea necesaria, al hacer que el conocimiento quede enseguida obsoleto, también puede ser la salvación, porque ofrece opciones educativas y profesionales más diferenciadas en un momento en el que la demanda de aprendizaje sigue disparándose.

Acelerar la sociedad y la economía posgeneracional

Lo bueno es que las formas posgeneracionales de vivir, aprender, trabajar y consumir vienen impulsadas por poderosas dinámicas que se refuerzan cada día. La mentalidad *perennial* está empezando a afianzarse. La disminución de la natalidad trae consigo que acudan a la escuela y la universidad cohortes de edades más reducidas (sobre todo en Asia oriental, Europa y Norteamérica), creando así un enorme incentivo para que las instituciones educativas tradicionales atiendan las necesidades de grupos de edad distintos de los que solían tener matriculados. El cambio tecnológico es otro gran acelerador del aprendizaje posgeneracional, ya que hace que los conocimientos y habilidades de las personas se queden obsoletos más rápido que en el pasado, animándolas así a volver a la modalidad de aprendizaje junto con otros grupos de edad. Debido a los cambios demográficos, las tensiones geopolíticas, la pandemia del coronavirus y la creciente escasez de mano de obra ya están obligando a las empresas y otros empleadores a reconsiderar sus prejuicios hacia los empleados de cierta edad. Las marcas y los departamentos de marketing están ya modificando su enfoque, dado que el centro de gravedad del consumo se ha venido desplazando hacia los grupos de la parte alta de la distribución por edad. A medida que la escuela, el trabajo y las compras se vuelven genuinamente posgeneracionales, también lo serán el ocio y el entretenimiento, pues solemos jugar con quienes interactuamos en la escuela y el trabajo. Por tanto, la llegada de la sociedad *perennial* se está viendo impulsada por los cambios demográficos y tecnológicos, así como por acontecimientos trascendentales como la pandemia del coronavirus.

La velocidad con la que pasa a una sociedad posgeneracional difiere mucho según el aspecto que se considere. Primero tengamos en cuenta las generaciones que viven juntas. En el mundo desarrollado, hasta el 20 por ciento de la población vive en un hogar multigeneracional (véase el capítulo 3); y esa proporción está creciendo. Gran parte del crecimiento todavía viene motivado por la necesidad, pero ahora hay más personas que viven con al menos otras dos generaciones por elección personal. Sin embargo, en los países emergentes y en desarrollo está disminuyendo desde un nivel mucho más alto debido a la urbanización y las nuevas oportunidades económicas. Por lo tanto, en lo que atañe a la vida multigeneracional, encontramos una clara división en el mundo, sobre todo entre países desarrollados frente a países en desarrollo.

En marcado contraste con la vida posgeneracional, en lo referente al aprendizaje multigeneracional —nuestra segunda dimensión clave—, en todo el mundo se observa que cada vez hay más personas mayores de 20 años que quieren estudiar, aunque éstas parten de niveles relativamente bajos. La proporción de la población de 30 años o más matriculada en programas de educación después de la secundaria sólo es superior al 10 por ciento en Australia, Finlandia y Turquía; y superior al 5 por ciento en Dinamarca, Islandia, Suecia, Nueva Zelanda, Hungría y Brasil. En Estados Unidos, está alrededor del 4 por ciento. Como vimos en el capítulo 5, en China, una de cada cuatro personas de más de 60 años estudia en una universidad especial para mayores. El reto para la educación tradicional estará en hacer hueco a estudiantes de todas las edades, pero también en cambiar a un modelo en el que diferentes tipos de universidades se ocupen de las necesidades de alumnos de edades diferentes, que estudiarán codo con codo al estilo posgeneracional.

A diferencia del modelo tradicional, el aprendizaje posgeneracional online se ha disparado en todo el mundo y en todos los grupos de edad. En los 27 países de la Unión Europea, el porcentaje de personas mayores de 30 años que reciben educación online ha pasado de menos del 10 por ciento en 2015 a más del 20 por ciento en 2021. En Reino Unido, este porcentaje se acerca al 30, y en Estados Unidos es por lo menos igual de alto. Y las empresas se han dado cuenta. Según la consultora KPMG, en 1995 sólo el 4 por ciento de las grandes y medianas empresas estadounidenses ponía a disposición de sus empleados cursos de aprendizaje online. En 2022, la proporción era casi del 90 por ciento. En una encuesta que realizó AARP a casi seis mil ejecutivos de treinta y seis países miembros de la OCDE entre 2019 y 2020, se vio que más del 80 por ciento consideraba muy o bastante útil contar con información sobre formación permanente, educación y prácticas. Y algo más del 75 por ciento dijo que era muy o bastante probable que en sus empresas ofrecieran capacitación y oportunidades permanentes a los empleados. Ya contamos con una gran proporción de personas mayores de 30 años en programas de formación permanente. El siguiente paso es crear un sistema educativo para los *perennials*, lo que en esencia implica eliminar la segregación educativa por grupo de edad para así dar rienda suelta a los beneficios del verdadero aprendizaje multigeneracional.

Al sentir la presión provocada por la gran escasez de personal, el sector empresarial también ha comenzado a implantar el modelo de lugar de trabajo multigeneracional. Ésta es la tercera dimensión de la sociedad y la economía de los *perennials*. La misma encuesta de AARP detectó que la edad era un factor relevante en el 47 por ciento del 64 por ciento de las empresas que contaban con políticas de igualdad, diversidad e inclusión. Alrededor del 46 por ciento había analizado las ventajas potenciales de contar con una fuerza de trabajo multigeneracional. De ellas, entre el 70 y el 80 por ciento estaban muy interesadas o bastante interesadas en explorar el valor empresarial y las ventajas estratégicas que ofrecía la mano de obra multigeneracional, las herramientas para realizar evaluaciones comparativas con otras empresas del sector, la información sobre cómo diseñar un lugar de trabajo que satisfaga las necesidades de una fuerza de trabajo multigeneracional, y las prácticas y conocimientos relacionados con la gestión de personal laboral y los equipos multigeneracionales. También expresaron niveles similares de interés hacia iniciativas como los programas de reinserción o de vuelta al trabajo, los paquetes de recursos para empleados intergeneracionales, los equipos formados por personas de edades diferentes y los programas de jubilación gradual. Casi el 84 por ciento consideró que crear una fuerza de trabajo multigeneracional sería algo muy o bastante valioso para alcanzar el éxito en su empresa.

Así pues, los empresarios parecen estar muy interesados en el contexto de trabajo multigeneracional. Pero ¿qué pasa con los trabajadores? Una encuesta realizada por la consultora Deloitte a diez mil empleados de siete países europeos en junio de 2020 reveló que sólo el 6 por ciento pensaba que sus empresas estaban preparadas para liderar y gestionar una fuerza de trabajo multigeneracional. Se trata de una enorme brecha que es necesario superar.

La cuarta dimensión, el consumo multigeneracional, está en aumento debido a la vida, el aprendizaje y el trabajo multigeneracionales. Las marcas están empezando a dirigirse a varias generaciones, tanto para hacer hincapié en los puntos en común entre ellas como para aprovechar la nueva tendencia del consumo multigeneracional y el marketing *perennial*. Lo que era impensable ya está sucediendo. Las empresas de medios de comunicación y *streaming*, como Discovery Channel, Fox Entertainment, CBS, Telemundo, TikTok y Facebook, ya están creando contenido multigeneracional. Las marcas de belleza se dirigen ahora al segmento de edad «19/99»: según explica en su web la empresa canadiense 19/99, está «diseñada para aquellos que quieren definir su belleza y no se preocupan por lo que se considera apropiado». En lo que a ellos respecta, «no existe un número mágico. La belleza en la era del contraataque consiste en esto». Como vimos en el capítulo 9, las empresas automovilísticas también se están sumando a esta tendencia, igual que multinacionales tan conocidas como Disney y LEGO.

Resulta alentador ver que las tendencias en la vida, el aprendizaje, el trabajo y el consumo se refuerzan entre sí y apuntan cada vez más en la dirección de una sociedad y una economía posgeneracionales. Resumamos algunas de las mejores maneras de acelerar la evolución hacia una sociedad posgeneracional de *perennials*:

- Competir en igualdad de condiciones legales mediante la eliminación de terribles formas de discriminación por edad, como las que limitan el acceso a la educación, el empleo, la vivienda y la atención médica.
- Fomentar la innovación y la competencia en el sector educativo para permitir que las personas participen en el aprendizaje permanente, y hacer posible que diversas generaciones aprendan juntas. Esto incluiría proporcionar ayuda financiera a estudiantes de todas las edades.
- Modificar los programas de promoción y evaluación del desempeño laboral para que los padres no tengan que hacer malabares para conciliar la familia y el trabajo, y encaminarse hacia los que ya utilizan algunas empresas y organizaciones (plazos de promoción ampliados, tiempo libre remunerado y demás).
- Adoptar políticas públicas que fomenten y ofrezcan incentivos y financiación a individuos y empresas para facilitar la transición entre la escuela y el trabajo, y viceversa, animando así a las organizaciones a que maximicen la interacción y colaboración posgeneracional.
- Convencer a un mayor número de empresas y agencias públicas para que pongan en práctica los enfoques posgeneracionales de trabajo, capacitación, reciclaje profesional y carreras. Y también deberían aceptar certificados de educación online de calidad a la hora de contratar y promocio-

> nar a sus empleados. De esta manera, las primeras empresas y gobiernos que lo adopten se convertirán en la vanguardia del cambio, los modelos a imitar por otras empresas y organizaciones. Los gobiernos y los empleadores con visión de futuro deben defender la sociedad y la economía multigeneracionales, potenciando al máximo las oportunidades que favorezcan la concienciación, el aprendizaje y la colaboración intergeneracionales.

Pero no nos dejemos llevar por los beneficios potenciales sin tener en cuenta algunos de los grandes riesgos que implica esta transición. Hay tres advertencias importantes que debemos tomar en consideración a la hora de llevar a cabo la revolución posgeneracional y adoptar la mentalidad *perennial.* Quizá el mayor problema tenga que ver con el acceso a los instrumentos y herramientas que permitirán a las personas seguir múltiples caminos en sus vidas, como son la educación, la tecnología y la seguridad financiera. Prestar atención a que se acceda de manera igualitaria a esos recursos será crucial para que los beneficios de la sociedad posgeneracional se difundan ampliamente. Propuestas como la renta básica quizá podrían ser de gran ayuda para alentar a las personas a cambiar de trabajo y de carrera mientras buscan subirse a las nuevas olas del cambio económico y tecnológico.

Otro aspecto preocupante es la posibilidad de que la reducción de la natalidad y la mayor acumulación de riqueza en la economía del conocimiento, incluso con una mayor longevidad, hagan que las herencias se disparen, lo que acabaría acentuando la desigualdad. Si bien los efectos se notarían de manera diferente en todo el mundo (véase el capítulo 7), una mayor disparidad de ingresos y riqueza entre ricos y pobres socavaría gravemente los beneficios generales de la sociedad posgeneracional, y pondría en riesgo la igualdad de oportunidades.

En este clima cultural y político tan polarizado que afecta a tantos países del mundo, pasar de forma rápida y brusca de un modelo secuencial de la vida a otro con muchos caminos y circuitos de retroalimentación puede resultar controvertido. El motivo estriba en que proponer un cambio en la forma en que vivimos nuestras vidas desencadenará al momento una amplia gama de respuestas, que dependerán de la perspectiva cultural y política de cada cual. En un momento en el que el concepto tradicional de familia nuclear ya no es la norma, las perspectivas reaccionarias podrían proponer un retorno a algunos valores y prácticas arcaicos —como relegar a las mujeres a los roles que tradicionalmente han asumido—, algo que no sólo es inviable, sino también inadmisible para muchos grupos de la sociedad. Debemos avanzar al tiempo que evitamos una reacción violenta y que se acentúen las fisuras sociales y políticas.

Así que seamos pragmáticos. Reduzcamos al mínimo los conflictos sociales y el extremismo político pensando de manera estratégica en llevar a cabo cambios tanto graduales como drásticos. Sigamos descubriendo por qué el modelo secuencial de la vida impide que las personas alcancen su máximo potencial. Cuestionemos los supuestos que están causando más problemas, en especial aquellos que tienen que ver con la compartimentación de las etapas vitales. Lancemos programas piloto que se basen en nuevas ideas y posibilidades, ya sea para evitar que las personas se queden rezagadas como para liberar el potencial de cada individuo en esta era de transformaciones demográficas, económicas y tecnológicas. Invitemos a gobiernos, empresas, instituciones educativas y otros tipos de organizaciones a pensar en los ciudadanos, estudiantes y trabajadores como *perennials*, a ser creativos, a ser originales, a convertirse en motores de cambio, a disolver problemas en lugar de resolverlos sin más. Con que unas pocas de estas organizaciones pongan a prueba diversos aspectos de las formas posgeneracionales de vivir, aprender, trabajar y consumir sería suficiente para tener un gran impacto.

La prueba más difícil de todas será prestar atención a las fuentes intergeneracionales que generan conflictos en el plano del empleo, la vivienda, los impuestos, la atención sanitaria, las pensiones y la sostenibilidad conforme se hace la transición hacia una sociedad *perennial* mejor equilibrada y flexible. Las transformaciones a gran escala nunca son fáciles ni están exentas de conflictos. De hecho, se caracterizan por generar alteraciones, trastornos y exclusión de tipo social y político. No será diferente en esta ocasión. Aun así, con una fuerte dosis de imaginación, y dejando a un lado las suposiciones y acciones obsoletas, podríamos ser capaces de reorganizar nuestras vidas de manera que se cree un futuro mejor para la mayoría de las personas: para los que abandonaron la secundaria y los estudiantes de sobresaliente con un máster; para las madres adolescentes, las mujeres trabajadoras y las divorciadas que buscan reingresar al mercado laboral, y para los trabajadores del conocimiento y quienes se han visto desplazados de sus trabajos por el cambio tecnológico. Ésa es la promesa intrínseca que implica adoptar la mentalidad *perennial*, que cambiará el significado de un buen número de términos que hemos utilizado durante mucho tiempo para encasillar a las personas en rígidas categorías y etapas vitales.

La vastas transformaciones demográficas y tecnológicas están generando gradualmente formas posgeneracionales de vivir, aprender, trabajar y consumir. Como resultado, está siendo posible liberar a decenas de personas de las limitaciones del modelo secuencial de la vida, fomentando la igualdad de condiciones para que todos tengan la oportunidad de vivir una vida gratificante. Ya es hora de que adoptemos la mentalidad *perennial* para disolver los problemas en lugar de resolverlos. La sociedad y la economía ya no son las de finales del siglo XIX, cuando, para satisfacer las necesidades de la industrialización, surgió esa forma lineal de organizar nuestras vidas. Ahora nos encontramos en una economía posindustrial que está atravesando una rápida evolución impulsada por el conocimiento y la tecnología, que requiere que tanto las organizaciones como las personas sean mucho más veloces y flexibles para adaptarse a unas circunstancias cambiantes. Para destacar en este nuevo juego competitivo, debemos comprender el espíritu de las generaciones que viven, aprenden, trabajan y consumen juntas. La revolución posgeneracional ya está en marcha, y cada vez más personas se convierten en verdaderas *perennials*. Sólo necesitamos huir de las viejas concepciones y sumarnos a la ola del cambio.

Agradecimientos

Escribir un libro equivale a embarcarse en un viaje de descubrimiento personal. Con éste he logrado algunos avances en cuanto a comprender cómo he evolucionado de una etapa de la vida a la siguiente. De hecho, lo escribí mientras cambiaba el rumbo de mi carrera, de profesor a decano, y mientras salía de la pandemia, desconcertado —como la mayoría— por lo que podría depararme el futuro y más consciente que nunca del paso del tiempo. El libro cuestiona la forma en que solemos vivir nuestras vidas, así como algunos supuestos muy extendidos. No era consciente de las implicaciones de muchas de esas creencias comunes hasta que comencé a hablar de ellas con otras personas. Como profesor, debo gran parte del contenido del libro a los comentarios que he recibido en mis clases sobre el tema. Han sido miles de estudiantes, ejecutivos y otros tipos de público quienes con sus preguntas y observaciones me han sido de gran utilidad para añadir matices y explorar temas secundarios en el libro.

He tenido la suerte de trabajar con algunas de las personas más increíbles del mundo editorial: Jane von Mehren, de Aevitas Creative Management; mi editor, Michael Flamini, de St. Martin's Press; mi equipo de publicistas, dirigido por Paul Sliker, y Francis Hoch, de Chartwell Speakers Bureau. Su compromiso con la excelencia me animó a apuntar alto y trabajar duro para lograrlo.

La escritura real de este libro tuvo lugar en mi casa de Filadelfia y en Cambridge. Estoy muy agradecido a Mohamed El-Erian, presidente del Queens College, donde pasé muchas tardes y fines de semana escribiendo y reescribiendo el manuscrito. Benito Cachinero, José Manuel Campa, Carlos de la Cruz, Álvaro Cuervo, Julio García Cobos, Emilio Ontiveros y Sandra Suárez me dieron, como siempre, innumerables consejos y me salvaron de cometer numerosos errores.

Al igual que con mis libros anteriores, mi esposa Sandra y mis hijas Daniela y Andrea me vieron trabajar y me ofrecieron apoyo constante. A ellas tres les dedico este libro.

Referencias bibliográficas

Los *perennials* y la sociedad posgeneracional en cifras

«Life Expectancy in the USA, 1900-1998», <https://u.demog.berkeley.edu/~andrew/1918/figure2.html>; U.S.; Naciones Unidas, World Population Prospects 2022, Naciones Unidas, Estados Unidos, 2022; Organización Mundial de la Salud, Observatorio Global de la Salud, <https://apps.who.int/gho/data/view.main.HALEXv>; Bureau of the Census, «American families and living arrangements: 2021», tablass H1 y FG3, <https://www.census.gov/data/tables/2021/demo/families/cps-2021.html>; «Financial issues top the list of reasons U.S. adults live in multigenerational homes», Pew Research Center, 24 de marzo de 2022, <https://www.pewresearch.org/fact-tank/2018/04/05/a-record-64-million-americans-live-in-multigenerational-households/>; Base de datos sobre educación de la OCDE, <https://data.oecd.org/education.htm>; los datos sobre el aprendizaje online por edad provienen de la base de datos de Statista; Global Insights on a Multigenerational Workforce, AARP Research, agosto de 2020; «The rise of intergenerational influence?», Media Leader, 2 de marzo de 2021, <https://the-media-leader.com/the-rise-of-intergenerational-influence/>.

Introducción

La definición de «vejez» del Fondo Económico Mundial aparece en «What is Old Age?», 21 de abril de 2015, <https://www.weforum.org/agenda/2015/04/what-is-old-age/>.

Sobre BMW, véase Christoph Loch, Fabian J. Sting, Nikolaus Bauer, y Helmut Mauermann, «The globe: How BMW is defusing the demographic time bomb», Harvard Business Review, <https://hbr.org/2010/03/the-globe-how-bmw-is-defusing-the-demographic-time-bomb>; Val Grubb, «Managing four generations in the workplace», Val Grubb & Associates, 18 de octubre de 2015, <https://valgrubbandassociates.com/managing-four-generations-in-the-workplace/>; «The future of work: Changing values in a multi-generational workforce», GetSmarter, 28 de septiembre de 2020, <https://www.getsmarter.com/blog/market-trends/the-future-of-work-changing-values-in-a-multi-generational-workforce/>; Marti Konstant, «Multigenerational workforce requires culture shift», sitio web de Marti Konstant, 2022.

Sobre las múltiples generaciones en el lugar de trabajo, véase Shaw, Brendan, «Five generations in the workplace», Shawview Consulting, 7 de junio de 2019, <https://www.shawview.com/post/2019/06/07/an-historical-moment-five-generations-in-the-workplace>; Jeff Desjardins, «How different generations approach work», Visual Capitalist, 30 de mayo de 2019, <https://www.visualcapitalist.com/generations-approach-workplace/>; Michael Vincent, «The benefits of having multiple generations in the one workplace», ABC News Australia, 6 de marzo de 2019, <https://mobile.abc.net.au/news/2019-03-06/benefits-of-having-multi-generations-in-the-one-workplace/10873564>.

Sobre el uso de diferentes partes del cerebro para resolver problemas, véase Foley, Katherine Ellen, «Scientifically, this is the best age for you to lead», *Quartz*, 9 de mayo de 2019, <https://qz.com/work/1614701/the-best-age-to-lead-is-probably-in-your-50s/>.

1. Las cuatro estaciones de la vida

Sobre la historia de la educación obligatoria, véase Gray, Peter, «A brief history of education», *Psychology Today*, 20 de agosto de 2008, <https://www.psychologytoday.com/us/blog/freedom-learn/200808/brief-history-education>; Ramirez, Francisco O.; y Boli, John, «The political construction of mass schooling», *Sociology of Education*, 60, n.º 1 (enero de 1987), pp. 2-17.

El profesor alemán y los castigos que aplicaba a sus alumnos aparecen citados en Mulhern, James, *A history of education: A social interpretation*, segunda edición, Ronald Press, Estados Unidos (1959) p. 383.

Sobre la industrialización y la escolarización, véase Thompson, E. P., «Time, work-discipline, and industrial capitalism», *Past & Present*, 38 (diciembre de 1967), pp. 56-97. La cita de Turner está en la página 84. Perrow, Charles, «A society of organizations», *Theory & Society*, 20, n.º 6 (diciembre de 1991), pp. 725-762.

Las novelas sobre el lugar de trabajo se citan en Biggs, Joanna, «Top 10 books about working life», *The Guardian*, 29 de abril de 2015.

El famoso ensayo de Talcott Parsons, «The school class as a social system», aparece en *Harvard Educational Review*, 29 (1959), pp. 297-318.

Sobre el síndrome de Peter Pan, véase Kiley, Dan, *El síndrome de Peter Pan: Los hombres que nunca crecieron*, Editorial Alcorta, España (1987); Huxley, Aldous, *La isla*, Edhasa, Barcelona (1999); Kalkan, Melek, *et al.*, «Peter Pan syndrome 'men who don't grow': Developing a scale», *Men and Masculinities*, 24, n.º 2 (junio de 2021), pp. 245-257.

La cita de José Ortega y Gasset es de «Overprotecting parents can lead children to develop 'Peter Pan syndrome'», *Science Daily*, 3 de mayo de 2007, <https://www.sciencedaily.com/releases/2007/05/070501112023.htm>.

El resumen de las etapas de la vida de Erik Erikson se puede encontrar en Cherry, Kendra, «Erik Erikson's stages of psychosocial development», *Verywell Mind*, 3 de agosto de 2022, <https://www.verywellmind.com/erik-eriksons-stages-of-psychosocial-development-2795740>.

Las teorías demográficas de Gary Becker están muy bien resumidas por Doepke, Matthias, «Gary Becker on the quantity and quality of children», *Journal of Demographic Economics*, 81 (2015), pp. 59-66. Su cita viene de Becker, Gary, *A treatise on the family*, Harvard University Press, Estados Unidos (1991), p. 144.

Las citas sobre las vicisitudes de la familia Gilbreth son de Gilbreth Jr, Frank B., y Gilbreth Carey, Ernestine, *Cheaper by the dozen*, Vail-Ballou Press, Estados Unidos (1948), pp. 2, 10, 21-22, 88; Gilbreth, Ernestine M., *Living with our children*, W. W. Norton, Estados Unidos (1928), pp. 3, 11.

Las estadísticas sobre la educación de las mujeres y los niños son de Martinez, Gladys M.; Daniels, Kimberly y Febo-Vazquez, Isaedmarie, «Fertility of men and women aged 15-44 in the United States:

National Survey of Family Growth, 2011-2015», *National Health Statistics Report*, n.º 113 (11 de julio de 2018).

Sobre las presiones de los padres y los planes educativos de los hijos, véase O'Brien, Carl, «Parents warned of obsession with sending children to university», *Irish Times*, 23 de mayo de 2018, <https://www.irishtimes.com/news/education/parents-warned-of-obsession-with-sending-children-to-university-1.3402361>, incluyendo la cita de Robinson, Ken; Mallick, Avik, «How obsession with grades harms children's education», India Education (2022), <https://indiaeducation.net/students-corner/how-obsession-with-grades-harms-childrens-education/>; Wong, Alia, «The American obsession with parenting», *The Atlantic*, 12 de diciembre de 2016, <https://www.theatlantic.com/family/archive/2016/12/the-american-obsession-with-parenting/510221/>.

Sobre el capital cultural y las notas en el colegio, véase DiMaggio, Paul, «Cultural capital and school success», *American Sociological Review*, 47 (abril de 1982), pp. 189-201.

La cita del doctor Joseph Garberly se encuentra en «Parental pressure and behavior may put teens at risk for substance use and abuse say experts from Caron Treatment Centers», Globe-Newswire, 14 de marzo de 2019, <https://www.globenewswire.com/news-release/2019/03/14/1754943/0/en/Parental-Pressure-and-Behavior-May-Put-Teens-at-Risk-for-Substance-Use-and-Abuse-Say-Experts-from-Caron-Treatment-Centers.html>.

Las citas sobre la crisis de la mediana edad son de Clay, Rebecca A., «Researchers replace midlife myths with facts», *Monitor on Psychology*, 34, n.º 4 (abril de 2003), p. 36. Véase también «Midlife», *Psychology Today*, <https://www.psychologytoday.com/intl/conditions/midlife>; Rauch, Jonathan, «The real roots of midlife crisis», *The Atlantic*, diciembre de 2014, <https://www.theatlantic.com/magazine/archive/2014/12/the-real-roots-of-midlife-crisis/382235/>; Qin, Xu, «Did snow white deal with midlife crisis?», *Shine*, 16 de octubre de 2020, <https://www.shine.cn/feature/book/2010167822/>.

Sobre vivir solos y la soledad, véase «Percentage of americans living alone, by age», Our World in Data, <https://ourworldindata.org/grapher/percentage-of-americans-living-alone-by-age?time=1900.2018>; «Social isolation, loneliness in older people pose health risks», National Institute on Aging, <https://www.nia.nih.gov/news/social-isolation-loneliness-older-people-pose-health-risks>. Sobre la soledad en la jubilación, véase «How to combat loneliness in older age», Gransnet, <https://www.gransnet.com/relationships/older-people-feeling-lonely-making-new-friends>; Sullivan, James,

«The financial and human cost of loneliness in retire ment», *Journal of Accountancy Newsletter / CPA Insider*, 21 de enero de 2020, <https:// www.journalofaccountancy.com/newsletters/2020/jan/financial-consequences-isolation-senior-clients.html>; Shin, Oejin, *et al.*, «Nature of retirement and loneliness: The moderating roles of social support», *Journal of Applied Gerontology*, 39, n.º 12 (2020), pp. 1292-1302; Calvo, Esteban; Haverstick, Kelly; y Sass, Steven A., «Gradual retirement, sense of control, and retirees' happiness», *Research on Aging*, 31, n.º 1 (2009), pp. 112-135.

Sobre Walter Gropius y Frank Gilbreth, véase Guillén, Mauro F., *The taylorized beauty of the mechanical: Scientific management and the rise of modernist architecture*, Princeton University Press, Estados Unidos (2006).

Sobre las dinámicas intergeneracionales, véase «Intergenerational solidarity and needs of future generations», Naciones Unidas, 5 de agosto de 2013, <https://sustainabledevelopment.un.org/content/documents/2006future.pdf>; Urick, Michael J., *et al.*, «Understanding and managing intergenerational conflict: An examination of influences and strategies», *Work, Aging and Retirement*, 3, n.º 2 (abril de 2017), pp. 166-185; «Inheriting climate change», «Climate One», <https://www.climateone.org/audio/inheriting-climate-change-0>; Gibney, Bruce, *A generation of sociopaths: How the baby boomers betrayed America*, Hachette Books, Estados Unidos (2017).

2. Salud y longevidad, en aumento

La mejor historia es de Riley, James C., *Rising life expectancy: A global history*, Cambridge University Press, Reino Unido (2001). La cita aparece en la página 1. Las causas de muerte en Londres a lo largo de la historia están registradas en la página 17.

Sobre el Stalin centenario, véase Bennett, Neil G. y Keil Garson, Lea, «The centenarian question and old-age mortality in the Soviet Union, 1959-1970», *Demography*, 20, n.º 4 (noviembre de 1983), pp. 587-606; Bennett, Neil G., y Keil Garson, Lea, «Extraordinary longevity in the Soviet Union: Fact or artifact?», *Gerontologist*, 6, n.º 4 (agosto de 1986), pp. 358-361; Keil Garson, Lea, «The centenarian question: Old-age mortality in the Soviet Union, 1897 to 1970», *Population Studies*, 45, n.º 2 (julio de 1991), pp. 265-278.

Los datos de esperanza de vida histórica estadounidense están disponibles en «Life expectancy in the USA, 1900-1998», University of California, Berkeley, <https://u.demog.berkeley.edu/~andrew/1918/figure2.html>.

Los datos de la esperanza de vida en las élites masculinas son de Griffin, J. P., «Changing life expectancy throughout history», *Journal of the Royal Society of Medicine*, 101, n.º 12 (diciembre de 2008), p. 577.

Sobre la esperanza de vida en el mundo, véase O'Neill, Aaron, «Life expectancy in the United Kingdom 1765-2020», Statista, <https://www.statista.com/statistics/1040159/life-expectancy-united-kingdom-all-time/>; «Life Expectancy by Age», Infoplease, <https://www.infoplease.com/us/health-statistics/life-expectancy-age-1850–2011>; Medina, Lauren; Sabo, Shannon; y Vespa, Jonathan, «Living longer: Historical and projected life expectancy in the United States, 1960 to 2060», *Current Population Reports*, febrero de 2020, <https://www.census.gov/content/dam/Census/library/publications/2020/demo/p25–1145.pdf>; Minder, Raphael, «Spain's formula to live forever», *Foreign Policy*, 4 de julio de 2019, <https://foreignpolicy.com/2019/07/04/spains-formula-to-live-forever/>; Johnson, Stephen, «How humanity gave itself an extra life», *New York Times Magazine*, 27 de abril de 2021.

Sobre la fuente de la eterna juventud, véase Heródoto, *Historia*, libro III, <http://www.perseus.tufts.edu/hopper/text?doc=Perseus%3Atext%3A1999.01.0126 %3Abook%3D3>; «Myth of the Source: Historical References», Acción Cultural Española, <https://www.accioncultural.es/virtuales/florida/eng/search/myth_history.html>; Friend, Tad, «Silicon Valley's quest to live forever», *The New Yorker*, 27 de marzo de 2017; Kaiser, Jocelyn, «Google X sets out to define healthy human», *Science*, 28 de julio de 2014; Hamrud, Eva, «Scientists think we can 'delay' the aging process, but how far can we actually go?», *Science Alert*, 3 de abril de 2021; Gopnik, Adam, «Can we live longer but stay younger?», *New Yorker*, 13 de mayo de 2019.

La información sobre «muertes por desesperación» en Estados Unidos es de Case, Anne; y Deaton, Angus, «Rising morbidity and mortality in midlife among white non-Hispanic Americans in the 21st century», *Proceedings of the National Academy of Sciences*, 112, n.º 49 (2 de noviembre de 2015); Krueger, Alan B., «Where have all the workers gone?», artículo para «The elusive 'Great' Recovery: Causes and implications for future business cycle dynamics», Sixtieth Annual Economic Conference, Federal Reserve Bank of Boston, Boston, MA, 14 de octubre de 2016, <https://www.bostonfed.org/-/media/Documents/economic/conf/great-recovery-2016/Alan-B-Krueger.pdf>.

La sección sobre los cambios en las tasas de mortalidad por género debidas al trabajo se basan en Naciones Unidas, *World Population Prospects: 2019 Revision*; Desjardins, Bertrand, «Why is life expectancy longer for women than it is for men?», *Scientific American*, 30 de agosto de 2004; Sharpe, Rochelle, «Women's longevity falling in some parts of the U.S., stress may be a factor», *Connecticut Health*, 12 de noviembre de 2012, <http://c-hit.org/2012/11/12/womens-longevity-falling-in-some-parts-of-u-s-stress-may-be-factor/>; Elo, Irma T., *et al.*, «Trends in Non-Hispanic white mortality in the United States by metropolitan-nonmetropolitan status and region, 1990-2016», *Population and Development Review*, 45, n.º 3 (2019), pp. 549-583; Hendi, Arun S., «Trends in education-specific life expectancy, Data Quality, and Shifting Education Distributions: A note on recent research», *Demography*, 54, n.º 3 (2017), pp. 1203-1213; Potts, Monica, «What's killing poor white women?», *American Prospect*, 3 de septiembre de 2013.

Sobre la tasa de mortalidad por la COVID-19 por raza, véase Rushovich, Tamara; Boulicault, Marion; y Shattuck-Heidorn, Heather, «Sex disparities in COVID-19 mortality vary across US racial groups», *Journal of General Internal Medicine*, 36 (2021), pp. 1696-1701.

Las estadísticas sobre madres solteras son de «Single Mother Statistics», Single Mother Guide, 17 de mayo de 2021, https://singlemotherguide.com/single-mother-statistics/

Las estadísticas sobre esperanza de vida ajustada por estado de la salud son de «Healthy life expectancy at birth», Naciones Unidas, <https://www.un.org/esa/sustdev/natlinfo/indicators/methodology_sheets/health/health_life_expectancy.pdf>.

La cita de Jan-Pieter Jansen es de Cumbo, Josephine, «'Their house is on fire': The pension crisis sweeping the world», *Financial Times*, 17 de noviembre de 2019.

Los datos de edad media de jubilación son de Shaw, Brendan, «Five generations in the workplace», Shawview Consulting, 7 de junio de 2019, <https://www.shawview.com/post/2019/06/07/an-historical-moment-five-generations-in-the-workplace>.

El informe gubernamental es *Intergenerational fairness and provision committee report*, Cámara de los Lores, Reino Unido, 21 de enero de 2021, <https://lordslibrary.parliament.uk/intergenerational-fairness-and-provision-committee-report/>. Véase también Riekhoff, Aart-Jan, «Pension reforms, the generational welfare contract and preferences for pro-old welfare policies in Europe», *Social Policy & Administration*, 55, n.º 3 (diciembre de 2020), pp. 501-518.

Las huelgas de autobuses de Londres de la década de 1950 están documentadas en «London buses on the streets, 1940s and 1950s», <https://www.1900s.org.uk/1940s-london-buses.htm>; «Bus drivers and their special skills, 1940s and 1950s», <https://www.1900s.org.uk/1940s-london-bus-drivers.htm>.

3. Ascenso y caída de la familia nuclear

Los datos de hogares estadounidenses e internacionales son del Bureau of the Census, «American Families and Living Arrangements: 2021», tablas H1 y FG3, <https://www.census.gov/data/tables/2021/demo/families/cps-2021.html>; Kramer, Stephanie, «U.S. Has World's Highest Rate of Children Living in Single-Parent House- holds», Pew Research Center, 12 de diciembre de 2019, <https://www.pewresearch.org/fact-tank/2019/12/12/u-s-children-more-likely-than-children-in-other-countries-to-live-with-just-one-parent/>.

Las citas sobre la familia nuclear son de Mead, Margaret y Heyman, Ken, *Family*, Nueva York, Macmillan (1965), pp. 77-78; Brooks, David, «The nuclear family was a mistake», *The Atlantic*, marzo de 2020; Pinsker, Joe, «If the nuclear family has failed, what comes next?», *The Atlantic*, marzo de 2020.

Las citas de las revistas de mujeres son de Cancian, Francesca M. y Gordon, Steven L., «Changing emotion norms in marriage: Love and anger in U.S. women's magazines since 1900», *Gender and Society*, 2, n.º 3 (septiembre de 1988), pp. 308-342. La cita de Bellah, Robert N. *et al.*, *Habits of the heart: Individualism and commitment in american life*, University of California Press, Estados Unidos (1985), está en la página 6. Putnam, Robert D., *Solo en la bolera: Colapso y resurgimiento de la sociedad norteamericana*, Galaxia Gutenberg, Barcelona (2002).

Los datos de la estructura familiar y las madres solteras son de la base de datos de la familia de la OCDE, <https://www.oecd.org/els/family/database.htm#structure>; Wu, Huizhong, «Denied Benefits, Chinese Single Moms Press for Change», *Associated Press*, 15 de marzo de 2021, <https://apnews.com/article/china-single-moms-denied-benefits-d7c841920b21331e7c18ca4f40e69b6a>; Wang, Vivian, «For China's Single Mothers, a Road to Recognition Paved with False Starts», *The New York Times*, 31 de mayo de 2021; Raina, Kanksha, «The joys and struggles of being a single mother in India», *Kool Kanya*, 28 de julio de 2020, <https://blogs.koolkanya.com/the-joys-and-struggles-of-being-a-single-mother-in-india/>; DePaulo, Bella, *How we live now: Redefining home and family in the 21st century*, Simon & Schuster, Estados Unidos (2015).

Sobre *La casa de la pradera*, véase Bruk, Diana, «11 reasons 'Little House on the Prairie' was once the best show on television», *Country Living*, 12 de noviembre de 2014, <https://www.countryliving.com/life/a6263/little-house-on-the-prairie/>.

Sobre el *reality show* de Corea del Sur *I Live Alone*, véase Kim, Sam, «South Korea crosses a population Rubicon in warning to the world», *Bloomberg*, 26 de mayo de 2021.

Sobre vivir solo, véase DePaulo, Bella, «Living alone: Men and women, young to old, around the world», *Psychology Today*, 28 de febrero de 2020, <https://www.psychologytoday.com/us/blog/living-single/202002/living-alone-men-and-women-young-old-around-the-world>; Esteve, Albert *et al.*, «Living alone over the life course: Cross-national: Variations on an emerging issue», *Population and Development Review*, 46, n.º 1 (2019), pp. 169-189; Kilnenberg, Eric, *Going Solo: The extraordinary rise and surprising appeal of living alone*, Duckworth Books, Estados Unidos (2013).

Sobre adultos que viven con sus padres, véase Fry, Richard; Passel, Jeffrey S.; y Cohn, D'Vera, «A majority of young adults in the U.S. live with their parents for the first time since the Great Depression», Pew Research Center, 4 de septiembre de 2020, <https://www.pewresearch.org/fact-tank/2020/09/04/a-majority-of-young-adults-in-the-u-s-live-with-their-parents-for-the-first-time-since-the-great-depression/>; «When are they ready to leave the nest?», Eurostat, 12 de agosto de 2020, <https://ec.europa.eu/eurostat/web/products-eurostat-news/-/edn-20200812–1>; «The ominous 'Kangaroo' Generation in Korea», *Newsnpr*, 7 de noviembre de 2021, <https:// www.newsnpr.org/the-ominous-kangaroo-generation-in-korea-parents-do-not-let-their-children-be-independent-until-the-age-of-40-they-still-have-no-intention-of-leaving-the-house/>; «Census data shows more than 42 % of South Koreans in their 30s are unmarried», *Allkpop*, 29 de septiembre de 2021, <https://www.allkpop.com/article/2021/09/census-data-shows-more-than-42-of-south-koreans-in-their-30s-are-unmarried>; Newberry, Christina, «Adult children at home? Learn strategies for making it work—Including how to word a contract for adult chil dren living at home that makes the rules clear!», *Adult Children Living at Home*, <https://adultchildrenlivingathome.com/>. Las citas de Corea del Sur vienen del artículo anterior de *Newsnpr*.

Las citas de DePaulo, Bella, *How we live now: Redefining home and family in the 21st century*, edición Kindle, Atria Books, Estados Unidos (2015), están en las páginas 5-6.

El mapa de la ILGA sobre leyes de orientación sexual está en <https://

ilga.org/maps-sexual-orientation-laws>. La cita de «el lenguaje es una cárcel» está en <https://www.reddit.com/r/Showerthoughts/comments/3qghcp/language_is_a_prison_we_cannot_break_out_of_it_is/>.

Sobre lenguaje y desigualdad de género, véase «The subtle ways language shapes us», BBC, <https://www.bbc.com/culture/article/20201006-are-some-languages-more-sexist-than-others>; Prewitt-Freilino, Jennifer L.; Caswell, T. Andrew; y Laakso, Emmi K., «The gendering of language: A comparison of gender equality in countries with gendered, natural gender, and genderless languages», *Sex Roles*, 66, n.os 3-4 (febrero de 2011), pp. 268-281.

Sobre hogares multigeneracionales, véase Habiger, Robert, «Multigenerational living: A personal experience», *Dekker Perich Sabatini*, <https://www.dpsdesign.org/blog/multigenerational-living-a-personal-experience>; Muennig, Peter, Jiao, Boshen, y Singer, Elizabeth, «Living with Parents or Grandparents Increases Social Capital and Survival: 2014 General Social Survey—National Death Index», *SSM Population Health*, 4 (abril de 2018), pp. 71-75; Tapper, James, «All under one roof: The rise and rise of multigenerational life», *The Guardian*, 10 de marzo de 2019; Corbin, Ian Marcus, «A return to multigenerational living», Institute for Family Studies, 22 de junio de 2020, <https://ifstudies.org/blog/a-return-to-multi-generational-living>; Cohn, D'Vera; *et al.*, «Financial issues top the list of reasons u.s. adults live in multigenerational homes», Pew Research Center, 24 de marzo de 2022, <https://www.pewresearch.org/fact-tank/2018/04/05/a-record-64-million-americans-live-in-multigenerational-households/>; *Family Matters: Multigenerational Living Is on the Rise and Here to Stay* (Washington, DC: Generations United, 2021), <https://www.gu.org/app/uploads/2021/04/21-MG-Family-Report-WEB.pdf>; Burgess, Gemma; y Muir, Kathryn, «The increase in multigenerational households in the UK: The motivations for and experiences of multigenerational living», *Housing, Theory and Society*, 37, n.º 3 (2020), pp. 322-338; Guzman, Shannon, «Multigenerational housing on the rise, fueled by economic and social changes», AARP Public Policy Institute, junio de 2019, <https://www.aarp.org/content/dam/aarp/ppi/2019/06/multigenerational-housing.doi.org.10.26419-2 °Fppi.00071.001.pdf>; Lofquist, Daphne, «Multigenerational households», U.S. Census Bureau, working paper #2013-20, <https://www.census.gov/content/dam/Census/library/working-papers/2013/acs/lofquist-01.pdf>.

Sobre comunas y utopías, véase Moss Kanter, Rosabeth, *Community and Commitment*, Harvard University Press, Estados Unidos (1972).

4. ¿Rebeldes sin causa?

Sobre la presión de los padres sobre los adolescentes, véase Sasson Edgette, Janet, «Let's stop stressing out our kids with career choice pressure», *The Philadelphia Inquirer*, 11 de marzo de 2019; Blanco-Suarez, Elena, «The myths about the teenage brain», *Psychology Today*, 19 de marzo de 2019, <https://www.psychologytoday.com/us/blog/brain-chemistry/201903/the-myths-about-the-teenage-brain>; Wike, Richard, «Americans say kids need more pressure in school, Chinese say less», Pew Research Center, 22 de agosto de 2013, <https://www.pewresearch.org/fact-tank/2013/08/22/americans-say-kids-need-more-pressure-in-school-chinese-say-less/>; Morin, Amy, «The dangers of putting too much pressure on kids», Verywell Family, 22 de septiembre de 2020, <https://www.verywellfamily.com/the-dangers-of-putting-too-much-pressure-on-kids-1094823>.

Sobre desempeño estudiantil, véanse los resultados PISA 2018, <https://www.oecd.org/pisa/PISA-results_ENGLISH.png>; «Dropout Rates», National Center for Education Statistics, <https://nces.ed.gov/fastfacts/display.asp?id=16>; Dryler, H., «Parental role models, gender, and educational choice», *British Journal of Sociology*, 49, n.º 3 (septiembre de 1998), pp. 375-398; Chen, Grace, «Parental involvement is key to student success», *Public School Review*, 14 de agosto de 2021, <https://www.publicschoolreview.com/blog/parental-involvement-is-key-to-student-success>.

Sobre decisiones universitarias, véase Katzman, J.; y Cohen, S., «Why parents pick the wrong colleges for their kids», *Time*, 14 de abril de 2017; van Ogtrop, Kristin, «A letter of apology to a son graduating from college», *Time*, 13 de abril de 2017; Raskind, Anna, «Major problems: How to choose a major under pressure», *Columbia Daily Spectator*, 21 de abril de 2016; Camarero, Leighann, «When it comes to choosing a major, college students feel the pressure», WAMC Northeast Public Radio, 4 de abril de 2013, <https://www.wamc.org/post/when-it-comes-choosing-major-college-students-feel-pressure>; Editorial Board, «Do parentals pressure career choices?», *Ledger*, 14 de noviembre de 2018; Singh, Sonu Kumari, «Academic and psychological consequences of imposed career choices», tesis de máster, National Institute of Technology, Rourkela, India, mayo de 2015, <https://core.ac.uk/download/pdf/80147549.pdf>.

Sobre perfeccionismo, véase Simmons, Rachel, «Perfectionism among teens is rampant (and we're not helping)», *The Washington Post*, 25 de enero de 2018; Curran, Thomas; y Hill, Andrew P., «Perfectionism is increasing over time: A meta-analysis of birth cohort differences from 1989 to 2016», *Psychological Bulletin*, 145, n.º 4 (2019), pp. 410-429.

La historia de Alexandra Morgan Gruber se basa en su testimonio ante el Senado estadounidense, «No place to grow up», 19 de mayo de 2015, United States Finance Committee, <https://www.finance.senate.gov/imo/media/doc/Gruber%20Testimony.pdf>.

Los datos de asistencia a programas de universidad por estado son de «Tuition Waivers by State», Universidad de Washington, <https://depts.washington.edu/fostered/tuition-waivers-state>.

El estudio sobre la rehabilitación de adictos es de Eddie, David, *et al.*, «From working on recovery to working in recovery», *Journal of Substance Abuse and Treatment*, 113 (junio de 2020).

Sobre las habilidades de la fuerza de trabajo, véase «The professional and technical workforce: By the numbers», AFL-CIO Department for Professional Employees, 27 de septiembre de 2021, <https://www.dpeaflcio.org/factsheets/the-professional-and-technical-workforce-by-the-numbers>; Deming, David J., «The growing importance of social skills in the labor market», *Quarterly Journal of Economics*, 132, n.º 4 (noviembre de 2017), pp. 1593-1640; Mayer, J.D.; Roberts, R. D.; y Barsade, S. R., «Human abilities: Emotional intelligence», *Annual Review of Psychology*, 59 (2008), pp. 507-536; *The future of jobs*, Foro Económico Mundial, Suiza, enero de 2016, <http://www3.weforum.org/docs/WEF_Future_of_Jobs.pdf>.

La cita de Calton Pu es de Krueger, Nicole, «Preparing students for jobs that don't exist», ISTE, 31 de agosto de 2021, <https://www.iste.org/explore/ISTE-blog/Preparing-students-for-jobs-that-don%27t-exist>.

Las citas de expertos laborales y tecnológicos son de «The future of jobs and jobs training», Pew Research Center, 3 de mayo de 2017, <https://www.pewresearch.org/internet/2017/05/03/the-future-of-jobs-and-jobs-training/>; National Academies of Science, Engineering, and Medicine, *Information technology and the U.S. workforce*, National Academies Press, Estados Unidos (2017), <https://www.nap.edu/read/24649/chapter/1>.

La cita de Picasso es de Fifield, William, «Pablo Picasso: A composite interview», *Paris Review*, 32 (verano-otoño de 1964).

Sobre capacitación financiera y analfabetismo funcional, véase Lusardi, Annamaria; y Mitchell, Olivia S., «The economic importance of financial literacy: Theory and evidence», *Journal of Economic Literature*, 52, n.º 1 (2014), pp. 5-44; Cicerchia, Meredith; y Freeman, Chris, «How common is functional illiteracy?», Touch-type Read and Spell, <https://www.readandspell.com/functional-illiteracy>.

Sobre aprender idiomas extranjeros, véase «Which countries are best at English as a second language?», Foro Económico Mundial, noviembre de 2019, <https://www.weforum.org/agenda/2019/11/countries-that-speak-english-as-a-second-language>. Véase también Guillén, Mauro F., «The real reasons to support language study», *Chronicle of Higher Education*, 27 de julio de 2009, <https://www.chronicle.com/article/the-real-reasons-to-support-language-study/>.

La cita de Walter Long es de Pitts, Byron, «Battling the scourge of illiteracy», CBS News, 4 de octubre de 2009, <https://www.cbsnews.com/news/battling-the-scourge-of-illiteracy/>; Lattier, Daniel, «32 million U.S. adults are 'functionally illiterate'... What does that even mean?», *Intellectual Takeout*, 26 de agosto de 2015, <https://www.intellectualtakeout.org/blog/32-million-us-adults-are-functionally-illiterate-what-does-even-mean/>; «National assessment of adult literacy (NAAL)», National Center for Education Statistics, <https://nces.ed.gov/naal/>; «Program for the international assessment of adult competencies», National Center for Education Statistics, <https://nces.ed.gov/surveys/piaac/>; «Survey of adult skills», OCDE, <https://www.oecd.org/skills/piaac/>.

5. Tres profesiones en una vida

Sobre cambiar de carrera, véase Rapacon, Stacy, «Career change is the new normal of working», CNBC, 27 de abril de 2016, <https://www.cnbc.com/2016/04/26/career-change-is-the-new-normal-of-working.html>; Barrett, Helen, «Plan for five careers in a lifetime», *Financial Times*, 5 de septiembre de 2017.

Sobre el futuro de la educación online, véase «The future of jobs and jobs training», Pew Research Center, 3 de mayo de 2017, <https://www.pewresearch.org/internet/2017/05/03/the-future-of-jobs-and-jobs-training/>; Jacobs, Emma; y Keane, Aimee, «Career changers: Cracking it as a coder», *Financial Times*, 30 de agosto de 2018, incluyendo las citas de Cross, Hannah; y Chambers, Martha; <https://www.ft.com/content/1ee55290-963e-11e8-b67b-b8205561c3fe>; «Creativity peaks in your 20s and 30s», BBC News, 27 de abril de 2019, <https://www.bbc.com/news/newsbeat-48077012>.

Sobre la tecnología y la destrucción de empleo, véase Chapin, Andrew J., «Forget robots, blockchain technology may be the real threat to your job», *Observer*, 18 de noviembre de 2018, <https://observer.com/2018/11/blockchain-smart-contracts-middle-management-jobs/>; «Resoundingly human: Robots on the job—What's the real impact for their human counterparts?», Knowledge at Wharton, 6 de noviembre de 2020, <https://ai.wharton.upenn.edu/news-stories/resoundingly-human-robots-on-the-job-whats-the-real-impact-for-their-human-counterparts/>; McKendrick, Joe, «It's managers, not workers, who are losing jobs to AI and robots, study shows», *Forbes*, 15 de noviembre de 2020, <https://www.forbes.com/sites/joemckendrick/2020/11/15its-managers-not-workers-who-are-losing-jobs-to-ai-and-robots-study-shows/?sh=22fd3ce520d5>; *Technology and the future of the government workforce*, SAP, Alemania, 2020, <https://www.instituteforgovernment.org.uk/sites/default/files/publications/tech-future-government-workforce.pdf>; «The future of public service», Deloitte, <https://www2.deloitte.com/us/en/pages/public-sector/articles/future-of-public-service.html>.

Sobre los mayores y la educación, véase «China focus: Silver-haired students rise against population ageing», XinhuaNet, 8 de mayo de 2017, <http://www.xinhuanet.com//english/2017-05/08/c_136266199.htm>; Bagri, Neha Thirani, «China's seniors are lining up to go back to college», *Quartz*, 9 de mayo de 2017, <https://qz.com/978805/chinas-seniors-are-lining-up-to-go-back-to-college/>; *Tech and the Modern Grandparent*, AARP, Estados Unidos (2019), <https://www.aarp.org/content/dam/aarp/research/surveys_statistics/life-leisure/2019/aarp-grandparenting-study-technology-fact-sheet.doi.10.26419-2 °Fres.00289.016.pdf>; Rinderud, Peter, «Seniors and technology during Covid-19», Ericsson, 26 de enero de 2021, <https://www.ericsson.com/en/blog/2021/1/seniors-and-technology-during-covid>; Quinn, Laurie, «Going back to college after 50: The new normal?», *Forbes*, 1 de julio de 2018; Share, Jacob, «Career changes after 40: True stories of real people who succeeded», JobMob, 4 de abril de 2019, <https://jobmob.co.il/blog/career-changes-after-40-success-stories/>; «Is it too late to become a doctor? Not according to today's medical students», St. George's University Medical School, 20 de mayo de 2021, <https://www.sgu.edu/blog/medical/becoming-a-doctor-later-in-life/>.

Sobre el número promedio de empleos en la vida de las personas, véase «Number of jobs, labor market experience, marital status, and health», Bureau of Labor Statistics, 31 de agosto de 2021, <https://www.bls

.gov/news.release/pdf/nlsoy.pdf>; «Average time spent with one employer in European countries 2020», Statista, 4 de agosto de 2021, <https://www.statista.com/statistics/1209552/average-time-spent-with-one-employer-in-europe/>.

Sobre el lugar de trabajo multigeneracional, véase «Managing the multigenerational workplace», 1 de enero de 2014, Future of Work Hub, <https://www.futureofworkhub.info/allcontent/2014/1/1/managing-the-multigenerational-workplace>; Ngonyo Njoroge, Caroline; y Yazdanifard, Rashad, «The impact of social and emotional intelligence on employee motivation in a multigenerational workplace», *Global Journal of Management and Business Research*, 14, n.º 3 (2014); Ng, Eddy S., y Parry, Emma, «Multigenerational research in human resource management», en *Review in Personnel and Human Resources Management*, Emerald, Reino Unido (2016), pp. 1-41; «The Hartford's reverse mentoring program», *Profiles in Diversity Journal*, 1 de julio de 2013, <https://diversityjournal.com/11474-the-hartfords-reverse-mentoring-program/>; Hymowitz, Carol, «The tricky task of managing the new, multigenerational workplace», *The Wall Street Journal*, 12 de agosto de 2018; Mallon, David; Van Durme, Yves; y Hauptmann, Maren, «The postgenerational workforce: From millennials to perennials», Deloitte, 15 de mayo de 2020, <https://www2.deloitte.com/us/en/insights/focus/human-capital-trends/2020/leading-a-multigenerational-workforce.html>; «The perennial mindset in the era of ageless with Gina Pell and Susan Hoffman», Arts Research Center, Universidad de California, <https://arts.berkeley.edu/the-perennial-mindset-in-the-era-of-ageless-with-gina-pell-and-susan-hoffman/>; Pollak, Lindsay, *The remix: How to lead and succeed in the multigenerational workplace*, Harper Business, Estados Unidos (2019).

Sobre los millennials como etiqueta, véase «Most millennials resist the 'millennial' label», Pew Research Center, 3 de septiembre de 2015, <https://www.pewresearch.org/politics/2015/09/03/most-millennials-resist-the-millennial-label/>.

La cita de Peter Cappelli es de Hymowitz, Carol, «The tricky task of managing the new, multigenerational workplace», *The Wall Street Journal*, 12 de agosto de 2018. Véase también Cappelli, Peter; y Novelli, Bill, *Managing the older worker: How to prepare for the new organizational order*, Harvard Business Review Press, Estados Unidos (2010).

Las citas de Preziosi, Weisman y Feinberg son de «Company culture and the multigenerational workforce», Built In, 10 de mayo de

2021, <https://builtin.com/company-culture/multigenerational-workforce>.

6. Reinventar la jubilación

Sobre las objeciones a la jubilación, véase Brotman, Eric, «Why retirement is a bad idea financially and psychologically», *Forbes*, 30 de junio de 2020, <https://www.forbes.com/sites/ericbrotman/2020/06/30/why-retirement-is-a-bad-idea-financially-and-psychologically/?sh=4cbc5ce53c76>.

Las entrevistas con Toni y Toby son de Ezra, Don, «#56 interviews about retirement», *Life After FullTime Work* (blog), 2017, <https://donezra.com/56-interviews-about-retirement/>.

Sobre el impacto de la jubilación en la salud, véase van der Heide, Iris; *et al.*, «Is retirement good for your health? A systematic review of longitudinal studies», *Academic BMC Public Health*, 13, n.º 1 (2013), pp. 1-22; Mokyr Horner, Elizabeth; *et al.*, «The impact of retirement on health», *MBC Health Services Research*, 16 (2016), pp. 1-9; Sewdas, Ranu, «Association between retirement and mortality: Working longer, living longer?», *Journal of Epidemiology and Community Health*, 74 (2020), pp. 473-480; *Living in the Covid-19 pandemic: The health, finances, and retirement prospects of four generations*, Transamerica Center for Retirement Studies, Estados Unidos, agosto de 2021, <https://transamericacenter.org/docs/default-source/retirement-survey-of-workers/tcrs2021_sr_four-generations-living-in-a-pandemic.pdf>.

Sobre cómo pasan el tiempo los mayores, véase «American time use survey», Bureau of Labor Statistics, <https://www.bls.gov/TUS/CHARTS/OLDER.HTM>; Collier, Jasmin, «Excessive Daily TV at Older Age Tied to Poorer Memory», *Medical News Today*, 1 de marzo de 2019, <https://www.medicalnewstoday.com/articles/324598>; Livingston, Gretchen, «Americans 60 and older are spending more time in front of their screens than a decade ago», Pew Research Center, 18 de junio de 2019, <https://www.pewresearch.org/fact-tank/2019/06/18/americans-60-and-older-are-spending-more-time-in-front-of-their-screens-than-a-decade-ago/>; Dellinger, AJ., «How the elderly spend their time with screens», Mic, 15 de agosto de 2019, <https://www.mic.com/life/screen-time-is-higher-for-the-elderly-than-younger-people-new-data-reports-18660210>; Baig, Edward C., «Worried about increased screen time? Think about its quality», AARP, 6 de abril de 2020, <https://www

.aarp.org/home-family/personal-technology/info-2020/increased-screen-time.html>, incluyendo la cita de Marick; Abraham, Katharine G.; y Houseman, Susan N., «Policies to improve workforce services for older Americans», Economic Studies at Brookings, noviembre de 2020, <https://www.brookings.edu/wp-content/uploads/2020/11/ES-11.19.20-Abraham-Houseman.pdf>.

Sobre la jubilación en el mundo, véase «At 54, China's average retirement age is too low», *Economist*, 24 de junio de 2021; Lippert-Rasmussen, Kasper, «The EU and age discrimination: Abolishing mandatory retirement!», Twelve Stars, 7 de marzo de 2019, <https://www.twelvestars.eu/post/kasper-lippert-rasmussen>.

Sobre los mayores y el crecimiento del empleo, véase Emmons, William R., «Older workers accounted for all net employment growth in past 20 years», Federal Reserve Bank of St. Louis, 1 de febrero de 2021, <https://www.stlouisfed.org/on-the-economy/2021/february/older-workers-accounted-all-net-employment-growth>; Jenkins, Jo Ann, «It's time to rethink aging and retirement, AARP's Jenkins says», *Barron's*, 17 de mayo de 2021; Maestas, Nicole, «Back to work: Expectations and realizations of work after retirement», *Journal of Human Resources*, 45, n.º 3 (verano de 2010), pp. 718-748; Maestas, Nicole, «Why are people unretiring?», Retirement Wisdom, 2 de agosto de 2018, <https://www.retirementwisdom.com/podcasts/why-are-people-unretiring-nicole-maestas/>.

Sobre trabajar después de jubilarse, véase Sullivan, Sherry E.; y Al Ariss, Adram, «Employment after retirement: A review framework for future research», *Journal of Management*, 45, n.º 1 (enero de 2019), pp. 262-284; Gorvett, Zaria, «What if we have to work until we're 100?», BBC, 16 de julio de 2018, <https://www.bbc.com/worklife/article/20180710-whats-it-like-working-past-your-100th-birthday>, incluyendo la cita de Falkingham, Jane.

Sobre los mayores, la tecnología y el trabajo en remoto, véase Michaels, Lisa, «How is workplace technology supporting an ageing workforce», DiversityQ, 7 de agosto de 2020, <https://diversityq.com/how-is-workplace-technology-supporting-an-ageing-workforce-1509859/>; Hannon, Kerry, «5 reasons working from home benefits older workers—and their employers», AARP, 9 de junio de 2020, <https://www.aarp.org/work/working-at-50-plus/info-2020/telework-benefits.html>; Powell, Caitlin, «Older people who work from home more likely to stay in the workforce, ONS finds», *People Management*, 31 de agosto de 2021, <https://www.peoplemanagement.co.uk/news/articles/older-people-work-from-home-more-likely-stay-workforce-ons#gref>.

Sobre microtrabajos, véase Applebaum, Eileen; Kalleberg, Arne; y Rho, Hye Jin, «Nonstandard work arrangements and older Americans, 2005-2017», Economic Policy Institute, 28 de febrero de 2019, <https://www.epi.org/publication/nonstandard-work-arrangements-and-older-americans-2005–2017/>; «UK's gig economy workforce has doubled since 2016», TUC, 28 de junio de 2019, <https://www.tuc.org.uk/news/uks-gig-economy-workforce-has-doubled-2016-tuc-and-feps-backed-research-shows>; Spajic, Damjan Jugovic, «The future of employment: 30 telling gig economy sta tistics», SmallBizGenius, 26 de mayo de 2021, <https://www.smallbizgenius.net/by-the-numbers/gig-economy-statistics/#gref>; Fennell, Andrew, «Gig economy statistics UK», StandOutCV, enero de 2022, <https://standout-cv.com/gig-economy-statistics-uk>; Pofeldt, Elaine, «Why older workers are embracing the gig economy», *Forbes*, 30 de agosto de 2017, <https://www.forbes.com/sites/elainepofeldt/2017/08/30/why-older-workers-are-embracing-the-gig-economy/?sh=193903aa42ce>; Castañeda, Leonardo, «Boomers, not millennials, may be the most active generation in the gig economy», *Mercury News*, 28 de junio de 2019, incluyendo la descripción del estudio Wonolo.

Sobre la COVID-19 y desigualdad en la jubilación, véase Arends, Brett, «How the Covid crisis is making retirement inequality worse», MarketWatch, 11 de septiembre de 2021, <https://www.marketwatch.com/story/how-the-covid-crisis-is-making-retirement-inequality-worse-11631201005>; Davis, Owen; *et al.*, «The pandemic retirement surge increased retirement inequality», Schwartz Center for Economic Policy Analysis, 1 de junio de 2021, <https://www.economicpolicyresearch.org/jobs-report/the-pandemic-retirement-surge-increased-retirement-inequality>; Miller, Mark, «America's retirement race gap, and ideas for closing it», *New York Times*, 14 de agosto de 2020.

7. Heredar a los 100 años

La cita de Charles Dickens es de *Nuestro amigo común* (1864-1865), Espasa, Barcelona (2013), capítulo 11.

Sobre longevidad y expectativas de herencia, véase Venturi, Richard, «Inherited wealth in greying societies», France Stratégie, 6 de julio de 2017, <https://www.strategie.gouv.fr/english-articles/inherited-wealth-greying-societies>; Feldman, Amy, «When longevity upends trusts», *Forbes*, 29 de noviembre de 2014; Fontinelle, Amy, «Why millennials should not rely on an inheritance», MassMutual, 28 de julio de 2020, <https://blog.massmutual.com/post/why-millennials-should-not-rely-on-an-inheritance>; «Survey of consumer finances (SCF)», Board of Governors of the Federal Reserve System, <https://www.federalreserve.gov/econres/aboutscf.htm>; Kenton, Will, «Average inheritance: How much are retirees leaving to heirs?», NewRetirement, 29 de junio de 2020, <https://www.newretirement.com/retirement/average-inheritance-how-much-are-retirees-leaving-to-heirs/>; Gattig, Nicolas, «'Inheritance Mother': Tackling taboo of caring for elderly parents», *Japan Times*, 12 de agosto de 2017; «Ameriprise Study: Family financial discussions go smoother than anticipated, but unrealistic inheritance expectations persist», *BusinessWire*, 15 de marzo de 2017, <https://www.businesswire.com/news/home/20170315005007/en/Ameriprise-Study-Family-Financial-Discussions-Go-Smoother-Than-Anticipated-But-Unrealistic-Inheritance-Expectations-Persist>, incluyendo la cita de Keckler; «Despite good intentions, millennials and Gen Z are demonstrating unrealistic expectations about their financial futures», *BusinessWire*, 13 de agosto de 2018, <https://www.businesswire.com/news/home/20180813005101/en/Despite-Good-Intentions-Millennials-and-Gen-Z-Are-Demonstrating-Unrealistic-Expectations-About-Their-Financial-Futures>, incluyendo la cita de Schwab, Charles; «Over-optimistic UK adults overestimating their inheritance», *Just*, <https://www.wearejust.co.uk/waj-archive/ARCHIVED-my-home-my-future/ARCHIVED-inheritance-expectations/>; «Millennials 'Misjudging inherintance windfall», *Week*, 10 de mayo de 2019; Johnson, Gail, «Nearly half of Canadians are banking on an inheritance to meet their financial goals. What are the dangers?», *Globe and Mail*, 22 de octubre de 2019; Jones, Edward, «Canadians are banking on an inheritance as many struggle to meet their financial goals», *Newswire Canada*, 30 de septiembre de 2019, <https://www.newswire.ca/news-releases/edward-jones-survey-canadians-are-banking-on-an-inheritance-as-many-struggle-to-meet-their-financial-goals-834230408.html>; Tomlinson, Mary L., «Gen Y housing aspirations could depend on a housing inheritance», Future Justice issue paper, <https://www.futurejustice.com.au/reports/pdf/GenY-Housing-Inheritance-issue-paper.pdf>; «The inheritance expectation», Eldernet, 12 de octubre de 2021, <https://www.eldernet.co.nz/gazette/the-inheritance-expectation-experts-say-spend-it-while-you-can/>; Zagorsky, Jay, «Do people save or spend their inheritances? Understanding what happens to inherited wealth», *Journal of Family and Economic Issues*, 34, n.º 1 (marzo de 2013), pp. 64-76.

Sobre el contacto intergeneracional en el mundo, véase Izuhara, Misa, «Care and inheritance: Japanese and English perspectives on the 'Generational Contract'», *Ageing & Society*, 22, n.º 1 (enero de 2002), pp. 61-77; Sheng, Yun, «Little Emperors», *London Review of Books*, 38, n.º 10 (19 de mayo de 2016); Zhou, Christina, «One-child policy: A look inside the struggles and benefits of China's 'Little Emperor' Generation», ABC News Australia, 3 de febrero de 2018, <https://www.abc.net.au/news/2018-02-03/the-struggles-and-benefits-of-chinas-little-emperor-generation/9323300>; Loudenback, Tanza, «The typical American heir is now a middle-class 50-something who puts the money toward retirement», *Business Insider*, 21 de noviembre de 2019, <https://www.businessinsider.com/personal-finance/older-americans-get-more-inheritances-use-for-retirement-2019-11>, incluyendo la cita de Plews, Lincoln.

Sobre la familia Samsung, véase Lee, Joyce; y Yang, Keekyoung, «Samsung's Lee family to pay more than $10.8 Bln inheritance tax», *Reuters*, 28 de abril de 2021, <https://www.reuters.com/business/samsungs-lee-family-pay-more-than-12-trln-won-inheritance-taxes-2021-04-28/>; Sang-Hun, Choe, «An inheritance tax bill you 'can't fathom': $10.8 Billion», *New York Times*, 28 de abril de 2021; Hyunjung, Bae, «Samsung estate sparks debate on inheritance tax», *Korea Herald*, 11 de mayo de 2021.

Sobre impuestos y desigualdad hereditaria, véase *Inheritance taxation in OECD Countries*, OECD, Francia (2021), pp. 74-75; Alvaredo, Facundo; Garbinti, Bertrand; y Piketty, Thomas, «On the Share of Inheritance in Aggregate Wealth: Europe and the USA, 1900-2010», *Economica*, 84, n.º 334 (abril de 2017), pp. 239-260; Elinder, Mikael; Erixson, Oscar; y Waldenstrom, Daneil, «Inheritance and wealth inequality: Evidence from population registers», *Journal of Public Economics*, 165 (septiembre de 2018), pp. 17-30; Hag gerty, Meredith, «The impact of inheritance», *Vox*, 23 de marzo de 2021, <https://www.vox.com/the-highlight/22320272/inheritance-money-wealth-transfer-estate-tax>; «Inheritance for all», Friedrich Ebert Stiftung, 31 de marzo de 2020, <https://www.ips-journal.eu/interviews/inheritance-for-all-4207/>, incluyendo la cita de Piketty; Levitz, Eric, «Will 'the great wealth transfer' trigger a millennial civil war?», *New York*, 18 de julio de 2021, <https://nymag.com/intelligencer/2021/07/will-the-great-wealth-transfer-spark-a-millennial-civil-war.html>.

Sobre el impacto en las herencias por volver a casarse, véase Livingston, Gretchen, «The demo graphics of remarriage», Pew Research Center, 14 de noviembre de 2014, <https://www.pewresearch.org/social-trends/2014 /11 /14 /chapter-2 -the-demographics -of-rema-

rriage/>; O'Brien, Sarah, «Remarried after having kids? Here are tips to avoid accidentally disinheriting them», CNBC, 17 de enero de 2019, <https://www.cnbc.com/2019/01/17/estate-planning-for-second-marriages-when-you-have-kids.html>; Lewis, Jamie M.; y M. Kreider, Rose, «Remarriage in the United States», United States Census Bureau Report Number ACS-30, 10 de marzo de 2015, <https://www.census.gov/library/publications/2015/acs/acs-30.html>; La Gorce, Tammy, «When Your Parents Remarry, Everyone Is Happy, Right?», *New York Times*, 22 de marzo de 2018, incluyendo las citas sobre este tema.

Sobre mujeres y herencia a lo largo de la historia, véase McGee, Suzanne; y Moore, Heidi, «Women's rights and their money: A timeline from Cleopatra to Lilly Ledbet ter», *The Guardian*, 11 de agosto de 2014; «Women, Business, and the Law Database», World Bank, <https://wbl.worldbank.org/en/wbl>; Baghai, Pooneh; *et al.*, «Women as the Next Wave of Growth in US Wealth Management», McKinsey, 29 de julio de 2020, <https://www.mckinsey.com/industries/financial-services/our-insights/women-as-the-next-wave-of-growth-in-us-wealth-management>; «Women's Wealth 2030: Parity, Power, and Purpose», UBS, 8 de marzo de 2021, <https://www.ubs.com/global/en/wealth-management/women/2021/women-wealth-parity-power-purpose.html>; «How women's wealth is driving economic change», Barclays, 6 de marzo de 2020, <https://privatebank.barclays.com/news-and-insights/womens-rising-wealth/>; «The face of wealth and legacy: How women are redefining wealth, giving, and legacy planning», RBC Wealth Management, <https://www.rbcwealthmanagement.com/gb/en/research-insights/the-new-face-of-wealth-and-legacy-how-women-are-redefining-wealth-giving-and-legacy-planning/detail/>; Lewis, Warren, «Majority of Women Planning on Leaving an Inheritance Unlikely to Seek Advice», *Financial Reporter*, 5 de octubre de 2021, <https://www.financialreporter.co.uk/finance-news/majority-of-women-planning-on-leaving-an-inheritance-unlikey-to-seek-financial-advice.html>, incluyendo la cita de Meiling; Tanita, Jamil, «The inheritance challenge facing women in the Sandwich Generation», St. James's Place, 7 de enero de 2021, <https://www.sjp.co.uk/news/how-to-manage-inheritance>; «$8.5 Billion Inheritance Skipping a Generation Every Year», One Family, 7 de agosto de 2019, <https://www.onefamily.com/our-story/media-centre/2019/8-5-billion-inheritance-skipping-a-generation-every-year/>.

8. Un punto de inflexión para las mujeres

Sobre las mujeres, la maternidad y el reloj biológico, véase Fortune, Carley, «The career advice I wish I got before having a baby», Refinery29, 23 de julio de 2020, <https://www.refinery29.com/en-gb/2020/07/9929316/career-advice-for-new-mothers>; Cohen, Richard, «The clock is ticking for the career woman», *Washington Post*, 16 de marzo de 1978; Weigel, Moira, «The foul reign of the biological clock», *The Guardian*, 10 de mayo de 2016; Bui, Quoctrung; y Miller, C. C., «The age that women have babies: How a gap divides America», *New York Times*, 4 de agosto de 2018, incluyendo la cita de Rakin, Heather; Mills, Melinda, *et al.*, «Why do people postpone parenthood?», *Human Reproduction Update*, 17, n.º 6 (noviembre-diciembre de 2011), pp. 848-860.

Sobre las carreras de las mujeres, véase Mavin, Sharon, «Women's career in theory and practice: Time for change?», *Women in Management Review*, 16, n.º 4 (2011), pp. 183-192; Ishizuka, Patrick; y Musick, Kelly, «Occupational inflexibility and women's employment during the transition to parenthood», *Demography*, 58, n.º 4 (2021), pp. 1249-1274.

Sobre trabajo y estrés en las mujeres, véase «Women more likely to be stressed than men», Priory, <https://www.priorygroup.com/blog/why-are-stress-levels-among-women-50-higher-than-men>, incluyendo la cita de Mohring; Beauregard, Nancy *et al.*, «Gendered pathways to burnout: Results from the SALVEO study», *Annals of Work Exposures and Health*, 2, n.º 4 (mayo de 2018), pp. 426-437; «For mothers in the workplace, a year (and counting) like no other», *McKinsey*, 5 de mayo de 2021, <https://www.mckinsey.com/featured-insights/diversity-and-inclusion/for-mothers-in-the-workplace-a-year-and-counting-like-no-other>.

Para más información sobre las carreras profesionales de las mujeres, véase Cooper, Marianne, «Mothers' careers are at ex traordinary risk right now», *The Atlantic*, 1 de octubre de 2020, <https://www.theatlantic.com/family/archive/2020/10/pandemic-amplifying-bias-against-working-mothers/616565/>; Fox, Michelle, «Men have been promoted 3 times more than women during the pandemic, study finds», CNBC, 13 de octubre de 2020, <https://www.cnbc.com/2020/10/13/pandemic-fallout-men-got-3-times-more-promotions-than-women.html, incluyendo el estudio de Qualtrics/theBoardlist>; Powell, Caitlin, «Could work ing from home stall women's careers?», *People Management*, 15 de noviembre de 2021, <https://www.peoplemanagement.co.uk/news/articles/could-working-from

-home-stall-womens-careers#gref>, incluyendo la cita del doctor Stephenson.

La historia de Allisones de Gann, Jenn, «6 women on how they've been treated at work after having kids», *New York*, 13 de junio de 2018.

Sobre la penalización de la maternidad, véase Zalis, Shelley, «The motherhood penalty: Why we're losing our best talent to caregiving», *Forbes*, 22 de febrero de 2019; *The pursuit of gender equality: An uphill battle*, OCDE, Francia, 2017, figuras 12.3, 12.4, y 12.5; Kleven, H.; Landais, C.; y Sogaard, J. E., «Children and gender inequality: Evidence from Denmark», National Bureau of Economic Research, working paper 24219; Miller, Claire Cain, «The motherhood penalty vs. the father- hood bonus», *The New York Times*, 6 de septiembre de 2014, incluyendo la cita de Budig; Möhring, Katja, «Is there a motherhood penalty in retirement income in Europe?», *Ageing & Society*, 38, n.º 2 (diciembre de 2018), pp. 2560-2589; Gough, M.; y Noonan, M., «A review of the motherhood wage penalty in the United States», *Sociology* Compass, 7, n.º 4 (2013), pp. 328-342; Budig, M. J.; y England, P., «The wage penalty for motherhood», *American Sociological Review*, 66 (2001), pp. 204-225; Budig, M. J.; Misra, J.; y Boeckmann, I., «The motherhood penalty in cross-national perspective: The importance of work-family policies and cultural attitudes», *Social Politics: International Studies in Gender, State & Society*, 19, n.º 2 (2012), pp. 163-193; *The pursuit of gender equality: An uphill battle*, figura 13.14; Gann, «6 Women», incluyendo las citas de Sally; Kahn, Joan R.; Garcia-Manglano, Javier; y Bianchi, Suzanne M., «The motherhood penalty at midlife», *Journal of Marriage & Family*, 76, n.º 1 (febrero de 2014), pp. 56-72.

Sobre la culpabilidad de las madres por no trabajar, véase Martin, K., «When women choose children over a career», *The Atlantic*, 19 de diciembre de 2016, <https://www.theatlantic.com/business/archive/2016/12/opting-out/500018/>.

Sobre el *mommy track*, véase Schwartz, Felice N., «Management women and the new facts of life», *Harvard Business Review*, enero-febrero 1989; Lewin, Tamar, «'Mommy career track' sets off a furor», *New York Times*, 8 de marzo de 1989; Heffernan, Lisa E., «Want to keep mothers in the workforce? Make it possible for them to stay», *Vox*, 7 de mayo de 2015, <https://www.vox.com/2015/5/4/8523753/mommy-track>, incluyendo los ejemplos de Vodafone e IBM; Barrera, Cathy, «The economics of the 'mommy track' explain why parental leave isn't enough», *Quartz*, 6 de febrero de 2018, <https://qz.com/work/1189295/the-economics-of-the-mommy-track-explain-why-offering-parental-leave-isnt-enough/>.

Sobre políticas públicas y carreras de mujeres, véase Mills, Melinda, «Why do people postpone parenthood?».

Sobre madres adolescentes, véase Pellegrino, Courtney, «The lived experiences of teenage mothers that foster resiliency», tesis doctoral en educación, Northeastern University, Boston, Estados Unidos, agosto de 2014, incluyendo la cita de Stassi, p. 56, <https://repository.library.northeastern.edu/files/neu:336610/fulltext.pdf>; «Reproductive health: Teen pregnancy», Centers for Disease Control and Prevention, 15 de noviembre de 2021, <https://www.cdc.gov/teenpregnancy/about/index.htm>.

La historia de Erica Alfaro se basa en Breier, Eric, «From teen mom to college graduate», Universidad del Estado de California en San Marcos, 8 de mayo de 2017, <https://news.csusm.edu/from-teen-mom-to-college-graduate/>.

Los datos sobre embarazos y nacimientos de madres adolescentes son de «Trends in teen pregnancies and childbearing», U.S. Department of Health & Human Services, <https://opa.hhs.gov/adolescent-health/reproductive-health-and-teen-pregnancy/trends-teen-pregnancy-and-childbearing>; «Early childbearing», Unicef, mayo de 2021, <https://data.unicef.org/topic/child-health/adolescent-health/>; Nabugoomu, Josephine; Seruwagi, Gloria K.; y Hanning, Rhoa, «What can be done to reduce the prevalence of teen pregnancy in rural Eastern Uganda?», *Reproductive Health*, 17, n.º 134 (2020); Gyesaw, Nana Yaa Konadu; y Ankomah, A., «Experiences of pregnancy and motherhood among teenage mothers in a suburb of Accra, Ghana», *International Journal of Women's Health*, 5 (2013), pp. 773-780; «National Single Parent Day», U.S. Bureau of the Census, <https://www.census.gov/newsroom/stories/single-parent-day.html>.

Sobre mujeres que vuelven a estudiar, véase Hostetler, Andrew J.; Sweet, Stephen; y Moen, Phyllis, «Gendered career paths: A life course perspective on returning to school Phyllis», *Sex Roles*, 56 (2007), pp. 85-103; Valente, Amy B., «Back on the Career Path: A qualitative study of employment transitions for women who take a career break and their re-entry experiences», tesis doctoral, Estados Unidos, diciembre de 2019, <https://repository.library.northeastern.edu/files/neu:m044ww78b/fulltext.pdf>; Simpson, Zoe May, «The return of teen mothers to the formal school system», tesis doctoral, Universidad de Sheffield, agosto de 2010, <https://etheses.whiterose.ac.uk/14998/1/555516.pdf>; Lynne Watson, Linnea, «Educational resiliency in teen mothers», tesis doctoral, Estados Unidos, 12 de enero de 2014, <https://digscholarship.unco.edu/cgi/view

content.cgi?article=1272 &context=dissertations>; Chogan, Zarina; y Langa, Malose, «Teenage mothers talk about their experience of teenage motherhood», *Agenda: Empowering women for gender equity*, 25, n.º 3 (2011), pp. 87-95, incluyendo la cita de Sue, p. 91; «10 teen pregnancy quotes», Texas Adoption Center, 12 de diciembre de 2019, incluyendo la cita de la madre quinceañera, <https://www.texasadoptioncenter.org/blog/teen-pregnancy-quotes/>.

9. El mercado de consumo posgeneracional

Sobre marketing y generaciones, véase «Marketing to people based on their 'generation' will ultimately fail», *Dragonfly Marketing*, <https://dragonflymarketing.com.au/marketing-people-based-generation-will-ultimately-fail/>; Slattery, Laura, «Advertisers' portrayal of older people isn't just alienating, it's self-defeating», *Irish Times*, 25 de octubre de 2021, incluyendo la cita de Odgers; Matejko, Sonja, «How to bridge the age gap in marketing», *Forbes*, 15 de octubre de 2021; Pastore, Alexandra, «Blurring the lines for multigenerational appeal», WWD, 7 de junio de 2021, <https://wwd.com/business-news/business-features/multigenerational-appeal-1234690602/>.

Sobre *millenials*, estereotipos y cultura popular, véase Butler, Jeff J., «Where did the avocado toast millennial stereotype come from?», 12 de abril de 2019, <https://jeffjbutler.com/2019/04/12/where-did-the-avocado-toast-millennial-stereotype-come-from/>; Collyer, Ash, «Generational Stereotypes Are 'Insulting, Recycled and Not True», Rhino Interiors Group, 12 de junio de 2018, <https://www.rhinooffice.co.uk/blog/generational-stereotypes>; Wolfe, Tom, «The 'Me' decade and the Third Great Awakening», *New York*, 8 de abril de 2008; Twenge, Jean, «Millennials: The Me Me Me Generation», *Time*, 23 de mayo de 2013.

Sobre edadismo y críticas al concepto de generación, véase Francioli, Stéphane P.; y North, Michael S., «Youngism: The content, causes, and consequences of prejudices toward younger adults», *Journal of Experimental Psychology: General*, 150, n.º 12 (2021), pp. 2591-2612; «The whys and hows of generations research», Pew Research Center, 3 de septiembre de 2015, <https://www.pewresearch.org/politics/2015/09/03/the-whys-and-hows-of-generations-research/>; Bell, A., y Jones, K., «The impossibility of separating age, period and cohort effects», *Social Science & Medicine*, 93 (2013), pp. 163-165; Campbell, Stacy M. *et al.*, «Fuzzy but useful constructs: Making sense of the differences between generations», *Work, Aging and Retirement*, 3, n.º 2 (abril de 2017), pp. 130-139; Urwin, P. J.; y Parry, E., «The evidence base for generational differences: Where do we go from here?», WestminsterResearch, 2017, <https://westminsterresearch.westminster.ac.uk/download/f9124d9430b69b3df89f8a631919e4a56795e04cde20a95d33139865d2bcba21/200052/Generations%20paper%20for%20WAR%20v4%20241116.pdf>; Rudolph, Cort W. *et al.*, «Generations and generational differences: Debunking myths in organizational science and practice and paving new paths forward», *Journal of Business and Psychology*, 36 (2021), pp. 945-967.

Sobre edadismo, mujeres y marketing, véase Miller, Tamar, «It's time for the fashion industry to stop ignoring older women», *Swaay*, 22 de junio de 2020, <https://swaay.com/ageism-fashion-industry-older-women>; «Ageism in marketing is not only harmful; It's bad for business», *Forbes*, 3 de enero de 2020, incluyendo la cita de Rocks; Coffee, Patrick, «Age discrimination is the biggest hidden bias in advertising—and it's gotten worse during the pandemic», *Business Insider*, 30 de junio de 2021, <https://www.businessinsider.com/the-ad-industrys-silent-battle-against-ageism-2021-6?r=US&IR=T>, incluyendo la segunda cita de Rocks; Simpson, Georganna, «L'Oréal and Vogue challenge beauty perceptions after 50», *Campaign*, <https://www.campaignlive.co.uk/article/loreal-vogue-challenge-beauty-perceptions-50/1587434>; McLaughlin, Aimée, «Is advertising finally addressing its age problem?», *CreativeReview*, 9 de noviembre de 2021, <https://www.creativereview.co.uk/advertising-age-problem/>, incluyendo la cita de McGuire; «Ageism is rife in marketing», *Longevity*, 12 de agosto de 2021, <https://www.longevity.technology/ ageism-is-rife-in-marketing/, incluyendo la cita de Weiss>.

Sobre consumo y marketing en edades avanzadas, véase Shibata, Mari, «The untapped Potential of the 'longevity economy», BBC, 10 de octubre de 2019, <https://www.bbc.com/worklife/article/20190930-the-untapped-potential-of-the-longevity-economy>; Beer, Jeff, «Why marketing to seniors is so terrible», *Fast Company*, 5 de junio 2019, incluyendo la cita de Chatterjee; Zniva, Robert y Weitzl, Wolfgang, «It's not how old you are but how you are old: A review on aging and consumer behavior», *Management Review Quarterly*, 66 (2016), pp. 267-297; Pastore, «Blurring the lines», incluyendo la cita de Drabicky y Martin.

Sobre *granfluencers*, véase «How 'granfluencers' are shaking up social media representation and influencer marketing», *PR Daily*,

31 de diciembre de 2021, <https://www.prdaily.com/how-granfluencers-are-shaking-up-social-media-representation-and-influencer-marketing/>; «The Rise of the Granfluencer», Social Standard, <https://www.sostandard.com/blogs/the-rise-of-the-granfluencer/>; Komiya, Kantaro, «Grandparents gone viral», *Rest of World*, <https://restofworld.org/2021/social-media-isnt-just-for-young-people/>; Shea, Kait, «The Golden Age of influence: Eight 'granfluencers' shaking up consumers' social media feeds», *Event Marketer*, 28 de marzo de 2022, <https://www.eventmarketer.com/article/social-media-granfluencers-eight-types/>; Pizzati, Carlo, «Aging influencers, Chinese grandmas are social media hit», *World Crunch*, 3 de septiembre de 2021, <https://worldcrunch.com/culture-society/-aging-influencers-grandmas-in-china>.

Las citas sobre TikTok son de Dodgson, Lindsay, «TikTokers are dancing with their grandparents for content, and it could help curb the pandemic of loneliness among older people», Insider, 11 de junio de 2020, <https://www.insider.com/how-tiktok-brings-grandparents-and-grandchildren-together-2020-6>; Page, Sydney, «Grandparents are dancing with their grandkids on TikTok. People can't get enough», *The Washington Post*, 14 de mayo de 2020.

Sobre hogares multigeneracionales y marketing, véase McKenzie, Scott, «Nielsen: The rise of multigeneration homes and the new gatekeepers within», *Drum*, 4 de agosto de 2020, <https://www.thedrum.com/opinion/2020/08/04/nielsen-the-rise-multi-generation-homes-and-the-new-gatekeepers-within>; Vinderine, Sharon, «Multigenerational households are influencing North American retail trends», *Entrepreneur*, 6 de noviembre de 2018, <https://www.entrepreneur.com/growing-a-business/multigenerational-households-are-influencing-north-american/322144>.

Para estadísticas sobre Uber y Airbnb, véase «Celebrating Airbnb's 60+ Host Com munity», blog de Airbnb, <https://blog.atairbnb.com/celebrating-airbnbs-60 -host-community>; «Airbnb statistics, user counts, facts & news (2022)», DMR, <https://expandedramblings.com/index.php/airbnb-statistics/>; «Uber revenue and usage statistics», BuildFire, <https://buildfire.com/uber-statistics/>.

Las citas de *perennials* son de Pastore, «Blurring the Lines».

Sobre Nike, véase Kuruvilla, Carol, «'Iron Nun' proves youth is unlimited in Nike ad», *HuffPost*, 15 de agosto de 2016, <https://www.huffingtonpost.co.uk/entry/iron-nun-proves-youth-is-unlimited-in-nike-ad_n_57b209e1e4b0718404123f79>; Tremelling, Miriam, «The Iron Nun inspires us all in Nike's 'Unlimited Youth'», *Campaign*, 23 de agosto de 2016, <https://www.campaignlive.co

.uk/article/iron-nun-inspires-us-nikes-unlimited-youth/1406682>.

Sobre Mercedes-Benz, véase «Mercedes-Benz 'Grow Up' campaign: Tapping into an urban subculture», Advertising + Marketing, 18 de abril de 2018, <https://www.marketing-interactive.com /mercedes-benz-grow-up-campaign-tapping-into-an-urban-subculture>; «Your shot: Diving deeper into Mercedes-Benz's compelling 'Grow Up' series», Little Black Book, <https://www.lbbonline.com/news/your-shot-diving-deeper-into-mercedes-benzs-compelling-grow-up-series>.

Sobre CoverGirl, véase «CoverGirl embraces inclusivity in their new campaign by Droga5», MPC, <https://archive.mpcadvertising.com/our-work/all/covergirl-i-am-what-i-make-up>; Boddington, Ruby, «CoverGirl releases biggest reinvention in brand's 60-year history: I am what I make up», It's Nice That, 16 de octubre de 2017, <https://www.itsnicethat.com/news/covergirl-i-am-what-i-make-up-graphic-design-161017>. La cita de Sarah Rabia es de Beer, «Why marketing to seniors is so».

Sobre el marketing multigeneracional, véase Kriegel, Jessica, «Why marketing to millennials and other generations is pointless», *Forbes*, 25 de noviembre de 2015; Zak, Heidi, «How to successfully market one product to multiple generations», *Medium*, 23 de julio de 2019, <https://medium.com/swlh/how-to-successfully-market-one-product-to-multiple-generations-7c23428d11ee>, incluyendo el ejemplo de ThirdLove; Bradley, Sam, «How do you solve a problem like... Ageism in the marketing business?», *Drum*, 1 de junio de 2021, <https://www.thedrum.com/news/2021/06/01/how-do-you-solve-problem-ageism-the-marketing-business>, incluyendo citas sobre agencia y Scott, Ollie; y Schwartz, Matthew, «Finding the common threads is key for generational marketing», ANA, 23 de junio 2020, <https://www.ana.net/blogs/show/id/mm-blog-2019-12-common-threads-for-generational-marketing>, incluyendo la cita de Schwartz; «'Parentmorphosis'—Progressive's latest ad campaign reminds us... We're all becoming our parents», *UTA Social*, 29 de marzo de 2017, <https://utasocial.wordpress.com/2017/03/29/parentmorphosis-progressives-latest-ad-campaign-reminds-us-were-all-becoming-our-parents/>; Talbot, Paul, «How marketers can engage with different generations», *Forbes*, 11 de noviembre de 2021, incluyendo las citas de Goddard.

10. Hacia una sociedad posgeneracional de *perennials*

Las citas de Miura son de «80-Year-old Japanese man Yuichiro Mirua becomes oldest to conquer Mount Everest», *Independent*, 23 de mayo de 2013; Goldfarb, Kara, «He was the oldest man to climb Mount Everest—10 years later he beat his own record», *All That's Interesting*, 14 de mayo de 2018, <https://allthatsinteresting.com/yuichiro-miura>. Véase también «About Miura Everest 2013 Project», Miura Everest 2013, <http://miura-everest2013.com/pdf/project_english_130322.pdf>.

La cita de Mead es de Dale Baughman, M., *Teacher's treasury of stories for every occasion*, Prentice-Hall, Estados Unidos (1958), p. 69.

La cita de Drucker está en Goodreads, <https://www.goodreads.com/quotes/861169-we-now-accept-the-fact-that-learning-is-a-lifelong>.

Sobre el estudio de la Encuesta Mundial de Valores sobre Actitudes hacia el Edadismo, véase Officer, Alana *et al.*, «Ageism, healthy life expectancy and population ageing: How are they related?», *International Journal of Environmental Research and Public Health*, 17, n.º 9 (2020), p. 3159; North, Michael S.; y Fiske, Susan T., «A Prescriptive, Intergenerational-Tension Ageism Scale: Succession, Identity, and Consumpion (SIC)», *Psychological Assessment*, 25, n.º 3 (septiembre de 2013), pp. 706-713. Los datos originales son de «Online data analysis», Encuesta mundial de valores, <https://www.worldvaluessurvey.org/WVSOnline.jsp>.

La cita de Huth es de Kita, Joe, «Workplace age discrimination still flourishes in America», AARP, 30 de diciembre de 2019, <https://www.aarp.org/work/working-at-50-plus/info-2019/age-discrimination-in-america.html>.

La cita de Toffler es de Ratcliffe, Susan, *Oxford essential quotations*, Oxford University Press, Reino Unido (2016).

La cita de Kopervas es de Bradley, Sam, «How do you solve a problem like... Ageism in the marketing business?», *Drum*, 1 de junio de 2021, <https://www.thedrum.com/news/2021/06/01/how-do-you-solve-problem-ageism-the-marketing-business>.

Las estadísticas sobre los estudiantes online de Estados Unidos son del National Center for Education Statistics, <https://nces.ed.gov/programs/digest/d21/tables/dt21_311.15.asp>.

La cita de Olipcia es del *Global Report of Ageism*, Naciones Unidas, Estados Unidos (2021), p. 125, <https://www.who.int/teams/social-determinants-of-health/demographic-change-and-healthy-ageing/combatting-ageism/global-report-on-ageism>.

Sobre el edadismo y el envejecimiento de la población, véase Neumark, David, «Strengthen Age Discrimination Protections to Help Confront the Challenge of Population Aging», Brookings Institution, 19 de noviembre de 2020, <https://www.brookings.edu/research/strengthen-age-discrimination-protections-to-help-confront-the-challenge-of-population-aging/>.

El estudio de AARP 2019 se detalla en Anderson, G. Oscar, «Mentorship and the value of a multigenerational workforce», AARP, enero de 2019, <https://www.aarp.org/research/topics/economics/info-2019/multigenerational-work-mentorship.html>.

La cita de Whitman es de Hannon, Kerry, «Forget 'OK, Boomer'— Workplaces of the future will be multigenerational», *MarketWatch*, 16 de diciembre de 2019, <https://www.marketwatch.com/story/forget-ok-boomer-workplaces-of-the-future-will-be-multigenerational-2019-12-16>.

Los datos de matrículas universitarias por edad son de la base de datos sobre educación de la OCDE, <https://data.oecd.org/education.htm>.

Los datos sobre el aprendizaje online por edad son de la base de datos de Statista.

Rebecca Perron se encargó de la encuesta de ejecutivos de AARP y se publicó como *Global insights on a multigenerational workforce*, AARP Research, Estados Unidos, 2020.

El informe de Deloitte se cita en Poirel, Gildas; y Coppola, Michela, «Wrong numbers», Deloitte, <https://www2.deloitte.com/us/en/insights/focus/technology-and-the-future-of-work/post-pandemic-talent-strategy-generations-in-the-workplace.html>. Sobre marketing multigeneracional en la industria del entretenimiento, véase Oganesyan, Natalie, «Entertainment executives see return to multigenerational viewing», *Yahoo! News*, 2 de octubre de 2020, <https://www.yahoo.com/now/entertainment-executives-see-return-multi-201447044.html>.

La marca canadiense 19/99 aparece en Payne, Lisa, «New multigenerational beauty brand targets ages 19 to 99», *Stylus*, <https://www.stylus.com/new-multigenerational-beauty-brand-targets-ages-19-to-99>.

Impreso en Gómez Aparicio Grupo Gráfico
C/ Berlín, nº 1
28977 Casarrubuelos (Madrid)